저자

김호성 한국외국어대학교 대학원 영어과 석사 / 마일스톤 학원 원장

전진완 한국외국어대학교 대학원 영어과 석사 / (전) 정이조 영어학원 당산 캠퍼스 원장

백영실 Liberty University 졸업 / 정이조 영어학원 주니어 총괄 원장

고미선 New York State University at Buffalo 졸업 / 정이조 영어학원 총괄 원장

이나영 University of Arizona 졸업 / 이나영 영어학원 원장

박영은 The University of Auckland 졸업 / (전) 정이조 영어학원 강사

지은이 김호성, 전진완, 백영실, 고미선, 이나영, 박영은
펴낸이 정규도
펴낸곳 (주)다락원

초판 1쇄 발행 2008년 8월 18일
제2판 1쇄 발행 2015년 9월 14일
제3판 1쇄 발행 2024년 11월 21일

편집 김민아
디자인 구수정, 포레스트

다락원 경기도 파주시 문발로 211
내용문의 (02)736-2031 내선 504
구입문의 (02)736-2031 내선 250~252

Fax (02)732-2037
출판등록 1977년 9월 16일 제406-2008-000007호

ISBN 978-89-277-8082-3 54740
        978-89-277-8078-6 54740(set)

http://www.darakwon.co.kr

다락원 홈페이지를 방문하시면 상세한 출판정보와 함께
동영상강좌, MP3 자료 등 다양한 어학 정보를 얻으실 수 있습니다.

DARAKWON

구성과 특징

절대어휘 5100 시리즈는

어휘 학습에 있어서 반복학습의 중요성을 강조합니다.
자기주도적인 어휘학습의 중요성을 강조합니다.
체계적인 단계별 학습의 중요성을 강조합니다.

1 | 단계별 30일 구성! 계획적인 어휘 학습

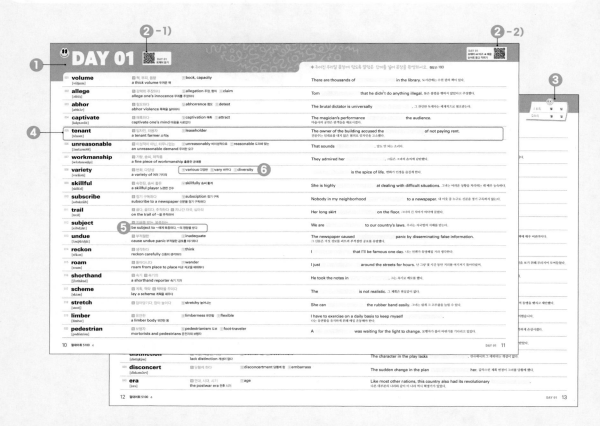

① **30일 구성의 계획적인 어휘 학습** : 하루 40개씩 30일 구성으로 총 1200 단어 학습
② **두 가지 버전의 QR코드 바로 듣기** : 남녀 원어민 음성으로 정확한 발음 연습
   1) 표제어 듣기   2) 표제어, 어구, 예문 순서로 듣고 익히기
③ **DAY별 학습 진도 체크하기** : 학습 날짜를 기록하여 효과적으로 반복 학습
④ **단어 → 어구 → 문장 순서**로 자연스럽게 표제어 응용 학습
⑤ **다양한 Collocation 학습**으로 어휘 자신감 높이기
⑥ **유의어, 반의어, 파생어** 등으로 어휘력 확장

2 | 7가지 유형의 REVIEW TEST

① 어구 빈칸 완성
우리말과 일치하도록 어구의 빈칸을 완성합니다.

② 품사별 단어 변형
조건에 따라 주어진 단어를 다양한 품사로 변형해 보고 우리말 뜻을 써 봅니다.

③ 영영 풀이
영영 풀이에 해당하는 단어를 보기에서 찾아봅니다.

④ 문장 빈칸 완성
우리말과 일치하도록 문장의 빈칸을 완성합니다.

⑤ 유의어 or 반의어
문장 속 밑줄 친 어휘의 유의어 또는 반의어를 보기에서 찾아 써 봅니다.

⑥ 단어 받아쓰기
남녀 원어민의 음성을 듣고 영어와 우리말 뜻을 적어봅니다.

⑦ 문장 듣고 받아쓰기
남녀 원어민의 음성을 듣고 문장 속 빈칸을 완성합니다.

3 | WORKBOOK

쓰기 노트

STEP 1
영어의 우리말 의미를
생각하며 두 번씩
써 보기

일일테스트

STEP 2
DAY별로 학습한
단어로 최종 실력
점검하기

4 | 문제출제프로그램 voca.darakwon.co.kr

그 밖에 3종 이상의 다양한 테스트지를 원하는 범위에서 출제하고 출력해서 쓸 수 있는 문제출제프로그램을 제공합니다.

절대어휘5100 학습 계획표

수능 필수 1200 단어 Master

30일 구성의 계획적인 어휘 학습으로 수능 필수 1200 단어를 암기해보세요.

	1회독		2회독	
DAY 01	월	일	월	일
DAY 02	월	일	월	일
REVIEW TEST 01	월	일	월	일
DAY 03	월	일	월	일
DAY 04	월	일	월	일
REVIEW TEST 02	월	일	월	일
DAY 05	월	일	월	일
DAY 06	월	일	월	일
REVIEW TEST 03	월	일	월	일
DAY 07	월	일	월	일
DAY 08	월	일	월	일
REVIEW TEST 04	월	일	월	일
DAY 09	월	일	월	일
DAY 10	월	일	월	일
REVIEW TEST 05	월	일	월	일
DAY 11	월	일	월	일
DAY 12	월	일	월	일
REVIEW TEST 06	월	일	월	일
DAY 13	월	일	월	일
DAY 14	월	일	월	일
REVIEW TEST 07	월	일	월	일
DAY 15	월	일	월	일
DAY 16	월	일	월	일
REVIEW TEST 08	월	일	월	일

	1회독		2회독	
DAY 17	월	일	월	일
DAY 18	월	일	월	일
REVIEW TEST 09	월	일	월	일
DAY 19	월	일	월	일
DAY 20	월	일	월	일
REVIEW TEST 10	월	일	월	일
DAY 21	월	일	월	일
DAY 22	월	일	월	일
REVIEW TEST 11	월	일	월	일
DAY 23	월	일	월	일
DAY 24	월	일	월	일
REVIEW TEST 12	월	일	월	일
DAY 25	월	일	월	일
DAY 26	월	일	월	일
REVIEW TEST 13	월	일	월	일
DAY 27	월	일	월	일
DAY 28	월	일	월	일
REVIEW TEST 14	월	일	월	일
DAY 29	월	일	월	일
DAY 30	월	일	월	일
REVIEW TEST 15	월	일	월	일

절대어휘 5100 권장 학습법

1 회독

① 하루에 40개의 표제어를 학습합니다. (30일 완성!)
② QR코드를 통해 표제어, 어구, 예문을 들으며 발음을 따라해 봅니다.
③ 유의어, 반의어, 파생어 등을 살펴보며 어휘력을 확장합니다.
④ REVIEW TEST로 2일 동안 학습한 단어들을 점검해 봅니다.
⑤ 워크북을 활용하여 단어의 철자와 뜻을 한번 더 확인합니다.

2 회독

① 하루에 80개의 표제어를 학습합니다. (15일 완성!)
② QR코드를 통해 표제어를 들으며 발음을 따라해 봅니다.
③ 표제어와 함께 유의어, 반의어, 파생어 등을 꼼꼼히 살펴봅니다.
④ REVIEW TEST에서 자주 틀리거나 헷갈리는 단어들을 오답노트에 정리합니다.
⑤ 단어테스트지와 문제출제프로그램을 통해 학습한 단어를 최종 점검합니다.

N 회독

① QR코드 또는 MP3를 반복해서 들어보세요.
② 반복 학습으로 수능 필수 1200 단어를 마스터해보세요.

목차

■ 책 속의 책 Workbook 제공

3rd Edition

절대어휘 5100

④ 수능 필수 1200

*DAY 01~30

책에 쓰인 여러 기호

동 동사	명 명사	대 대명사	형 형용사	부 부사
전 전치사	접 접속사	감 감탄사	유 유의어	반 반의어
참 참고어	단 단수형	복 복수형	*pl.* (~s)일 때의 뜻	

DAY 01

001	**volume** [válju:m]	몡 책, 부피, 음량 a thick volume 두꺼운 책	윤 book, capacity

| 002 | **allege** [əlédʒ] | 통 강력히 주장하다 <br> allege one's innocence 무죄를 주장하다 | 몡 allegation 주장, 혐의 윤 claim |

| 003 | **abhor** [æbhɔ́:r] | 통 혐오하다 <br> abhor violence 폭력을 싫어하다 | 몡 abhorrence 혐오 윤 detest |

| 004 | **captivate** [kǽptəvèit] | 통 매혹하다 <br> captivate one's mind 마음을 사로잡다 | 몡 captivation 매혹 윤 attract |

| 005 | **tenant** [ténənt] | 몡 임차인, 차용자 <br> a tenant farmer 소작농 | 윤 leaseholder |

| 006 | **unreasonable** [ʌnríːzənəbl] | 혱 이성적이 아닌, 터무니없는 <br> an unreasonable demand 무리한 요구 | 부 unreasonably 비이성적으로 반 reasonable 도리에 맞는 |

| 007 | **workmanship** [wə́:rkmənʃip] | 몡 기량, 솜씨, 제작품 <br> a fine piece of workmanship 훌륭한 공예품 | |

| 008 | **variety** [vəráiəti] | 몡 변화, 다양성 <br> a variety of 여러 가지의 | 혱 various 다양한 통 vary 바꾸다 윤 diversity |

| 009 | **skillful** [skílfəl] | 혱 숙련된, 솜씨 좋은 <br> a skillful player 노련한 선수 | 부 skillfully 솜씨 좋게 |

| 010 | **subscribe** [səbskráib] | 통 정기 구독하다 <br> subscribe to a newspaper 신문을 정기 구독하다 | 몡 subsciption 정기 구독 |

| 011 | **trail** [treil] | 통 끌다, 끌리다, 추적하다 몡 지나간 자국, 실마리 <br> on the trail of ~을 추적하여 | |

| 012 | **subject** [sʌ́bdʒikt] | 혱 지배를 받는, 복종하는 <br> be subject to ~에게 복종하다, ~의 영향을 받다 | |

| 013 | **undue** [ʌndjúːldjúː] | 혱 부적절한 <br> cause undue panic 부적절한 공포를 야기하다 | 윤 inadequate |

| 014 | **reckon** [rékən] | 통 생각하다 <br> reckon carefully 신중히 생각하다 | 윤 think |

| 015 | **roam** [roum] | 통 돌아다니다 <br> roam from place to place 이곳 저곳을 배회하다 | 윤 wander |

| 016 | **shorthand** [ʃɔ́:rthæ̀nd] | 몡 속기 혱 속기의 <br> a shorthand reporter 속기 기자 | |

| 017 | **scheme** [ski:m] | 몡 계획, 책략 통 책략을 꾸미다 <br> lay a scheme 계획을 세우다 | |

| 018 | **stretch** [stretʃ] | 통 잡아당기다, 잡아 늘이다
 | 혱 stretchy 늘어나는 |

| 019 | **limber** [límbər] | 혱 유연한 <br> a limber body 유연한 몸 | 몡 limberness 유연함 윤 flexible |

| 020 | **pedestrian** [pədéstriən] | 몡 보행자 <br> mortorists and pedestrians 운전자와 보행자 | 참 pedestrianism 도보 윤 foot-traveler |

✦ 주어진 우리말 문장에 맞도록 알맞은 단어를 넣어 문장을 완성하시오. 정답 p.193

There are thousands of _____ in the library. 도서관에는 수천 권의 책이 있다.

Tom _____ that he didn't do anything illegal. 톰은 불법을 행하지 않았다고 주장했다.

The brutal dictator is universally _____. 그 잔인한 독재자는 세계적으로 혐오받는다.

The magician's performance _____ the audience.
마술사의 공연은 관객들을 매료시켰다.

The owner of the building accused the _____ of not paying rent.
건물주는 임대료를 내지 않은 혐의로 임차인을 고소했다.

That sounds _____. 말도 안 되는 소리다.

They admired her _____. 그들은 그녀의 솜씨에 감탄했다.

_____ is the spice of life. 변화가 인생을 즐겁게 한다.

She is highly _____ at dealing with difficult situations. 그녀는 어려운 상황을 처리하는 데 매우 능숙하다.

Nobody in my neighborhood _____ to a newspaper. 내 이웃 중 누구도 신문을 정기 구독하지 않는다.

Her long skirt _____ on the floor. 그녀의 긴 치마가 바닥에 끌렸다.

We are _____ to our country's laws. 우리는 자국법의 지배를 받는다.

The newspaper caused _____ panic by disseminating false information.
그 신문은 거짓 정보를 퍼뜨려 부적절한 공포를 유발했다.

I _____ that I'll be famous one day. 나는 언젠가 유명해질 거라 생각한다.

I just _____ around the streets for hours. 난 그냥 몇 시간 동안 거리를 여기저기 돌아다녔어.

He took the notes in _____. 그는 속기로 메모를 했다.

The _____ is not realistic. 그 계획은 현실감이 없다.

She can _____ the rubber band easily. 그녀는 쉽게 그 고무줄을 늘릴 수 있다.

I have to exercise on a daily basis to keep myself _____.
나는 유연함을 유지하게 위해 매일 운동해야 한다.

A _____ was waiting for the light to change. 보행자가 불이 바뀌기를 기다리고 있었다.

021	**prosecute** [prásikjùːt]	동 기소하다, 수행하다 prosecute a war 전쟁을 행하다	명 prosecution 기소, 수행
022	**pervade** [pərvéid]	동 널리 퍼지다 a pervading sense of victory 널리 퍼져가는 승리감	명 pervasion 보급, 충만
023	**savor** [séivər]	동 맛보다 savor wines 와인을 맛보다	형 savory 맛 좋은 유 taste
024	**foul** [faul]	형 더러운 동 더럽히다 foul water 더러운 물	부 foully 더럽게 유 dirty
025	**inconsistent** [ìnkənsístənt]	형 불일치하는 inconsistent with ~와 일치하지 않는	반 consistent 일치하는
026	**lame** [leim]	형 절름발이의 lame duck 임기가 얼마 남지 않은 대통령	
027	**ineffective** [ìniféktiv]	형 비효율적인 an ineffective method 비효율적인 방법	부 ineffectively 비효율적으로 유 ineffectual
028	**pendulum** [péndʒuləm]	명 추, 진자	형 pendulous 흔들리는
029	**critical** [krítikəl]	형 비판적인 a critical comment 비판적인 논평	부 critically 비판적으로 반 complimentary 칭찬의
030	**embody** [embádi]	동 구체화하다, 구현하다 a book embodying the author's ideas 작가의 생각을 구체화한 작품	유 personify
031	**flock** [flɑk]	명 떼, 무리 동 떼 짓다 a flock of sheep 양 떼	
032	**entity** [éntəti]	명 실재, 실체 a political entity 국가	유 being
033	**imminent** [ímənənt]	형 임박한	명 imminence 촉박
034	**alliance** [əláiəns]	명 동맹 a political alliance 정치적인 동맹	동 ally 동맹시키다 유 association
035	**comply** [kəmplái]	동 응하다, 따르다 comply with a one's request ~의 요구에 응하다	유 obey
036	**cripple** [krípl]	동 불구가 되게 하다, 손상시키다 cripple the computer systems 컴퓨터 시스템을 손상시키다	
037	**commend** [kəménd]	동 칭찬하다 be highly commended 격찬 받다	명 commendation 칭찬 유 acclaim
038	**distinction** [distíŋkʃən]	명 식별, 차별성, 개성 lack distinction 개성이 없다	형 distinct 다른 유 discernment
039	**disconcert** [dìskənsə́ːrt]	동 당황케 하다	명 disconcertment 당황케 함 유 embarrass
040	**era** [íərə]	명 연대, 시대, 시기 the postwar era 전후 시기	유 age

✦ 주어진 우리말 문장에 맞도록 알맞은 단어를 넣어 문장을 완성하시오. 정답 p.193

The police decided not to   . 경찰은 기소하지 않기로 결정했다.

The smell of paint   the house. 페인트 냄새가 온 집안에 퍼졌다.

The tourists are able to   some wines. 관광객들은 와인을 맛볼 수 있다.

People blamed drinking   water for the disease.
사람들은 그 병의 원인이 더러운 식수탓이라고 했다.

The results of the recent study are   with previous results.
최근의 연구 결과는 그 이전의 것과 일치하지 않는다.

My horse had gone   . 내 말은 절뚝거렸다.

The working procedure was   . 업무 절차가 비효율적이었다.

The   on the clock didn't work. 시계추가 작동하지 않았다.

The students are highly   of the school policy. 학생들은 학교 정책에 매우 비판적이다.

It is the words that   thoughts. 생각을 구현하는 것은 말이다.

People came in   to see the royal procession. 사람들은 왕의 행진을 보기 위해 무리지어 모여들었다.

He said that he was a forgotten   . 그는 자신이 잊혀진 존재라고 말했다.

Her grandmother's death is   . 그녀의 할머니는 죽음이 임박했다.

He suggested that the party form a political   . 그는 그 당에 정치적 동맹을 맺자고 제안했다.

It is quite hard to   with your request. 귀하의 요구를 들어드리기는 어렵습니다.

The flood   the city's infrastructure. 그 홍수는 도시의 기반시설을 심각하게 손상시켰다.

The book was widely   for its novelty. 그 책은 독창성으로 널리 칭찬받았다.

The character in the play lacks   . 연극에서의 그 캐릭터는 개성이 없다.

The sudden change in the plan   her. 갑작스런 계획 변경이 그녀를 당황케 했다.

Like most other nations, this country also had its revolutionary   .
다른 대부분의 나라와 같이 이 나라 역시 혁명기가 있었다.

DAY 02

041	**heroic** [hiróuik]	형 영웅의, 용맹한	명 hero 영웅 유 courageous
		heroic mythology 영웅 신화	
042	**innate** [inéit]	형 타고난	부 innately 선천적으로 유 inborn
		innate instincts 타고난 본능	
043	**inconstant** [inkánstənt]	형 변덕스러운	명 inconstantness 변덕
		inconstant behavior 변덕스러운 행동	
044	**attentive** [əténtiv]	형 주의를 기울이는	명 attention 주의 반 inattentive 주의를 기울이지 않는
		be attentive to ~에 주의를 기울이다	
045	**component** [kəmpóunənt]	명 구성요소	형 componential 구성요소의
		installed components 설치된 구성요소	
046	**discipline** [dísəplin]	명 훈련, 규율 동 훈련하다	유 training
		well-disciplined 잘 훈련된	
047	**fast** [fæst]	동 단식하다, 금식하다 명 단식	
		fast a day 하루 동안 단식하다	
048	**endure** [indʒúər|en-]	동 견디다	명 endurance 지구력 유 stand
		endure pain 고통을 견디다	
049	**adorn** [ədɔ́ːrn]	동 꾸미다, 장식하다	명 adornment 장식 유 decorate
		adorn oneself with jewels 보석으로 치장하다	
050	**assort** [əsɔ́ːrt]	동 구색을 맞추다, 분류하다	명 assortment 구색을 갖춤
		assorted goods 다양한 색과 크기가 골고루 갖추어진 물품	
051	**countenance** [káuntənəns]	명 표정, 안색	
		one's countenance falls 안색이 어두워지다	
052	**concur** [kənkə́ːr]	동 일치하다	명 concurrence 의견의 일치 유 agree
		concur with ~에 합의하다	
053	**trick** [trik]	명 속임수 동 속이다	유 deception
		a mean trick 비열한 속임수	
054	**vibrate** [váibreit]	동 진동하다	명 vibration 진동
		vibrate with rage 노여움으로 떨다	
055	**acquaintance** [əkwéintəns]	명 면식, 아는 사람	유 familiarity
		mutual acquaintances 서로 아는 사이	
056	**accidental** [æksədéntl]	형 우연한	명 accident
		an accidental death 사고사	
057	**sneer** [sniər]	동 비웃다 명 비웃음	유 laugh
		sneer at ~을 비웃다	
058	**surplus** [sə́ːrplʌs]	명 나머지, 흑자 형 과잉의	
		a surplus population 과잉 인구	
059	**unequaled** [ʌníːkwəld]	형 필적할 것이 없는	
		be unequaled in the world 세계에서 가장 뛰어나다	
060	**vigor** [víɡər]	명 활력	형 vigorous 활발한 유 vitality
		be full of vigor 혈기 왕성하다	

✦ 주어진 우리말 문장에 맞도록 알맞은 단어를 넣어 문장을 완성하시오. 정답 p.193

His _____ deeds moved us all. 그의 용맹한 행동들이 우리 모두를 감동시켰다.

She has an _____ sense of music. 그녀는 음악에 타고난 감각이 있다.

I'm tired of her _____ behavior. 나는 그녀의 변덕스러운 행동에 지쳤다.

Every student in class was _____ to what the teacher said.
교실에 있는 모든 학생들이 선생님의 말씀에 주의를 기울였다.

We need the manual to connect the _____. 그 부속품을 연결하기 위해서는 설명서가 필요하다.

Yoga is a good _____ for learning to relax. 요가는 이완하는 것을 배우기 위한 좋은 훈련법이다.

Jesus _____ forty days and forty nights. 예수는 40일을 주야로 금식했다.

It is hard to _____ such pain. 그러한 고통을 참는 것은 어렵다.

The bride is _____ in beautiful ornaments. 신부는 아름다운 장신구로 꾸며진다.

These swimsuits are well _____. 이 수영복들은 잘 분류되어 있다.

His _____ fell at the news. 그 소식을 듣고 그의 표정이 어두어졌다.

The two representatives _____ with holding another meeting next week.
두 대표는 다음 주에 다시 회의를 하기로 합의했다.

She always annoys me by playing _____. 그녀는 속임수를 써서 나를 항상 짜증나게 한다.

Your cell phone has _____ several times. 네 핸드폰이 몇 차례 진동했어.

He is not my friend but is kind of an _____. 그는 친구는 아니고 그냥 지인이야.

The rate of _____ deaths in Korea is higher than in other OECD countries.
한국의 사고사율은 다른 OECD 국가들보다 높다.

He _____ at women who spend lots of time watching dramas.
그는 드라마를 보는 데 많은 시간을 보내는 여자들을 비웃는다.

South Korea ran a trade _____ of $23 billion last year according to a World Bank report.
세계 은행 보고서에 따르면 한국은 지난 해 230억 달러의 무역 흑자를 냈다.

His skill was _____. 그의 기술은 필적할 상대가 없었다.

He is full of _____. 그는 혈기 왕성하다.

DAY 02

061	**unsettled** [ʌ̀nsétld]	형 정착 주민이 없는 an unsettled area 비주거 지역	명 unsettledness 정착되지 않음
062	**revenue** [révənjùː]	명 세입, 수익 tax revenue 세금 수입	
063	**sensational** [senséiʃənl]	형 선풍적 인기의, 선정적인 sensational literature 선정적인 문학	명 sensation 세상을 떠들석하게 하는 것, 감각, 지각
064	**sluggish** [slʌ́giʃ]	형 굼뜬, 불경기의 sluggish behavior 굼뜬 동작	반 energetic 활력적인
065	**surpass** [sərpǽs]	동 능가하다 surpass description 말로 형용할 수 없다	형 surpassing 뛰어난, 우수한 유 excel
066	**subsidy** [sʌ́bsədi]	명 보조금 a government subsidy 정부 보조금	
067	**minute** [mainjúːt]	형 미세한, 근소한 a minute difference 근소한 차이	부 minutely 미세하게 유 little
068	**plea** [pliː]	명 탄원 a tearful plea 눈물 섞인 탄원	유 appeal
069	**rehearse** [rihə́ːrs]	동 연습하다 rehearse a new play 새 연극을 시연하다	명 rehearsal 예행연습 유 practice
070	**scribe** [skraib]	명 서기 work as a scribe 서기로 일하다	
071	**hostility** [hɑstíləti]	명 적의, 적개심 have hostility to ~에 적개심을 품다	형 hostile 적대적인 반 friendliness 친근함
072	**inflexible** [infléksəbl]	형 유연하지 않은, 완고한 an inflexible mind 완고한 생각	명 inflexibility 비유연성 반 flexible 유연한
073	**lawful** [lɔ́ːfəl]	형 합법의 a lawful heir 법정 상속인	명 law 법 반 unlawful 불법의
074	**property** [prɑ́pərti]	명 자산, 재산 private property 사유재산	유 asset
075	**peril** [pérəl]	명 위험 financial peril 자금 위기	형 perilous 위험한 유 danger
076	**observance** [əbzə́ːrvəns]	명 준수, 따르기 the observance of laws 법의 준수	동 observe 준수하다 유 obedience
077	**prosperous** [prɑ́spərəs]	형 번영하는, 번창하는 prosperous years 번영하는 시대	명 prosperity 번영 유 wealthy
078	**revengeful** [rivéndʒfəl]	형 복수심에 불타는 a revengeful policy 보복 정책	명 revenge 복수
079	**soothe** [suːð]	동 달래다, 진정시키다 soothing music 마음을 진정시키는 음악	
080	**sensibility** [sènsəbíləti]	명 감수성	형 sensitive 민감한

✦ 주어진 우리말 문장에 맞도록 알맞은 단어를 넣어 문장을 완성하시오. 정답 p.193

The pioneers moved to the   area. 개척자들은 비주거 지역으로 이동했다.

The company's annual   rose by 30% due to the advertising campaign.
광고 캠페인 때문에 회사의 연간 수입이 30%까지 증가했다.

I can say it was the most   event of the year.
그것이 그 해의 최고로 선풍적인 사건이었다고 말할 수 있겠네요.

The market is   . 시장이 불황이다.

He was determined to   the achievements of the previous presidents.
그는 전 대통령들의 업적을 능가하기로 마음먹었다.

A government   was given to the homeless. 노숙자들에게 정부 보조금이 지급되었다.

Her handwriting is so   that I can't read it. 그녀의 글씨가 너무 작아서 읽을 수가 없다.

He ignored their tearful   . 그는 그들의 눈물 어린 탄원을 무시했다.

We were given only two weeks to   . 우리에게 연습할 시간이 오로지 2주만 주어졌다.

She worked as a   at that company. 그녀는 그 회사에서 서기로 일했다.

I feel scared when he glares at me with   . 나는 그가 적개심을 가지고 나를 볼 때 두렵다.

I guess the problem is that the wire itself is   .
내가 추측하기로는 선 자체가 유연하지 않다는 것이 문제다.

The stolen car was returned to its   owner. 도난 차량이 합법적 소유자에게 되돌아갔다.

Health is the most important   to me. 내게는 건강이 가장 중요한 자산이다.

The company is facing financial   . 그 회사는 자금 위기에 직면해 있다.

It is necessary to keep a strict   of the rules to maintain order.
질서를 유지하기 위해서는 규칙을 엄격히 준수해야 한다.

A   future is waiting for us. 번영하는 미래가 우리를 기다리고 있다.

After the fight, he became   . 다툼 이후 그는 복수심에 불탔다.

        your sunburned skin with sliced cucumbers.
얇은 오이 조각으로 햇빛에 탄 피부를 진정시키세요.

Sometimes I feel I lack   . 때때로 나는 감수성이 부족하다고 느낀다.

A 우리말과 같은 뜻이 되도록 빈칸에 들어갈 알맞은 단어를 적으시오.

❶ a mean _____ (비열한 속임수)

❷ _____ duck (임기가 얼마 남지 않은 대통령)

❸ mutual _____ (서로 아는 사이)

❹ _____ instincts (타고난 본능)

❺ _____ at (~을 비웃다)

❻ a _____ farmer (소작농)

❼ a _____ difference (근소한 차이)

❽ _____ to a newspaper (신문을 정기 구독하다)

❾ be _____ to (~에게 복종하다, ~의 영향을 받다)

❿ _____ a day (하루 동안 단식하다)

B 다음 괄호 안의 지시대로 주어진 단어를 변형시키고 그 뜻을 적으시오.

	변형	뜻
❶ alliance (동사형으로) →	_____	_____
❷ hostility (형용사형으로) →	_____	_____
❸ attentive (명사형으로) →	_____	_____
❹ commend (명사형으로) →	_____	_____
❺ concur (명사형으로) →	_____	_____
❻ adorn (명사형으로) →	_____	_____
❼ distinction (형용사형으로) →	_____	_____
❽ observance (동사형으로) →	_____	_____
❾ rehearse (명사형으로) →	_____	_____
❿ savor (형용사형으로) →	_____	_____

C 다음 영영풀이에 해당하는 단어를 보기에서 골라 적으시오.

보기	ineffective	comply	heroic	pedestrian	vigor
	abhor	pervade	endure	surpass	era

1. to regard with extreme repugnance; detest utterly ⟹ _____

2. a person who goes or travels on foot; walker ⟹ _____

3. a period of time marked by distinctive character, events, etc. ⟹ _____

4. having characteristic of a hero or heroine ⟹ _____

5. to go beyond in amount, extent, or degree; be greater than ⟹ _____

6. to become spread throughout all parts of ⟹ _____

7. not effective; not producing results; ineffectual ⟹ _____

8. to act or be in accordance with wishes, requests, demands, requirements

   ⟹ _____

9. to hold out against; sustain without impairment or yielding; undergo

   ⟹ _____

10. energy; vitality; spirit ⟹ _____

D 우리말과 같은 뜻이 되도록 주어진 문장의 빈칸을 완성하시오.

1. 그녀의 긴 치마가 바닥에 끌렸다.

   ⟹ Her long skirt _____ on the floor.

2. 나는 유연함을 유지하기 위해 매일 운동해야 한다.

   ⟹ I have to exercise on a daily basis to keep myself _____.

3. 업무 절차가 비효율적이었다.

   ⟹ The working procedure was _____.

4. 연극에서의 그 캐릭터는 개성이 없다.

   ⟹ The character in the play lacks _____.

⑤ 최근의 연구 결과는 그 이전의 것과 일치하지 않는다.

→ The results of the recent study are _____ with previous result.

⑥ 그녀는 속임수를 써서 나를 항상 짜증나게 한다.

→ She always annoys me by playing _____.

⑦ 번영하는 미래가 우리를 기다리고 있다.

→ A _____ future is waiting for us.

⑧ 그녀의 할머니는 죽음이 임박했다.

→ Her grandmother's death is _____.

⑨ 다툼 이후 그는 복수심에 불탔다.

→ After the fight, he became _____.

⑩ 노숙자들에게 정부 보조금이 지급되었다.

→ A government _____ was given to the homeless.

E 문장의 밑줄 친 부분에 해당하는 유의어 혹은 반의어를 보기에서 골라 적으시오.

보기	energetic	book	flexible	reasonable	danger
	complimentary	unlawful	consistent	appeal	attract

❶ The students are highly critical of the school policy. 반의어 ↔ _____

❷ The results of the recent study are inconsistent with previous results.

반의어 ↔ _____

❸ I guess the problem is that the wire itself is inflexible. 반의어 ↔ _____

❹ That sounds unreasonable. 반의어 ↔ _____

❺ The stolen car was returned to its lawful owner. 반의어 ↔ _____

❻ He ignored their tearful pleas. 유의어 = _____

❼ The magician's performance captivated the audience. 유의어 = _____

❽ There are thousands of volumes in the library. 유의어 = _____

❾ The company is facing financial peril. 유의어 = _____

❿ The market is sluggish. 반의어 ↔ _____

F 영어발음을 듣고 영어단어를 적은 후, 우리말 뜻을 적으시오.

영어단어
듣고 쓰기

	영어	우리말		영어	우리말
❶	_____	_____	❽	_____	_____
❷	_____	_____	❾	_____	_____
❸	_____	_____	❿	_____	_____
❹	_____	_____	⓫	_____	_____
❺	_____	_____	⓬	_____	_____
❻	_____	_____	⓭	_____	_____
❼	_____	_____	⓮	_____	_____

G 영어문장을 듣고 빈칸에 들어갈 단어를 채워 문장을 완성하시오.

영어문장
듣고 쓰기

❶ She always annoys me by playing _____.

❷ My horse had gone _____.

❸ He is not my friend but is kind of an _____.

❹ She has an _____ sense of music.

❺ He _____ at women who spend lots of time watching dramas.

❻ The owner of the building accused the _____ of not paying rent.

❼ Her handwriting is so _____ that I can't read it.

❽ Nobody in my neighborhood _____ to a newspaper.

❾ We are _____ to our country's laws.

❿ Jesus _____ forty days and forty nights.

⓫ He suggested that the party form a political _____.

⓬ I feel scared when he glares at me with _____.

⓭ Every student in class was _____ to what the teacher said.

⓮ The book was widely _____ for its novelty.

⓯ The two representatives _____ with holding another meeting next week.

⓰ The bride is _____ in beautiful ornaments.

DAY 03
표제어 듣기

081	**hypothesis** [haipáθəsis]	명 가설	동 hypothesize 가설을 세우다
		confirm a hypothesis 가설을 확인하다	
082	**irrigation** [ìrəgéiʃən]	명 관개, 물을 끌어들임	동 irrigate 관개하다
		an irrigation canal 용수로	
083	**noble** [nóubl]	형 귀족의, 고귀한, 고상한	명 nobility 귀족, 고결함 유 dignified
		a noble family 귀족 집안	
084	**refrain** [rifréin]	동 삼가다	명 refrainment 억누름 유 abstain
		refrain from ~을 삼가다	
085	**prodigy** [prádədʒi]	명 천재	유 genius
086	**donate** [dóuneit]	동 기부하다	명 donation 기부 반 receive 받다
		donate A to B A를 B에 기부하다	
087	**foresight** [fɔ́ːrsàit]	명 선견지명, 예지	동 foresee 앞을 내다보다
		a man of foresight 선견지명이 있는 사람	
088	**hypocrisy** [hipákrəsi]	명 위선	유 insincerity
		hate hypocrisy 위선을 싫어하다	
089	**lodge** [lɑdʒ]	동 숙박하다	
		lodge at ~에 숙박하다	
090	**inquiry** [inkwáiəri|inkwəri]	명 질문	동 inquire 질문하다 유 question
		make inquiries 질문하다	
091	**cleanse** [klenz]	동 깨끗이 하다	형 clean 깨끗한 유 clean, purify
		cleanse one's skin 피부를 깨끗이 하다	
092	**counterpart** [káuntərpà:rt]	명 상대, 상응하는 것	유 equivalent
093	**dodge** [dɑdʒ]	동 재빨리 피하다, 교묘히 회피하다	
		dodge a ball 공을 피하다	
094	**fragrant** [fréigrənt]	형 향기로운	명 fragrance 향기, 방향 유 aromatic
		fragrant flowers 향기로운 꽃	
095	**feat** [fi:t]	명 위업, 공적	유 achievement
		an historic feat 역사적 위업	
096	**announce** [ənáuns]	동 알리다	명 announcement 공고 유 tell
		as already announced 예고된 대로	
097	**brisk** [brisk]	형 활발한, 번창하는	부 briskly 활발히 유 lively
		at a brisk pace 활발한 걸음으로	
098	**deceit** [disíːt]	명 속임, 사기	동 deceive 속이다 유 deception
099	**condense** [kəndéns]	동 압축하다	명 condensation 압축 유 compress
		condense A into B A를 B로 압축하다	
100	**unlawful** [ʌnlɔ́ːfəl]	형 불법의	명 unlawfulness 불법 유 illegal
		unlawful imports 불법 수입	

✦ 주어진 우리말 문장에 맞도록 알맞은 단어를 넣어 문장을 완성하시오. 정답 p.194

He has spent lots of time proving his   .
그는 그의 가설을 증명하는 데 많은 시간을 보냈다.

Having an adequate   system helped the farmers withstand prolonged droughts.
충분한 관개 시설의 보유가 농부들로 하여금 계속되는 가뭄을 견딜 수 있게 도와주었다.

His friend is a man of   mind.
그의 친구는 고상한 마음을 지닌 사람이다.

He had to   from smoking because of his illness.
그는 병 때문에 담배를 삼가야 했다.

Einstein was a   in the field of science.
아인슈타인은 과학 분야에서 천재였다.

                   a thousand dollars to charity is an annual event for him.
천 달러를 자선 단체에 기부하는 것은 그에겐 연간 행사이다.

I am worried that she has no   .
나는 그녀가 앞을 내다보지 못함이 걱정스럽다.

His   turns my stomach.
그의 위선은 나의 속을 메스껍게 한다.

They   at a hotel. 그들은 호텔에 숙박했다.

The reporter made lots of   to the senate.
그 기자는 의원에게 많은 질문을 했다.

                   your face before you sleep.
잠들기 전에 세수를 해라.

I heard that our   has a strong connection to the government.
나는 우리 상대가 정부와 긴밀한 관계를 맺고 있다고 들었다.

She tried to   the issue.
그녀는 논점에서 교묘히 비켜나려 노력했다.

The shampoo left her hair smelling   .
그 샴푸가 그녀의 머리에서 향기가 나게 했다.

Despite her historic   , her life was miserable.
그녀의 역사적 위업에도 불구하고 그녀의 인생은 비참했다.

The company has   that it will close its L.A. factory because sales were lower than expected. 회사는 예상보다 저조한 매출로 인해 로스앤젤레스 공장을 폐쇄할 것이라고 알렸다.

The market is   .
시장이 호황이다.

Trust is the mother of   .
《속담》 믿는 도끼에 발등 찍힌다.

My boss asked me to   five pages of the report into two pages.
우리 사장님은 나에게 5페이지의 보고서를 2페이지로 압축해 달라고 부탁했다.

We should prevent   drivers from driving through a red light.
우리는 불법 운전자들이 빨간 불에도 운전하는 것을 막아야 한다.

101	**vogue** [voug]	명 유행 in vogue 유행하여	유 fashion
102	**alternative** [ɔ:ltə́:rnətiv]	명 대안 형 대신의, 양자택일의 an alternative plan 대안	부 alternatively 양자택일로
103	**adversary** [ǽdvərsèri]	명 상대편, 적수	명 adversariness 반대함 유 opponent
104	**static** [stǽtik]	형 움직임이 없는 a static population 고정 인구	반 dynamic 역동적인
105	**tempt** [tempt]	동 유혹하다, 꾀다 a tempting offer 솔깃한 제안	명 temptation 유혹 유 seduce
106	**uproar** [ʌ́prɔ:r]	명 소란 be in an uproar 법석을 떨다	유 commotion
107	**wakeful** [wéikfəl]	형 잠을 못 자는, 불면의 a wakeful child 잠을 잘 못 자는 아이	명 wakefulness 잠을 깊이 못 잠
108	**virgin** [və́:rdʒin]	명 처녀, 아가씨 the (blessed) Virgin Mary 성모 마리아	형 virginal 처녀의
109	**review** [rivjú:]	동 재검토하다 명 재검토 review one's report 보고서를 재검토하다	유 reassess
110	**skeptical** [sképtikəl]	형 회의적인, 의심 많은 be skeptical about ~에 회의적이다	
111	**startle** [stá:rtl]	동 깜짝 놀라게 하다 be startled from sleep 잠에서 화들짝 깨다	유 surprise
112	**thrive** [θraiv]	동 번영하다 thrive in trade 장사가 잘 되다	유 prosper
113	**surrender** [səréndər]	동 항복하다	명 surrenderer 항복자
114	**scandal** [skǽndl]	명 스캔들, 추문 an historical scandal 역사적인 스캔들	동 scandalize 분개하게 하다 유 gossip
115	**splendid** [spléndid]	형 화려한, 훌륭한 a splendid accomplishment 화려한 업적	부 splendidly 멋지게 유 excellent
116	**strife** [straif]	명 투쟁, 다툼 party strife 당파 싸움	동 strive 노력하다, 투쟁하다 유 conflict
117	**tyrant** [táiərənt]	명 독재자, 폭군 under a tyrant 독재 치하에	유 dictator, autocrat, despot
118	**wholesale** [hóulsèil]	형 대규모의 wholesale reform 대대적인 개혁	
119	**perplex** [pərpléks]	동 당황하게 하다 perplex A with B A를 B로 당황하게 하다	명 perplexity 당황케 함 유 embarrass
120	**refute** [rifjú:t]	동 반박하다 refute a statement 진술에 반박하다	명 refuter 반박하는 이 반 agree 동의하다

✦ 주어진 우리말 문장에 맞도록 알맞은 단어를 넣어 문장을 완성하시오. 정답 p.194

Short skirts are in _____ this year. 올해는 짧은 치마가 유행이다.

We have no _____ but to leave. 떠나는 것밖에는 다른 방법이 없다.

The player found out that his _____ had already given up the contest.
그 선수는 상대편이 이미 대회를 포기했다는 것을 알게 되었다.

The government is attempting to keep prices _____ this year.
정부는 올해 가격을 동결시키려고 하고 있다.

He will never be _____ into bad behavior. 그는 절대 잘못된 길로 빠져들지 않을 것이다.

The meeting ended in an _____ . 회의는 떠들썩하게 끝났다.

Watching TV until it's late may cause you to be _____ at night.
늦게까지 텔레비전을 보는 것이 밤에 잠을 깊이 못 자게 할 수도 있다.

Did you see the statue of the blessed _____ Mary in front of the cathedral?
성당 앞의 성모 마리아 상을 보았나요?

The president _____ the project he'd suggested. 사장은 그가 제안했던 프로젝트를 재검토했다.

But the analysts are _____ about the effectiveness of the plan.
하지만 전문가들은 그 계획의 실효성에 대해 회의적이다.

The explosion _____ the horse. 그 폭발이 말을 깜짝 놀라게 했다.

His company is _____ these days. 그의 회사는 요즘 번창하고 있다.

The enemy finally _____ . 적이 마침내 항복했다.

He was forced to leave the company because of a _____ .
그는 스캔들 때문에 회사를 떠나도록 강요 받았다.

He has got a _____ memory. 그는 훌륭한 기억력을 갖고 있다.

The country was torn apart by _____ . 그 나라는 다툼으로 인해 분열되었다.

Like other _____ , he suppressed the people under him. 다른 독재자들처럼 그는 사람들을 억압했다.

The company conducted some _____ reforms yesterday. 그 회사는 어제 대대적인 개혁을 실행했다.

They _____ him with questions he wasn't able to answer.
그들은 그가 대답할 수 없는 질문들로 그를 당황하게 했다.

It was quite unusual that she _____ his argument.
그녀가 그의 주장을 반박한 것은 꽤 흔치 않은 일이었다.

DAY 04

DAY 04
표제어 듣기

121	**scan** [skæn]	통 자세히 조사하다, 대충 훑어보다 scan a newspaper 신문을 대충 훑어보다	유 skim

122 status [stéitəs]
명 상태, 지위
social status 사회적 지위

123 tolerance [tálərəns]
명 관용 · 형 tolerable 참을 수 있는 · 유 generosity

124 inanimate [inǽnəmət]
형 무생물의 · 명 inanimation 무생물 · 유 lifeless
inanimate rocks 생명이 없는 암석

125 mute [mju:t]
형 무언의, 침묵하는 · 부 mutely 무언으로 · 유 silent
a mute appeal 무언의 호소

126 penetrate [pénətrèit]
통 관통하다, 스며들다 · 명 penetration 관통 · 유 pierce
penetrate one's mind ~의 마음을 꿰뚫어 보다

127 revert [rivə́:rt]
통 (본래의 상태로) 되돌아가다 · 명 reversion 복귀 · 유 regress
revert to one's smoking habit 다시 흡연을 하다

128 slender [sléndər]
형 가느다란 · 통 slenderize 가늘게 하다 · 유 thin
a slender waist 가느다란 허리

129 enliven [inláivən|en-]
통 활기를 띠게 하다 · 명 enlivenment 활기를 불어넣음
enliven with songs 노래로 활기를 불어넣다

130 habitual [həbítʃuəl]
형 습관적인, 상습적인 · 부 habitually 습관적으로
a habitual gambler 상습 도박자

131 inaccurate [inǽkjurət]
형 부정확한 · 명 inaccuracy 부정확 · 반 accurate 정확한
an inaccurate translation 부정확한 번역

132 negate [nigéit]
통 부정하다, 무효화하다 · 명 negation 부정 · 반 affirm 인정하다
negate God 신을 부정하다

133 reference [réfərəns]
명 참조, 참조 문헌 · 통 refer 참조하다

134 colossal [kəlásəl]
형 거대한 · 명 colossus 거대함 · 유 huge
a colossal building 큰 건물

135 defect [dí:fekt]
명 결점, 약점 · 형 defective 결점이 있는 · 유 deficiency
hearing defect 청각 장애

136 enlighten [inláitn|en-]
통 계몽하다, 분명히 하다 · 명 enlightenment 계발, 교화
enlighten the ignorant 무지한 사람들을 교화하다

137 humane [hju:méin]
형 자비로운, 인도적인 · 부 humanely 인도적으로 · 반 inhumane 비인도적인
humane feelings 자비심

138 irritation [ìrətéiʃən]
명 짜증 · 통 irritate 짜증나게 하다

139 abase [əbéis]
통 격하하다 · 명 abasement 자기 비하 · 유 demean
abase oneself 자신을 비하하다

140 barter [bá:rtər]
통 물물교환하다 명 물물교환
barter A for B A를 B와 물물교환하다

✦ 주어진 우리말 문장에 맞도록 알맞은 단어를 넣어 문장을 완성하시오. 정답 p.194

The surgeon _____ the X-ray. 그 외과의사는 엑스레이를 정밀 검사했다.

Many people struggle to get a better social _____.
많은 사람들이 더 나은 사회적 지위를 얻기 위해 분투한다.

_____ is regarded as a virtue. 관용은 미덕으로 간주된다.

We can easily find _____ objects around us. 우리는 주변에서 무생물체를 쉽게 찾을 수 있다.

The entire audience remained _____. 모든 관중들이 침묵하고 있었다.

The bullet _____ his lung. 총탄이 그의 폐를 관통했다.

The stress from her job caused her to _____ to her smoking habit.
일로 인한 스트레스 때문에 그녀는 다시 담배를 피우게 되었다.

My sister has a _____ waist. 내 여동생은 개미 허리이다.

They _____ the party by singing songs. 그들은 노래를 불러 파티에 활기를 불어넣었다.

Don't think of me as a _____ gambler. 나를 상습 도박꾼으로 생각하지 말아줘.

This thermometer is _____. 이 온도계는 부정확하다.

The candidate _____ the results of the election. 그 후보는 선거 결과를 부정했다.

This thesis has lots of _____. 이 논문은 많은 참조 문헌을 갖고 있다.

The player will earn a _____ amount of money if he wins the game.
그 선수는 경기에 이기면 많은 액수의 돈을 벌게 될 것이다.

The accident was caused by its structural _____. 그 사고는 그것의 구조적 결점에서 기인한 것이었다.

She didn't _____ him about her background. 그녀는 그에게 자신의 배경을 분명히 하지 않았다.

His _____ nature doesn't allow him to overlook child abuse.
그의 인도적인 본성이 아동학대를 눈감아주도록 허락하지 않는다.

Her _____ during the seminar worried me. 세미나 중에 그녀의 짜증이 나를 걱정스럽게 했다.

I watched my friend _____ herself before the teacher.
나는 내 친구가 선생님 앞에서 자신을 비하하는 것을 보았다.

They used to _____ fur for eatables. 그들은 모피를 식량과 물물교환하곤 했다.

DAY 04

#	Word	Meaning	Related

141 captivity
[kæptívəti]
몡 포로
in captivity 사로잡혀

142 disloyal
[dislɔ́iəl]
혱 불충한, 불충실한   몡 disloyalty 불충   땐 loyal 충성스러운
a disloyal man 불충한 신하

143 grave
[greiv]
혱 엄숙한   몡 graveness 엄숙   윤 serious

144 uproot
[ʌprúːt]
동 근절하다   윤 eradicate
uproot poverty 빈곤을 근절하다

145 ware
[wɛər]
몡 도자기, 제품, 세공품
silverware 은제품

146 bid
[bid]
동 입찰하다 몡 입찰
bid for ~에 입찰하다   *bid-bid-bid*

147 devise
[diváiz]
동 고안하다   몡 device 고안
devise an alternative plan 대안을 고안하다

148 strive
[straiv]
동 싸우다   몡 strife 투쟁   윤 struggle
strive against corruption 부패에 맞서 싸우다

149 token
[tóukən]
몡 표, 증거, 상징
in token of one's gratitude 감사의 증표로

150 upset
[ʌpsét]
동 뒤엎다, 망치다 몡 전복   윤 overturn
upset a boat 보트를 전복시키다

151 archaic
[ɑːrkéiik]
혱 고풍의   븐 archaically 고풍으로   윤 classic
an archaic style 고풍 양식

152 variable
[vɛ́əriəbl]
혱 변덕스러운 몡 변수   븐 variably 변덕스럽게   땐 constant 불변의
variable weather 변덕스러운 날씨

153 accommodate
[əkámədèit]
동 수용하다, 숙박시키다   몡 accommodation 숙박 시설
accommodate 80 guests 80명의 손님을 수용하다

154 commemorate
[kəmémərèit]
동 기념하다   몡 commemoration 기념   윤 celebrate

155 discern
[disə́ːrn | -zə́ːrn]
동 식별하다   몡 discernment 식별   윤 distinguish
discern a difference 차이를 식별하다

156 supplement
[sʌ́pləmənt]
몡 보충물 동 보충하다   혱 supplementary 보충의   윤 complement
vitamin supplements 비타민 보충제

157 umpire
[ʌ́mpaiər]
몡 심판원   윤 referee
a baseball umpire 구심, 야구 심판

158 vista
[vístə]
몡 조망, 경치, 전망   윤 view
vistas of the future 미래에 대한 전망

159 bestow
[bistóu]
동 주다   몡 bestowment 수여자   윤 give

160 shrug
[ʃrʌg]
동 으쓱하다
shrug one's shoulders 어깨를 으쓱하다

✦ 주어진 우리말 문장에 맞도록 알맞은 단어를 넣어 문장을 완성하시오. 정답 p.194

He was held in _____ for three years. 그는 3년 동안 포로로 잡혀 있었다.

He is _____, so you should not trust him. 그는 불충실하므로 신뢰하면 안 된다.

They showed _____ attitudes during the funeral. 그들은 장례식 동안 엄숙한 태도를 보였다.

A food revolution is necessary to _____ poverty in the country.
그 국가의 빈곤을 근절하기 위해 식량 혁명이 필요하다.

I don't know what to do with this box of coralline _____.
나는 이 산호 자기 한 박스를 가지고 무엇을 해야 할지 모르겠다.

She is _____ for some old china. 그녀는 오래된 도자기에 입찰하고 있다.

The task force is trying to _____ an alternative plan. 대책위원회는 대안을 고안해 내려고 노력 중이다.

We must _____ against this prejudice. 우리는 이 편견에 맞서 싸워야 한다.

I have to buy a _____ first. 표부터 먼저 사야 해.

The generals plotted to _____ the government. 장군들은 정부를 뒤집어 엎을 모의를 했다.

We were fascinated by the _____ style of the cathedral. 우리는 성당의 고풍스런 양식에 매료되었다.

They didn't go on a picnic because of the _____ weather.
그들은 변덕스러운 날씨 때문에 소풍을 가지 못했다.

This stadium is large enough to _____ 10,000 people.
이 경기장은 만 명의 사람들을 수용할 만큼 충분히 크다.

The monument _____ the brave soldiers in the Korean War.
그 기념비는 한국전쟁에 참전한 용감한 군인들을 기념한다.

No one can _____ the difference between the two. 아무도 둘의 차이점을 식별할 수가 없다.

I maintain my health by taking vitamin _____. 나는 비타민 보충제를 먹어서 건강을 유지한다.

It is not reasonable for the _____ to call him out. 심판이 그에게 아웃을 선언한 것은 정당하지 않다.

We could see a _____ of green fields. 우리는 푸른 들판의 전경을 볼 수 있었다.

The government agreed to _____ them with full authority.
정부는 그들에게 모든 권한을 주는 데 동의했다.

I _____ my shoulders when I don't know the answer. 나는 답을 모를 때 어깨를 으쓱한다.

A 우리말과 같은 뜻이 되도록 빈칸에 들어갈 알맞은 단어를 적으시오.

① _____ a statement (진술에 반박하다)

② an _____ style (고풍 양식)

③ _____ A into B (A를 B로 압축하다)

④ _____ poverty (빈곤을 근절하다)

⑤ in _____ (유행하여)

⑥ hate _____ (위선을 싫어하다)

⑦ _____ a person's mind (~의 마음을 꿰뚫어 보다)

⑧ _____ of the future (미래에 대한 전망)

⑨ an _____ canal (용수로)

⑩ be _____ about (~에 회의적이다)

B 다음 괄호 안의 지시대로 주어진 단어를 변형시키고 그 뜻을 적으시오.

	변형	뜻
① donate (명사형으로)	→ _____	_____
② strife (동사형으로)	→ _____	_____
③ noble (명사형으로)	→ _____	_____
④ discern (명사형으로)	→ _____	_____
⑤ perplex (명사형으로)	→ _____	_____
⑥ tolerance (형용사형으로)	→ _____	_____
⑦ scandal (동사형으로)	→ _____	_____
⑧ inquiry (동사형으로)	→ _____	_____
⑨ foresight (동사형으로)	→ _____	_____
⑩ supplement (형용사형으로)	→ _____	_____

C 다음 영영풀이에 해당하는 단어를 보기에서 골라 적으시오.

보기	splendid	prodigy	revert	adversary	unlawful
	cleanse	wakeful	thrive	bestow	brisk

❶ unable to sleep; not sleeping ➡ _____

❷ to make clean ➡ _____

❸ gorgeous; magnificent; sumptuous ➡ _____

❹ a young person with extraordinary talent or ability ➡ _____

❺ to present as a gift; give; confer ➡ _____

❻ not lawful; contrary to law; illegal ➡ _____

❼ quick and active; lively ➡ _____

❽ a person, group, or force that opposes or attacks; opponent; enemy

➡ _____

❾ to prosper; be fortunate or successful ➡ _____

❿ to return to a former habit, practice, belief, condition, etc. ➡ _____

D 우리말과 같은 뜻이 되도록 주어진 문장의 빈칸을 완성하시오.

❶ 그녀는 논점을 교묘히 비켜나가려고 노력했다.

➡ She tried to _____ the issue.

❷ 그 사고는 그것의 구조적 결함에서 기인한 것이다.

➡ The accident was caused by its structural _____.

❸ 그 회사는 어제 대대적인 개혁을 실행했다.

➡ The company conducted some _____ reforms yesterday.

❹ 그 선수는 경기에 이기면 많은 액수의 돈을 벌 것이다.

➡ The player will earn a _____ amount of money if he wins the game.

⑤ 그들은 호텔에 숙박했다.

→ They _____ at a hotel.

⑥ 그의 회사는 요즘 번창하고 있다.

→ His company is _____ these days.

⑦ 그는 3년 동안 포로로 잡혀 있었다.

→ He was held in _____ for three years.

⑧ 우리는 주변에서 무생물체를 쉽게 찾을 수 있다.

→ We can easily find _____ objects around us.

⑨ 나는 비타민 보충제를 먹어서 건강을 유지한다.

→ I maintain my health by taking vitamin _____.

⑩ 이 논문은 많은 참조 문헌을 갖고 있다.

→ This thesis has lots of _____.

E 문장의 밑줄 친 부분에 해당하는 유의어 혹은 반의어를 보기에서 골라 적으시오.

보기				
loyal	dynamic	demean	affirm	aromatic
achievement	commotion	inhumane	accurate	abstain

① This thermometer is <u>inaccurate</u>. 반의어 ↔ _____

② The candidate <u>negated</u> the results of the election. 반의어 ↔ _____

③ The government is attempting to keep prices <u>static</u> this year.
반의어 ↔ _____

④ His <u>humane</u> nature doesn't allow him to overlook child abuse.
반의어 ↔ _____

⑤ He is <u>disloyal</u>, so you should not trust him. 반의어 ↔ _____

⑥ He had to <u>refrain</u> from smoking because of his illness. 유의어 = _____

⑦ Despite her historic <u>feat</u>, her life was miserable. 유의어 = _____

⑧ The shampoo left her hair smelling <u>fragrant</u>. 유의어 = _____

⑨ The meeting ended in an <u>uproar</u>. 유의어 = _____

⑩ I watched my friend <u>abase</u> herself before the teacher. 유의어 = _____

F 영어발음을 듣고 영어단어를 적은 후, 우리말 뜻을 적으시오.

영어단어
듣고 쓰기

영어	우리말		영어	우리말
❶ _____	_____	❽ _____	_____
❷ _____	_____	❾ _____	_____
❸ _____	_____	❿ _____	_____
❹ _____	_____	⓫ _____	_____
❺ _____	_____	⓬ _____	_____
❻ _____	_____	⓭ _____	_____
❼ _____	_____	⓮ _____	_____

G 영어문장을 듣고 빈칸에 들어갈 단어를 채워 문장을 완성하시오.

영어문장
듣고 쓰기

❶ It was quite unusual that she _____ his argument.

❷ We were fascinated by the _____ style of the cathedral.

❸ My boss asked me to _____ five pages of the report into two pages.

❹ A food revolution is necessary to _____ poverty in the country.

❺ Short skirts are in _____ this year.

❻ His _____ turns my stomach.

❼ The bullet _____ his lung.

❽ We could see a _____ of green fields.

❾ Having an adequate _____ system helped the farmers withstand prolonged droughts.

❿ But the analysts are _____ about the effectiveness of the plan.

⓫ _____ a thousand dollars to charity is an annual event for him.

⓬ The country was torn apart by _____.

⓭ His friend is a man of _____ mind.

⓮ No one can _____ the difference between the two.

⓯ They _____ him with questions he wasn't able to answer.

⓰ _____ is regarded as a virtue.

161	**stream** [striːm]	명 시내, 개울, 흐름 down the stream 흐름을 따라, 하류로		
162	**syndrome** [síndroum]	명 증후군 Down's syndrome 다운 증후군		
163	**unmindful** [ʌnmáindfəl]	형 부주의한 unmindful steps 부주의한 발걸음	부 unmindfully 부주의하게	유 careless
164	**pierce** [piərs]	동 꿰뚫다 have one's ears pierced 귀를 뚫다	형 piercing 꿰뚫는	유 penetrate
165	**revoke** [rivóuk]	동 취소하다, 폐지하다 revoke a license 면허를 취소하다		
166	**shameful** [ʃéimfəl]	형 부끄러운 shameful conduct 부끄러운 행동	명 shame 부끄러움	유 disgraceful
167	**stroke** [stróuk]	동 쓰다듬다 stroke one's hair 머리를 쓰다듬다		
168	**unaccountable** [ʌnəkáuntəbl]	형 설명할 수 없는 an unaccountable phenomenon 설명할 수 없는 현상	부 unaccountably 설명할 수 없이	반 accountable 설명할 수 있는
169	**indifference** [indífərəns]	명 무관심 treat with indifference 냉담하게 대하다	형 indifferent 무관심의	
170	**partition** [pɑːrtíʃən]	명 칸막이, 구획 a glass partition 유리 칸막이		
171	**picturesque** [pìktʃərésk]	형 그림 같은, 생생한 picturesque scenery 그림 같은 경치	명 picture 그림	유 vivid
172	**rigorous** [rígərəs]	형 엄격한 rigorous protection 엄격한 보호	부 rigorously 엄격하게	유 rigid
173	**spontaneous** [spantéiniəs]	형 자발적인, 자연스러운 a spontaneous offer 자발적인 기부	명 spontaneousness 자연스러움	
174	**entitle** [intáitl | en-]	동 권리를 부여하다 be entitled to ~에 자격이 있다	명 entitlement 권리 부여	
175	**illustration** [ìləstréiʃən]	명 삽화 a book with illustrations 삽화가 있는 책	동 illustrate 삽화를 그리다	
176	**indefinite** [indéfənit]	형 명확하지 않은, 막연한 an indefinite article 부정 관사	부 indefinitely 불명확하게	
177	**operative** [ápərətiv | ápərètiv]	형 작동하는 become operative 시행되다	명 operation 가동	
178	**reminiscent** [rèmənísnt]	형 생각나게 하는 be reminiscent of ~을 생각나게 하다	부 reminiscently 회상하며	
179	**confine** [kənfáin]	동 한정하다, 제한하다 confine A to B A를 B에 제한하다	명 confinement 한계	유 restrict
180	**displace** [displéis]	동 바꾸어 놓다, 옮기다, 해고하다 a displaced worker 일자리를 잃은 근로자	명 displacement 이동, 해고	

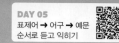

✦ 주어진 우리말 문장에 맞도록 알맞은 단어를 넣어 문장을 완성하시오. 정답 p.195

My shoe floated down the _____. 내 신발이 개울을 따라 떠내려갔다.

This _____ is associated with frequent coughing. 이 증후군은 잦은 기침과 연관이 있다.

His _____ steps lead him to stumble. 그는 부주의한 걸음 때문에 비틀거린다.

For the first time, I saw a man who had his nose _____. 나는 코를 뚫은 남자를 처음 보았다.

His license was _____ after he violated the law. 그가 법을 위반한 후 그의 면허는 취소되었다.

It's _____ that he behaves that way. 그가 그렇게 행동하다니 부끄럽다.

The old lady was pacifying the crying boy by _____ his hair.
노부인은 우는 소년의 머리를 쓰다듬으면서 달래고 있었다.

There are events which are _____. 설명할 수 없는 사건들이 있다.

Treating me with _____ makes me angry. 나는 나를 냉담하게 대하는 것이 화난다.

We have to divide the room with some _____. 우리는 몇 개의 칸막이로 방을 나눠야 한다.

He lived in a _____ village. 그는 그림 같은 마을에 살았다.

I went on a _____ diet of only vegetables to lose weight.
나는 몸무게를 줄이기 위해 야채만 먹는 엄격한 식이요법을 해나갔다.

They thanked us for the _____ offer we gave. 그들은 우리가 제공한 자발적인 기부에 대해 고마워했다.

A person who reaches 65 is _____ to a pension. 65세가 되는 사람은 연금을 받을 자격이 있다.

I especially like the _____ in the book. 나는 그 책에서 삽화 부분을 특히 좋아한다.

The workers have been on an _____ strike since July.
근로자들이 7월 이래로 막연한 파업을 하고 있다.

The regulation will become _____ as of today. 그 법규는 오늘부로 시행될 것이다.

This tall tree is _____ of the old oak tree in my hometown.
이 큰 나무는 내 고향에 있는 떡갈나무를 생각나게 한다.

He _____ his remarks to the facts the police had discovered.
그는 경찰이 찾아낸 사실을 말하는 선에서 그쳤다.

Who has _____ my documents? 누가 내 서류를 옮겨 놓았지?

DAY 05

181	**gleam** [gliːm]	동 빛나다 명 어렴풋한 빛	유 shine
	a gleaming red sports car 빛나는 빨간 스포츠카		
182	**dispense** [dispéns]	동 분배하다	명 dispensation 분배 유 distribute
183	**landscape** [lǽndskèip]	명 풍경	유 scenery
	a snowy landscape 설경		
184	**flatten** [flǽtn]	동 평평하게 하다	형 flat 평평한
	flatten crumpled paper 구겨진 종이를 펴다		
185	**jealousy** [dʒéləsi]	명 질투	형 jealous 질투가 많은
186	**compel** [kəmpél]	동 강요하다	명 compulsion 강요 유 force
	compel A to do A에게 억지로 ~하게 시키다		
187	**wardrobe** [wɔ́ːrdròub]	명 옷장	유 closet
	have a large wardrobe 큰 옷장을 가지고 있다		
188	**complicate** [kámpləkèit]	동 복잡하게 하다	명 complication 복잡 반 simplify 간단하게 하다
	complicate matters 사태를 복잡하게 만들다		
189	**excessive** [iksésiv]	형 과도한	부 excessively 과도하게 반 moderate 적당한
	excessive work 과도한 업무		
190	**egoistic** [ìːgouístik|ègou-]	형 자기 본위의, 이기적인	명 egoist 이기주의자 유 selfish
	an egoistic person 이기적인 사람		
191	**transaction** [trænsǽkʃən]	명 거래	동 transact 거래하다 유 deal
	cash transactions 현금 거래		
192	**raid** [reid]	명 습격, 급습	유 attack 공격
	make a raid 급습하다		
193	**treaty** [tríːti]	명 조약	유 agreement
	a treaty violation 조약 불이행		
194	**caricature** [kǽrikətʃùər]	명 풍자 만화, 캐리커처	
	a funny caricature 우스운 풍자 만화		
195	**astronomical** [æstrənámikəl]	형 천문학적인	명 astronomy 천문학
	an astronomical standard 천문학적 기준		
196	**radiation** [rèidiéiʃən]	명 (빛·열 등의) 방사, 복사선	동 radiate 발하다
	ultraviolet radiation 자외선		
197	**numb** [nʌm]	형 (추위로) 감각을 잃은, 마비된	부 numbly 감각을 잃어, 무감각하게
	be numb from the cold 추위로 감각을 잃다		
198	**sergeant** [sáːrdʒənt]	명 하사관	
	be promoted to sergeant 하사관으로 진급하다		
199	**probable** [prábəbl]	형 있음직한, 예상되는	
	probable evidence 유력한 증거		
200	**stereotype** [stériətàip]	명 고정관념	형 streotypical 진부한, 상투적인

✦ 주어진 우리말 문장에 맞도록 알맞은 단어를 넣어 문장을 완성하시오. 정답 p.195

I feel peaceful when I see the moonlight ⬚⬚⬚⬚⬚⬚ on the water at night.
나는 밤에 달빛이 물 위에 빛나는 것을 보면 평화로움을 느낀다.

They ⬚⬚⬚⬚⬚⬚ food and clothing to the poor. 그들은 빈민에게 음식과 의복을 나눠주었다.

From the hill, he looked down on the peaceful ⬚⬚⬚⬚⬚⬚.
그는 언덕으로부터 평화로운 풍경을 내려다보았다.

She ⬚⬚⬚⬚⬚⬚ the wrinkled bed sheet. 그녀는 구겨진 침대보를 폈다.

⬚⬚⬚⬚⬚⬚ can harm friendships. 질투는 우정에 해를 끼칠 수 있다.

My teacher ⬚⬚⬚⬚⬚⬚ me to write and tell her how much I enjoyed my vacation.
선생님은 나에게 얼마나 방학을 즐겼는지를 쓰고 말하도록 강요하셨다.

It is in the second drawer inside the ⬚⬚⬚⬚⬚⬚. 그것은 옷장 안 두 번째 서랍에 있다.

Don't ⬚⬚⬚⬚⬚⬚ matters more than necessary. 필요 이상으로 사태를 복잡하게 만들지 마라.

⬚⬚⬚⬚⬚⬚ work can exhaust you. 과도한 업무가 당신을 완전히 녹초로 만들 수 있다.

My brother always tries not to be an ⬚⬚⬚⬚⬚⬚ person.
내 남동생은 항상 이기적인 사람이 되지 않으려고 노력한다.

Financial ⬚⬚⬚⬚⬚⬚ between companies are common. 회사들 사이에서의 재정상의 거래는 흔하다.

No injuries were reported in the ⬚⬚⬚⬚⬚⬚. 급습 과정에서 부상자는 없는 것으로 보고되었다.

The peace ⬚⬚⬚⬚⬚⬚ was signed. 평화 조약이 체결되었다.

The poster showed a ⬚⬚⬚⬚⬚⬚ of Hitler with devil's horns and a tail.
그 포스터는 악마의 뿔과 꼬리가 달린 히틀러의 캐리커처를 보여주었다.

Our solar system is very tiny by ⬚⬚⬚⬚⬚⬚ standards. 우리 태양계는 천문학적 기준으로는 매우 작다.

Too much exposure to ultraviolet ⬚⬚⬚⬚⬚⬚ can cause damage to the skin.
자외선에 지나치게 노출되면 피부 손상을 일으킬 수 있다.

His toes are ⬚⬚⬚⬚⬚⬚ from the cold. 그의 발가락은 추위로 감각을 잃었다.

The ⬚⬚⬚⬚⬚⬚ trained the recruits. 하사관이 신병들을 훈련시켰다.

The ⬚⬚⬚⬚⬚⬚ cause of his death is traceable by modern medical science.
그의 죽음에 대한 예상 원인은 근대 의학으로 추적이 가능하다.

Our behavior in other countries may affect the forming of ⬚⬚⬚⬚⬚⬚ by the natives.
다른 나라에서의 우리의 행동이 그 주민들이 고정관념을 형성하는 데 영향을 끼칠 수도 있다.

DAY 06
표제어 듣기

201	**collectible** [kəléktəbl]	형 모을 수 있는 collectible items 모을 수 있는 물건		
202	**flatter** [flǽtər]	동 ~에게 아첨하다, 우쭐하게 하다 feel flattered by ~으로 우쭐해지다	명 flattery 아첨, 빌붙음	
203	**perspiration** [pə̀ːrspəréiʃən]	명 발한, 땀 be wet with perspiration 땀에 젖다	유 sweat	
204	**strengthen** [stréŋkθən]	동 강화하다 strengthen one's hand ~의 입장을 강화하다	명 strength 강함, 세기	반 weaken 약화시키다
205	**fuzzy** [fʌ́zi]	형 솜털이 보송보송한 a fuzzy sweater 솜털이 보송보송한 스웨터	유 fluffy	
206	**misdeed** [misdíːd]	명 악행 expose a misdeed 악행을 폭로하다		
207	**secondary** [sékəndèri]	형 제2의, 부차적인, 종속적인 a secondary cause 제2의 원인	부 secondarily 부차적으로	반 primary 제1의, 주요한
208	**portfolio** [pɔːrtfóuliòu]	명 서류첩, 포트폴리오 an investment portfolio 투자 포트폴리오		
209	**infer** [infə́ːr]	동 추론하다 infer a conclusion 결론을 추론하다	명 inference 추론	
210	**bias** [báiəs]	명 선입관, 편견 without bias and without favor 공평하고 사사로움 없이	유 prejudice	
211	**behavioral** [bihéivjərəl]	형 행동의 a behavioral problem 행동 문제	명 behavior 행동	
212	**fortify** [fɔ́ːrtəfài]	동 요새화하다, 강화하다 fortify against ~에 대항하여 방위를 강화하다	명 fortification 요새화	
213	**formation** [fɔːrméiʃən]	명 형성 formation of a new government 새 정부의 형성	동 form 형성하다	
214	**conceal** [kənsíːl]	동 숨기다 conceal oneself 숨다	명 concealment 은폐	유 hide
215	**sneak** [sniːk]	동 몰래 움직이다 sneak out of ~으로부터 몰래 빠져나가다	유 creep 몰래 다가서다, 기다	
216	**celebrity** [səlébrəti]	명 유명인	유 star	
217	**confound** [kənfáund]	동 당황케 하다 be confounded by ~에 당황하다	형 confounded 당황한	유 amaze
218	**concrete** [kɑ́nkriːt]	형 구체적인 a concrete example 구체적인 예	반 abstract 추상적인	
219	**ultimate** [ʌ́ltəmət]	형 최후의, 궁극적인 the ultimate end of life 인생의 궁극적인 목적	명 ultimatum 최후의 말	유 final
220	**ration** [rǽʃən]	동 배급제로 하다 명 배급, 할당량	유 allocation	

✦ 주어진 우리말 문장에 맞도록 알맞은 단어를 넣어 문장을 완성하시오. 정답 p.195

_____ items such as sports cards will be expensive in the future.
스포츠 카드와 같이 모을 수 있는 물건들은 앞으로 비싸질 것이다.

He is good at _____ the powerful. 그는 권력자들에게 아첨을 잘한다.

I wiped the _____ off. 나는 땀을 닦아냈다.

The king hoped to _____ the power of his army. 왕은 그의 군사력 강화를 바랐다.

The sweater was made of a _____ material. 그 스웨터는 솜털이 보송보송한 재료로 만들어졌다.

The newspaper exposed the politician's _____. 그 신문은 그 정치인의 악행을 폭로했다.

Experience is the most important, and age is of _____ importance.
경험이 가장 중요하며 나이는 두 번째로 중요하다.

You can store papers in the _____ behind your seat.
당신의 자리 뒤편의 서류첩에 서류를 모을 수 있습니다.

We _____ that he was poor by his ragged clothing.
우리는 그의 누더기 옷에서 그가 가난하다고 추론했다.

Avoid political _____. 정치적 편견을 피하세요.

Some scientists study children's strange _____ problems.
어떤 과학자들은 아이의 이상한 행동 문제에 대해 연구한다.

The government is attempting to _____ the major cities against enemy attacks.
정부는 적의 공격에 대항하여 주요 도시들을 요새화하려 하고 있다.

The _____ process of a planetary system is not known. 행성계의 형성 과정은 아직 알려지지 않았다.

He could not _____ his hostility. 그는 적의를 숨길 수 없었다.

He _____ out of the building during the fuss. 그는 소란을 틈 타 건물을 몰래 빠져나갔다.

It is difficult for _____ to have private lives. 유명인들은 사생활을 가지기가 어렵다.

People were _____ by the sudden rise in prices. 사람들은 갑작스러운 물가 상승에 당황했다.

I want to see the plans of all the _____ steps to increase profits in the report.
보고서에서 수익 향상을 위한 구체적인 단계에 대한 계획을 보고 싶습니다.

What is your _____ aim? 당신의 최종 목표는 무엇입니까?

Food was _____ during the war. 전쟁 중에는 식량이 배급제로 주어졌다.

221	**fluffy** [flʌ́fi]	형 솜털로 덮인, 솜털의	부 fluffily 푹신하게
		a fluffy kitten 솜털로 덮인 새끼 고양이	
222	**skeptic** [sképtik]	명 회의론자	형 skeptical 회의적인
		convice the skeptics 회의론자를 설득하다	
223	**repel** [ripél]	동 쫓아내다, ~에게 혐오감을 주다	
		repel the enemy 적을 쫓아내다	
224	**liability** [làiəbíləti]	명 책임, 경향이 있음	형 liable 책임이 있는, ~하기 쉬운 유 tendency
225	**rod** [rɑd]	명 막대, 매, 회초리	
226	**compliment** [kámpləmənt]	명 칭찬, 찬사	형 complimentary 칭찬의
		an empty compliment 입에 발린 칭찬	
227	**detect** [ditékt]	동 발견하다, 간파하다, 감지하다	형 detectable 발견할 수 있는
		difficult to detect 간파하기 어려운	
228	**peasant** [péznt]	명 농부, 소작농	유 farmer
		a poor peasant 영세 농민	
229	**patch** [pætʃ]	명 작은 조각	
		patches of cloud 조각 구름	
230	**monument** [mɑ̀njumənt]	명 기념비, 기념물	형 monumental 기념비의
		an ancient monument 고대 기념물	
231	**subside** [səbsáid]	동 내려앉다, 가라앉다	명 subsidence 함몰 유 sink
		subside into ~ 안으로 가라앉다	
232	**wreck** [rek]	명 난파, 난파선의 잔해 동 난파시키다	
		save a ship from wreck 배를 난파되지 않게 구조하다	
233	**ultimately** [ʌ́ltəmətli]	부 최후로, 결국	형 ultimate 최후의 유 finally
234	**intolerable** [intálərəbl]	형 참을 수 없는	부 intolerably 참을 수 없이 반 tolerable 참을 수 있는
		an intolerable insult 참을 수 없는 모욕	
235	**gross** [grous]	형 총계의	유 total
		gross income 총수입	
236	**phobia** [fóubiə]	명 공포증	유 fear
		photophobia 사진 공포증, 광선 공포증	
237	**probe** [proub]	명 탐사, 탐사기 동 캐묻다, 조사하다	
		a space probe 우주 탐사기	
238	**removal** [rimúːvəl]	명 이동, 제거	동 remove 제거하다 유 extraction
		snow removal 제설	
239	**trigger** [trígər]	동 유발하다 명 방아쇠	
		trigger stress 스트레스를 유발하다	
240	**remindful** [rimáindfəl]	형 기억하고 있는, 생각나게 하는	동 remind 생각나게 하다

◆ 주어진 우리말 문장에 맞도록 알맞은 단어를 넣어 문장을 완성하시오. 정답 p.195

I feel so good when I touch a _____ rabbit. 나는 털이 많은 토끼를 만지면 기분이 너무 좋다.

Some _____ argue that its usefulness has been overestimated.
몇몇 회의론자는 그것의 유용성이 과대평가 되었다고 주장한다.

Like poles _____ each other. 같은 극들은 서로를 밀어낸다.

He has _____ for the car accident that happened this morning.
그는 오늘 아침에 일어난 자동차 사고에 책임이 있다.

Spare the _____ and spoil the child. 《속담》 매를 아끼면 자식을 버린다.

She blushed at the unexpected _____ that her teacher paid.
그녀는 선생님이 한 예상치 못한 칭찬에 얼굴이 붉어졌다.

It will beep loudly when it _____ any movement.
그것은 어떤 움직임이라도 감지하면 시끄럽게 삑 소리를 낼 것이다.

Most of the produce sold in the market is grown by _____.
시장에서 팔리는 대부분의 농산물은 농부들이 재배한 것들이다.

There was a small _____ of clouds in the blue sky. 푸른 하늘에 작은 구름 한 점이 있었다.

If you go to the temple, you can find an ancient _____. 사원으로 가면 고대 기념물을 찾을 수 있다.

Weak foundations caused the house to _____ into the earth.
약한 기초가 집을 땅 속으로 가라앉게 했다.

The air force will investigate the _____ tomorrow. 공군은 내일 난파선의 잔해를 조사할 것이다.

A tadpole _____ turns into a frog. 올챙이는 최종적으로 개구리가 된다.

He felt that the stress from his job was _____. 그는 일에서 오는 스트레스가 참을 수 없는 정도라고 느꼈다.

My _____ income this year surpasses yours. 나의 올해 총수입은 네 것보다 많다.

His _____ stops him from going to a place where there are many people.
그의 공포증이 그를 많은 사람이 있는 장소에 가지 못하게 한다.

It will be the first _____ to another planet launched by the Korean Space Agency.
그것은 한국 우주국에서 발사한 다른 행성으로 가는 첫 번째 탐사기가 될 것이다.

He needs the surgical _____ of a kidney. 그는 신장 제거 수술이 필요하다.

The agreement _____ a hot argument about the government's diplomatic policy.
그 협상은 정부의 외교정책에 대한 뜨거운 논쟁을 유발했다.

She has skill and artistry that are _____ of Martina Hingis.
그녀는 마르티나 힝기스를 생각나게 하는 기술과 기교를 지녔다.

A 우리말과 같은 뜻이 되도록 빈칸에 들어갈 알맞은 단어를 적으시오.

① a _____ violation (조약 불이행)

② _____ oneself (숨다)

③ _____ A to B (A를 B에 한정하다)

④ _____ income (총수입)

⑤ _____ one's hair (머리를 쓰다듬다)

⑥ be _____ to (~에 자격이 있다)

⑦ ultraviolet _____ (자외선)

⑧ _____ evidence (유력한 증거)

⑨ a _____ problem (행동 문제)

⑩ an _____ insult (참을 수 없는 모욕)

B 다음 괄호 안의 지시대로 주어진 단어를 변형시키고 그 뜻을 적으시오.

	변형	뜻
① conceal (명사형으로)	_____	_____
② removal (동사형으로)	_____	_____
③ ultimate (명사형으로)	_____	_____
④ compel (명사형으로)	_____	_____
⑤ pierce (형용사형으로)	_____	_____
⑥ rigorous (부사형으로)	_____	_____
⑦ illustration (동사형으로)	_____	_____
⑧ operative (명사형으로)	_____	_____
⑨ jealousy (형용사형으로)	_____	_____
⑩ ultimately (형용사형으로)	_____	_____

C 다음 영영풀이에 해당하는 단어를 보기에서 골라 적으시오.

보기
| displace | subside | stereotype | spontaneous | sneak |
| bias | repel | skeptic | indefinite | unmindful |

❶ to go in a stealthy or furtive manner → _____

❷ a particular tendency or inclination, esp. one that prevents unprejudiced consideration of a question; prejudice → _____

❸ to take the place of; replace; supplant → _____

❹ a person who maintains a doubting attitude, as toward values, plans, statements, or the character of others → _____

❺ to sink to a low or lower level → _____

❻ not mindful; unaware; heedless; forgetful; careless → _____

❼ coming or resulting from a natural impulse or tendency → _____

❽ not definite; without fixed or specified limit; unlimited → _____

❾ oversimplified and generalized beliefs about a group → _____

❿ to drive or force back → _____

D 우리말과 같은 뜻이 되도록 주어진 문장의 빈칸을 완성하시오.

❶ 이 증후군은 잦은 기침과 연관이 있다.
→ This _____ is associated with frequent coughing.

❷ 근로자들이 7월 이래로 막연한 파업을 하고 있다.
→ The workers have been on an _____ strike since July.

❸ 그녀는 구겨진 침대보를 폈다.
→ She _____ the wrinkled bed sheet.

❹ 그녀는 선생님이 한 예상치 못한 칭찬에 얼굴이 붉어졌다.
→ She blushed at the unexpected _____ that her teacher paid.

❺ 그들은 우리가 제공한 자발적인 기부에 대해 고마워했다.
→ They thanked us for the _____ offer we gave.

⑥ 그것은 옷장 안 두 번째 서랍에 있다.
  ➡ It is in the second drawer inside the _____.

⑦ 그의 발가락은 추위로 감각을 잃었다.
  ➡ His toes are _____ from the cold.

⑧ 그는 권력자들에게 아첨을 잘한다.
  ➡ He is good at _____ the powerful.

⑨ 정치적 편견을 피하세요.
  ➡ Avoid political _____.

⑩ 푸른 하늘에 작은 구름 한 점이 있었다.
  ➡ There was a small _____ of clouds in the blue sky.

E 문장의 밑줄 친 부분에 해당하는 유의어 혹은 반의어를 보기에서 골라 적으시오.

보기	tolerable	amazed	abstract	disgraceful	deal
	weaken	simplify	moderate	primary	attack

① I want to see the plans of all the concrete steps to increase profits in the report.
  반의어 ↔ _____

② Excessive work can exhaust you. 반의어 ↔ _____

③ Experience is the most important, and age is of secondary importance.
  반의어 ↔ _____

④ Don't complicate matters more than necessary. 반의어 ↔ _____

⑤ He felt that the stress from his job was intolerable. 반의어 ↔ _____

⑥ The king hoped to strengthen the power of his army. 반의어 ↔ _____

⑦ People were confounded by the sudden rise in prices. 유의어 = _____

⑧ No injuries were reported in the raid. 유의어 = _____

⑨ Financial transactions between companies are common. 유의어 = _____

⑩ It's shameful that he behaves that way. 유의어 = _____

F 영어발음을 듣고 영어단어를 적은 후, 우리말 뜻을 적으시오.

영어단어
듣고 쓰기

	영어	우리말		영어	우리말
❶	_____	_____	❽	_____	_____
❷	_____	_____	❾	_____	_____
❸	_____	_____	❿	_____	_____
❹	_____	_____	⓫	_____	_____
❺	_____	_____	⓬	_____	_____
❻	_____	_____	⓭	_____	_____
❼	_____	_____	⓮	_____	_____

G 영어문장을 듣고 빈칸에 들어갈 단어를 채워 문장을 완성하시오.

영어문장
듣고 쓰기

❶ The peace _____ was signed.

❷ He could not _____ his hostility.

❸ He _____ his remarks to the facts the police had discovered.

❹ My _____ income this year surpasses yours.

❺ The old lady was pacifying the crying boy by _____ his hair.

❻ A person who reaches 65 is _____ to a pension.

❼ Too much exposure to ultraviolet _____ can cause damage to the skin.

❽ The _____ cause of his death is traceable by modern medical science.

❾ Some scientists study children's strange _____ problems.

❿ His _____ stops him from going to a place where there are many people.

⓫ Food was _____ during the war.

⓬ He needs the surgical _____ of a kidney.

⓭ What is your _____ aim?

⓮ My teacher _____ me to write and tell her how much I enjoyed my vacation.

⓯ For the first time, I saw a man who had his nose _____.

⓰ I went on a _____ diet of only vegetables to lose weight.

DAY 07

DAY 07
표제어 듣기

241	**intensify** [inténsəfài]	통 강화하다, 심해지다	명 intensification 증대	

intensify heat 열을 강화하다

242	**mechanism** [mékənìzm]	명 기계, 구조, 장치	유 machine	

the mechanism of a clock 시계의 구조

243	**nutritional** [nju:tríʃənəl]	형 영양상의	명 nutrition 영양	

nutritional information 영양 정보

244	**random** [rǽndəm]	형 임의의, 무작위의	부 randomly 임의로	유 arbitrary

a random guess 억측

245	**quote** [kwout]	통 인용하다	명 quotation 인용	

quote an example 예를 들다

246	**envious** [énviəs]	형 부러워하는	명 envy 부러움	유 jealous

an envious look 부러운 듯한 표정

247	**isolation** [àisəléiʃən]	명 고립, 격리, 분리	통 isolate 분리하다	

in isolation 고립하여

248	**mobility** [moubíləti]	명 이동성	형 mobile 움직이는	

upward social mobility 상류 사회로의 이동

249	**novel** [návəl]	형 신기한, 새로운 명 소설	명 novelty 신기함, 새로움	

novel ideas 새로운 아이디어

250	**deliberate** [dilíbərət]	형 신중한, 고의적인	반 accidental 우연한	

take a deliberate action 신중하게 행동하다

251	**heir** [ɛər]	명 후계자, 상속인	유 successor	

a king's heir 왕의 후계자

252	**overstate** [òuvərstéit]	통 과장해 말하다, 허풍 떨다	명 overstatement 과장	유 exaggerate

overstate the case 사건을 과장해서 말하다

253	**myth** [miθ]	명 신화	형 mythical 신화적인	

Greek myths 그리스 신화

254	**experimentation** [ikspèrəmentéiʃən]	명 실험	통 experiment 실험하다	

experimentation with new teaching methods 새로운 교습법에 대한 실험

255	**temperament** [témpərəmənt]	명 성질, 성미		

a hot temperament 급한 성질

256	**hamper** [hǽmpər]	통 방해하다	유 bother	

hamper movement 움직임을 방해하다

257	**irrelevant** [iréləvənt]	형 관계없는	부 irrelevantly 관계없이	반 relevant 관계있는

irrelevant remarks 관계없는 말

258	**hasten** [héisn]	통 재촉하다	유 hurry	

hasten matters 일을 재촉하다

259	**chivalry** [ʃívəlri]	명 기사도, 기사도 정신	형 chivalrous 기사도의	

be full of chivalry 기사 정신이 강하다

260	**protective** [prətéktiv]	형 보호하는	명 protection 보호	유 caring

protective coloration 보호색

✦ 주어진 우리말 문장에 맞도록 알맞은 단어를 넣어 문장을 완성하시오. 정답 p.196

Violence by teenagers has   since they started being exposed to lots of violent movies. 십대들이 많은 폭력 영화에 노출된 이후로 십대들에 의한 폭력이 심화되었다.

A flaw in the steering   caused the accident. 조종 장치의 결함이 그 사고를 일으켰다.

The overall   status of the children is good. 아이들의 영양 상태가 전반적으로 좋다.

Surveys use   samples of people of all ages. 설문조사는 전 연령대의 사람들로부터 뽑은 임의의 샘플을 사용한다.

The professor   an example for the students. 그 교수가 학생들을 위해 예를 들었다.

As a true friend, he is never   of his friend's success. 진정한 친구로서 그는 결코 친구의 성공을 부러워하지 않는다.

He has lived in   for twenty four years. 그는 24년 동안 고립되어 살아왔다.

        is very important in guerrilla warfare. 이동성은 게릴라전에서 가장 중요하다.

Authors are obsessed to have   ideas for their books. 작가들은 저서를 위하여 새로운 아이디어를 내는 것에 집착한다.

They tried a   attempt to break the defense. 그들은 방어를 뚫기 위해 신중한 시도를 했다.

The king's   suddenly died yesterday. 어제 갑자기 왕의 후계자가 죽었다.

He admits that he tends to   the seriousness of the crimes. 그는 자신이 범죄의 심각성을 과장하는 경향이 있다는 것을 인정한다.

Do you know any of our country's birth   ? 너는 우리나라의 건국 신화를 알고 있니?

Many people object to scientific   on animals. 많은 사람들이 과학적인 동물 실험을 반대한다.

His only weakness is his   . 그의 유일한 약점은 성질이다.

The desk   the people's movement. 그 책상이 사람들의 움직임을 방해했다.

You must avoid wasting too much time on   information. 너는 관계없는 정보에 너무나 많은 시간을 낭비하는 것을 피해야 한다.

We   our departure due to the bad weather. 우리는 나쁜 날씨 때문에 출발을 앞당겼다.

The age of   is not dead. 기사도 시대는 죽지 않았다.

Astronauts all wear   clothing in space. 우주비행사는 모두 우주에서 보호복을 착용한다.

DAY 07

261	**ulcer** [ʌ́lsər]	몡 궤양 a gastric ulcer 위궤양	
262	**affective** [əféktiv]	혱 감정적인, 정서적인 affective therapy 정서 치료	
263	**dramatize** [drǽmətàiz]	통 극화하다, 각색하다 dramatize a novel 소설을 극화하다	혱 dramatizable 극화시킬 수 있는
264	**swell** [swel]	통 부풀다 몡 팽창 a swell in population 인구 증가	
265	**longing** [lɔ́:ŋiŋ]	몡 동경, 갈망, 열망	통 long 갈망하다
266	**renowned** [rináund]	혱 유명한 a renowned scholar 유명한 학자	몡 renown 명성 윤 famous
267	**employability** [implɔ́iəbíləti]	몡 취직 능력 components of employability 취직 능력의 요소	
268	**aromatherapy** [əróuməθérəpi]	몡 방향 요법, 아로마테라피 the beauty of aromatherapy 방향 요법의 매력	몡 aromatherapist 방향 요법 치료사
269	**plume** [plu:m]	몡 깃털, (연기·구름의) 기둥 beautiful plumes 아름다운 깃털	
270	**prone** [proun]	혱 ~하기 쉬운 be prone to ~하기 쉽다	윤 liable
271	**obligate** [ábləgèit]	통 강요하다	몡 obligation 의무 윤 force
272	**ballistic** [bəlístik]	혱 탄도의, 탄도학의 a ballistic missile 탄도 미사일	
273	**reconstruction** [rì:kənstrʌ́kʃən]	몡 재건 postwar reconstruction 전쟁 후의 재건	통 reconstruct 재건하다
274	**postscript** [póustskrìpt]	몡 추신, 후기 a postscript by the editor 편집자 후기	
275	**dwindle** [dwíndl]	통 줄다, 쇠하다 dwindle to 줄어서 ~이 되다	윤 decrease 판 increase 증가하다
276	**literal** [lítərəl]	혱 글자 그대로의 a literal translation 직역	몡 literalness 글자 그대로임
277	**saddle** [sǽdl]	몡 안장 통 안장을 얹다 put a saddle on ~에 안장을 얹다	
278	**banquet** [bǽŋkwit]	몡 연회, 축하연 give a banquet 연회를 베풀다	윤 feast
279	**inflict** [inflíkt]	통 (벌을) 주다, 가하다 inflict oneself on ~에게 폐를 끼치다	몡 infliction 형벌 윤 impose
280	**milestone** [máilstòun]	몡 이정표, 중대 사건 an historical milestone 역사상 중대 사건	윤 landmark

You may feel sick if you have a gastric _____. 위궤양이 있다면 속이 좋지 않을 것이다.

_____ therapy which is concerned with emotional awareness is very effective.
감정의 자각과 관계가 있는 정서 치료는 매우 효과적이다.

This novel will be _____ by a well-known Korean director.
이 소설은 한국의 유명한 감독에 의해 극화될 것이다.

His ankles began to _____. 그의 발목이 부풀기 시작했다.

She talked about her _____ to return home. 그녀는 집에 돌아가고 싶은 열망에 대하여 이야기했다.

The _____ scholar passed away at the age of 74. 그 유명한 학자는 74세의 나이에 운명하였다.

The book was about how to build lifetime _____.
그 책은 평생 취직 능력을 어떻게 쌓을 것인가에 대한 것이었다.

This _____ will lessen your pressure and ease your mind.
이 방향 요법이 압박감을 줄여주고 마음을 편안하게 해줄 것이다.

Peacocks have beautiful _____. 공작은 아름다운 깃털을 가지고 있다.

People with fair skin are _____ to sunburns. 하얀 피부를 가진 사람들은 햇볕에 타기 쉽다.

Don't _____ me to study. 나에게 공부하라고 강요하지 마라.

He is a _____ scholar who studies ballistic missiles. 그는 탄도 미사일을 연구하는 탄도학자이다.

Due to some _____, the main street will be closed to traffic next week.
재건으로 인해, 다음 주에는 주요 도로에서 교통이 통제될 예정이다.

She added a _____ to her letter. 그녀는 편지에 추신을 덧붙였다.

The approval rate for the president has _____ to 20%. 대통령의 지지율이 20%로 줄었다.

_____ translations of novels can be awkward. 소설을 직역하면 어색해질 수 있다.

She put a _____ on the horse and began to ride it. 그녀는 말에 안장을 얹고 그것을 타기 시작했다.

More than one hundred people will be attending the _____.
백 명이 넘는 사람들이 연회에 참석할 것이다.

They _____ a humiliating defeat on the home team. 그들은 홈팀에게 굴욕적인 패배를 안겨주었다.

Developing computer science was a _____ in human history.
컴퓨터 공학을 개발한 것은 인류 역사의 중대 사건이었다.

DAY 08

| 281 | **expend** [ikspénd] | 통 쓰다, 소비하다 | 명 expenditure 지출 유 spend |
| | | expend energy 에너지를 쓰다 | |

| 282 | **orphanage** [ɔ́:rfənidʒ] | 명 고아원 | 참 orphan 고아 |
| | | a remaining orphanage 남아 있는 고아원 | |

| 283 | **skepticism** [sképtəsìzm] | 명 회의론 | |
| | | absolute skepticism 순수 회의론 | |

| 284 | **orientation** [ɔ̀:riəntéiʃən] | 명 예비지도, 오리엔테이션 | |
| | | an orientation for incoming freshmen 예비 신입생을 위한 오리엔테이션 | |

| 285 | **aquatic** [əkwǽtik] | 형 물의 | |
| | | aquatic animals 수중 동물 | |

| 286 | **nutrition** [nju:tríʃən] | 명 영양, 영양 공급 | 형 nutritious 영양분이 있는 |
| | | insufficient nutrition 영양 실조 | |

| 287 | **transformation** [trænsfərméiʃən] | 명 변형 | 통 transform 변형시키다 유 change |
| | | an economic transformation 경제적 변화 | |

| 288 | **hurl** [hə:rl] | 통 세게 내던지다 | 유 throw |
| | | hurl oneself at ~에게 덤비다 | |

| 289 | **intelligence** [intélədʒəns] | 명 지능 | 형 intelligent 총명한 |
| | | human intelligence 인지 | |

| 290 | **dispel** [dispél] | 통 없애다, 쫓아버리다 | 유 dismiss |
| | | dispel fear 공포를 쫓다 | |

| 291 | **mob** [mɑb] | 명 군중, 폭도 | 형 mobbish 무질서한 |
| | | an angry mob 성난 군중 | |

| 292 | **forgetful** [fərgétfəl] | 형 잊기 잘하는 | 명 forgetfulness 건망증 |
| | | be forgetful of ~을 잘 잊다 | |

| 293 | **squeal** [skwi:l] | 통 비명을 지르다 명 비명 | 유 scream |
| | | squeal with excitement 흥분해서 소리지르다 | |

| 294 | **segregate** [ségrigèit] | 통 분리하다, 차별하다 | 명 segregation 차별 유 separate |
| | | segregate two rivals 두 라이벌을 떼어놓다 | |

| 295 | **peninsula** [pənínsjulə] | 명 반도 | |
| | | the Korean peninsula 한반도 | |

| 296 | **astonish** [əstániʃ] | 통 놀라게 하다 | 명 astonishment 놀람 유 astound |
| | | be astonished to do ~하여 놀라다 | |

| 297 | **discharge** [distʃá:rdʒ] | 통 내리다 | |
| | | discharge cargo 짐을 내리다 | |

| 298 | **magnify** [mǽgnəfài] | 통 확대하다 | 명 magnification 확대 반 demagnify 축소하다 |

| 299 | **impatience** [impéiʃəns] | 명 성급함, 조급함 | 형 impatient 조급한 반 patience 인내심 |

| 300 | **conform** [kənfɔ́:rm] | 통 따르다, 따르게 하다 | 형 conformable 일치된, 적합한 유 follow |
| | | conform to the laws 법률에 따르다 | |

✦ 주어진 우리말 문장에 맞도록 알맞은 단어를 넣어 문장을 완성하시오. 정답 p.196

Koreans _____ most of their energy on their work.
한국인들은 에너지의 대부분을 일에 쓴다.

Children are sent to an _____ when they have no one to take care of them.
아이들은 돌봐줄 사람이 아무도 없을 때 고아원에 보내진다.

There has been considerable _____ about his forecast of a booming economy.
그의 경제 활성화 예측에 대해 상당한 회의론이 있어 왔다.

There will be an _____ for new students tomorrow evening.
신입생 오리엔테이션이 내일 저녁에 있을 것입니다.

Visitors can enjoy seeing the colorful _____ animals at the aquarium.
방문자들은 수족관의 다채로운 수중 동물들의 관람을 즐길 수 있다.

He lost his sight because of insufficient _____. 그는 영양 실조 때문에 시력을 잃었다.

The plastic surgery made a huge _____ in her appearance.
성형 수술은 그녀의 외모에 큰 변화를 주었다.

Being angry, he _____ a chair at the window. 그는 화가 나서 의자를 창문으로 세게 내던졌다.

He's obviously a man of very high _____. 그는 확실히 머리가 상당히 비상한 사람이다.

The government tried to _____ its bad reputation concerning its economic policy.
정부는 그들의 경제 정책에 대한 나쁜 평판을 없애려고 애썼다.

The angry _____ rushed to the city hall. 성난 군중이 시청으로 달려갔다.

He is so _____ that he often leaves his notebooks at home.
그는 건망증이 너무 심해서 종종 공책을 집에 두고 온다.

The parents were happy to see their children running around and _____ with excitement.
부모는 아이들이 뛰어다니며 즐거움의 비명을 지르는 것을 보아 행복했다.

They still _____ minorities. 그들은 여전히 소수 민족을 차별한다.

I must say the Korean _____ is a blessed land. 한반도는 축복 받은 땅이라는 말을 꼭 해야 겠어.

They were _____ to find that the driver was a ten-year-old boy.
그들은 운전자가 열 살짜리 소년인 것을 알고는 매우 놀랐다.

The workers _____ the cargo from the ship. 일꾼들이 배에서 짐을 내렸다.

This microscope can _____ bacteria to 100 times their actual size.
이 현미경은 박테리아를 실제 크기의 100배까지 확대시킬 수 있다.

The growing _____ made her miserable. 커져가는 조급함이 그녀를 비참하게 했다.

Most people willingly _____ to the customs of society.
대부분의 사람들은 자의적으로 사회의 관습에 따른다.

DAY 08

301	**regarding** [rigá:rdiŋ]	쩐 ~에 관하여	유 concerning
		regarding your financial condition 당신의 재정 상태에 관하여	
302	**diffusion** [difjú:ʒən]	명 확산, 보급	동 diffuse 보급시키다 유 permeation
		Internet diffusion 인터넷 확산	
303	**fraudulent** [frɔ́:dʒulənt]	형 사기의	명 fraud 사기 유 deceitful
		fraudulent advertising 사기 광고	
304	**majesty** [mǽdʒəsti]	명 위엄, 존엄성	
		with majesty 위엄 있게	
305	**disappearance** [dìsəpíərəns]	명 사라짐	
		a disappearance from home 가출	
306	**overtake** [òuvərtéik]	동 따라잡다	유 exceed
		accelerate to overtake the bus 버스를 추월하기 위해 가속하다	
307	**archive** [á:rkaiv]	명 기록, 보관소, (인터넷) 파일 모음	유 storage
308	**coincide** [kòuinsáid]	동 동시에 일어나다	형 coincident 동시에 일어나는
		coincide with ~ 와 동시에 일어나다	
309	**erode** [iróud]	동 침식하다, 부식시키다	유 disintegrate 분해시키다
310	**agricultural** [ǽgrikʌ́ltʃərəl]	형 농사의, 농업의	명 agriculture 농업 유 farming
		agricultural land 농지	
311	**inhibit** [inhíbit]	동 금하다, 억제하다	유 restrict
		inhibit desires 욕망을 억제하다	
312	**resent** [rizént]	동 분개하다	형 resentful 분개한
		resent an unfavorable comment 비판적인 언급에 분개하다	
313	**respondent** [rispándənt]	형 반응하는 명 응답자	
		be respondent to ~에 반응하다	
314	**bizarre** [bizá:r]	형 기괴한	부 bizarrely 괴상하게 유 grotesque, strange
		bizarre behavior 엽기적인 행동	
315	**blush** [blʌʃ]	동 얼굴을 붉히다	유 turn red
316	**futile** [fjú:tl]	형 무익한, 쓸데없는	명 futility 무익 반 useful 유익한
		in a futile attempt 헛된 시도로	
317	**soften** [sɔ́(:)fən]	동 부드럽게 하다	형 soft 부드러운
		soften the surface 표면을 부드럽게 하다	
318	**circuit** [sə́:rkit]	명 순회 동 순회하다	형 circuitous 순회하는
		on the circuit 순회 중에	
319	**seemingly** [sí:miŋli]	부 겉으로는, 표면상으로는	유 apparently
		a seemingly impossible task 표면상으로는 불가능해 보이는 임무	
320	**revenge** [rivéndʒ]	명 복수	유 retaliation
		in revenge of ~에 대한 앙갚음으로	

✦ 주어진 우리말 문장에 맞도록 알맞은 단어를 넣어 문장을 완성하시오. 정답 p.196

He refused to provide any information _____ the man's whereabouts.
그는 그 남자의 소재와 관련하여 어떤 정보도 말하기를 거부했다.

The Internet _____ rate in Korea is one of the highest in the world.
한국에서의 인터넷 확산율은 세계 최상위 중 하나다.

He was accused of _____ dealings with many people. 그는 많은 사람들과의 사기 거래로 고소됐다.

We have to uphold the _____ of the law. 우리는 법의 존엄성을 지켜야만 한다.

We were puzzled by the sudden _____ of our guide. 우리는 안내원이 갑자기 사라져서 당황했다.

He tried to _____ three cars in front of him. 그는 앞에 있는 세 대의 차를 추월하려고 했다.

Lots of Internet sites have _____ . 많은 인터넷 사이트들이 파일 모음 기능을 가지고 있다.

The death of the king is said to have _____ with the end of the empire.
그 왕의 죽음과 함께 그 제국도 끝이 났다고 전해진다.

The official said the bridge is _____ . 관계자는 그 다리가 부식되었다고 말했다.

The amount of _____ products has increased. 농산물의 양이 증가했다.

High medical costs could _____ poor people from getting medical care.
높은 의료비는 가난한 사람들이 치료를 받지 못하게 할 수 있다.

The politician _____ an unfavorable comment. 그 정치인은 비판적인 발언에 분개했다.

Only one of the dogs in the experiments was _____ to a stimulus.
그 실험에서 강아지들 중 오직 한 마리만이 자극에 반응했다.

What _____ tastes he has! 그는 참 별난 취향을 가졌구나!

He _____ in shame. 그는 창피해서 얼굴이 빨개졌다.

It is _____ to waste energy in an argument. 논쟁에 에너지를 낭비하는 것은 무익하다.

Rub it with sandpaper to _____ the rough surface. 거칠은 표면을 부드럽게 하려면 사포로 문질러라.

It took him a year to make a _____ of the world by car. 그가 자동차로 세계를 도는 데는 1년이 걸렸다.

_____ , nobody was mistaken. 겉으로 보기에는 아무도 잘못하지 않았다.

He finally got his _____ on his enemy. 그는 마침내 적에게 복수했다.

A 우리말과 같은 뜻이 되도록 빈칸에 들어갈 알맞은 단어를 적으시오.

① insufficient _____ (영양 실조)

② _____ fear (공포를 쫓다)

③ _____ the case (사건을 과장하다)

④ an historical _____ (역사상 중대 사건)

⑤ be _____ to (~하기 쉽다)

⑥ _____ ideas (새로운 아이디어)

⑦ be full of _____ (기사도 정신이 강하다)

⑧ be _____ of (~을 잘 잊다)

⑨ the Korean _____ (한반도)

⑩ _____ cargo (짐을 내리다)

B 다음 괄호 안의 지시대로 주어진 단어를 변형시키고 그 뜻을 적으시오.

	변형	뜻
① transformation (동사형으로) →	_____	_____
② renowned (명사형으로) →	_____	_____
③ conform (형용사형으로) →	_____	_____
④ bizarre (부사형으로) →	_____	_____
⑤ envious (명사형으로) →	_____	_____
⑥ intelligence (형용사형으로) →	_____	_____
⑦ isolation (동사형으로) →	_____	_____
⑧ longing (동사형으로) →	_____	_____
⑨ coincide (형용사형으로) →	_____	_____
⑩ resent (형용사형으로) →	_____	_____

C 다음 영영풀이에 해당하는 단어를 보기에서 골라 적으시오.

보기	aquatic	fraudulent	swell	intensify	regarding
	revenge	obligate	literal	inhibit	affective

❶ characterized by, involving, or proceeding from fraud → _____

❷ to bind or oblige morally or legally → _____

❸ to make intense or more intense → _____

❹ to restrain, hinder, arrest, or check → _____

❺ to take vengeance for; inflict punishment for; avenge → _____

❻ of, caused by, or expressing emotion or feeling; emotional → _____

❼ to grow in bulk, as by the absorption of moisture or the processes of growth

→ _____

❽ involving or being the primary or strict meaning of the word or words

→ _____

❾ with regard to; respecting; concerning → _____

❿ pertaining to water → _____

D 우리말과 같은 뜻이 되도록 주어진 문장의 빈칸을 완성하시오.

❶ 그는 24년 동안 고립되어 살아왔다.

→ He has lived in _____ for twenty four years.

❷ 어제 갑자기 왕의 후계자가 죽었다.

→ The king's _____ suddenly died yesterday.

❸ 그의 발목이 부풀기 시작했다.

→ His ankles began to _____ .

❹ 그녀는 편지에 추신을 덧붙였다.

→ She added a _____ to her letter.

❺ 백 명이 넘는 사람들이 연회에 참석할 것이다.

→ More than one hundred people will be attending the _____ .

⑥ 농산물의 양이 증가했다.

→ The amount of _____ products has increased.

⑦ 그는 화가 나서 의자를 창문으로 세게 내던졌다.

→ Being angry, he _____ a chair at the window.

⑧ 커져가는 조급함이 그녀를 비참하게 했다.

→ The growing _____ made her miserable.

⑨ 우리는 법의 존엄성을 지켜야만 한다.

→ We have to uphold the _____ of the law.

⑩ 그는 마침내 적에게 복수했다.

→ He finally got his _____ on his enemy.

E 문장의 밑줄 친 부분에 해당하는 유의어 혹은 반의어를 보기에서 골라 적으시오.

보기	bother	accidental	astounded	caring	relevant
	apparently	demagnify	increase	arbitrary	useful

① They tried a <u>deliberate</u> attempt to break the defense. 반의어 ↔ _____

② This microscope can <u>magnify</u> bacteria to 100 times their actual size.
반의어 ↔ _____

③ The approval rate for the president <u>has dwindled</u> to 20%. 반의어 ↔ _____

④ You must avoid wasting too much time on <u>irrelevant</u> information.
반의어 ↔ _____

⑤ It is <u>futile</u> to waste energy in an argument. 반의어 ↔ _____

⑥ <u>Seemingly</u>, nobody was mistaken. 유의어 = _____

⑦ Surveys use <u>random</u> samples of people of all ages. 유의어 = _____

⑧ They were <u>astonished</u> to find that the driver was a ten-year-old boy.
유의어 = _____

⑨ The desk <u>hampered</u> the people's movement. 유의어 = _____

⑩ Astronauts all wear <u>protective</u> clothing in space. 유의어 = _____

F 영어발음을 듣고 영어단어를 적은 후, 우리말 뜻을 적으시오.

영어단어 듣고 쓰기

영어	우리말		영어	우리말
❶ _____	_____	❽ _____	_____
❷ _____	_____	❾ _____	_____
❸ _____	_____	❿ _____	_____
❹ _____	_____	⓫ _____	_____
❺ _____	_____	⓬ _____	_____
❻ _____	_____	⓭ _____	_____
❼ _____	_____	⓮ _____	_____

G 영어문장을 듣고 빈칸에 들어갈 단어를 채워 문장을 완성하시오.

영어문장 듣고 쓰기

❶ He lost his sight because of insufficient _____.

❷ The government tried to _____ its bad reputation concerning its economic policy.

❸ He admits that he tends to _____ the seriousness of the crimes.

❹ Developing computer science was a _____ in human history.

❺ People with fair skin are _____ to sunburns.

❻ Authors are obsessed to have _____ ideas for their books.

❼ The age of _____ is not dead.

❽ He is so _____ that he often leaves his notebooks at home.

❾ I must say the Korean _____ is a blessed land.

❿ The workers _____ the cargo from the ship.

⓫ The plastic surgery made a huge _____ in her appearance.

⓬ The _____ scholar passed away at the age of 74.

⓭ Most people willingly _____ to the customs of society.

⓮ What _____ tastes he has!

⓯ As a true friend, he is never _____ of his friend's success.

⓰ He's obviously a man of very high _____.

DAY 09

DAY 09 표제어 듣기

321	**contempt** [kəntémpt]	몡 경멸 bring into contempt 창피를 주다	윤 disdain
322	**occupation** [àkjupéiʃən]	몡 직업, 점유	동 occupy 차지하다 윤 job
323	**smallpox** [smɔ́ːlpàks]	몡 천연두 bovine smallpox 소의 천연두	
324	**overturn** [ðuvərtə́ːrn]	동 뒤집다, 전복시키다 an overturned bus 전복된 버스	윤 upturn
325	**recollect** [rèkəlékt]	동 생각해내다, 기억해내다 as far as I can recollect 내가 기억하는 한에서는	윤 remember
326	**harsh** [hɑːrʃ]	형 혹독한, 엄격한, 모진 a harsh punishment 엄벌	윤 severe
327	**crutch** [krʌtʃ]	몡 목발 walk on crutches 목발을 짚고 걷다	
328	**intimate** [íntəmət]	형 친밀한 be on intimate terms with ~와 친하게 지내다	몡 intimacy 친밀감 윤 familiar
329	**pronounced** [prənáunst]	형 확고한, 명백한 have a pronounced view 확고한 견해를 가지다	윤 noticeable 현저한
330	**identical** [aidéntikəl]	형 동일한 an identical opinion 동일한 의견	몡 identity 동일함 윤 alike
331	**prominence** [prámənəns]	몡 두드러짐, 탁월 a man of prominence 주목받는 사람	형 prominent 현저한, 두드러진 윤 eminence
332	**intellect** [íntəlèkt]	몡 지식인, 지력	형 intellectual 지적인
333	**reliance** [riláiəns]	몡 신뢰, 의지, 의존 in reliance on ~를 신뢰하여	형 reliant 신뢰하는 윤 dependence
334	**outfit** [áutfìt]	몡 의상 한 벌, 장비 a new spring outfit 봄 신상품 한 벌	
335	**gill** [gil]	몡 아가미 catch by the gills 아가미로 잡다	
336	**ancestry** [ǽnsestri]	몡 조상, 가계, 혈통 Korean ancestry 한국계	형 ancestral 조상의, 조상 대대로의
337	**inadequate** [inǽdikwət]	형 부적절한 inadequate measures 부적절한 조치	몡 inadequacy 부적합 반 adequate 적절한
338	**cargo** [kɑ́ːrgou]	몡 화물 a cargo ship 화물선	윤 load
339	**quest** [kwést]	몡 탐색, 탐구 동 탐구하다 a quest for gold mines 금광 탐사	윤 search
340	**precipitate** [prisípətèit]	동 촉진시키다 precipitate a political crisis 정치적 위기를 촉진시키다	윤 quicken

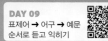

✦ 주어진 우리말 문장에 맞도록 알맞은 단어를 넣어 문장을 완성하시오. 정답 p.197

He had nothing but   for politicians. 그는 정치가들에 대해 오로지 경멸만 했다.

Some companies request us to inform them of what our previous   were.
어떤 회사들은 예전 직업이 무엇이었는지를 알려달라고 요구한다.

                         , a serious infectious disease, causes a high fever and often death.
심각한 전염병인 천연두는 고열이 나게 하며 종종 죽음의 원인이 된다.

An   bus blocking the roadway is causing the traffic jam.
도로를 막고 있는 전복된 버스가 교통체증을 일으키고 있다.

I don't   having seen her before. 나는 그녀를 예전에 보았던 게 기억나지 않는다.

The weather at the poles is really   . 극 지방의 날씨는 매우 모질다.

After I broke my left leg, I had to walk on   for a month.
나는 왼쪽 다리가 부러진 후에 한 달 동안 목발을 짚고 걸어야 했다.

People living in a city are not on   terms with their neighbors.
도시에 사는 사람들은 이웃과 친하지 않다.

It was   that her mom was completely cured. 그녀의 엄마가 완치된 것은 명백한 사실이었다.

Your answer is   to mine. 너의 답은 내 답과 일치한다.

He came to   during the World Cup in Korea. 그는 한국 월드컵에서 두각을 나타내었다.

A number of   gathered at the dinner. 많은 지식인들이 만찬에 모여들었다.

The study program places   on group work rather than on lectures.
이 학습 프로그램은 강의보다는 오히려 집단으로 하는 작업에 의존도를 두고 있다.

She said it is her favorite   . 그녀는 그것이 가장 좋아하는 의상이라고 말했다.

                         are the organs through which fish breathe. 아가미는 물고기가 숨을 쉬는 기관이다.

She has Irish   . 그녀는 아일랜드 혈통이다.

The punishment which the teacher gave to the student was   .
선생님이 학생에게 내린 벌은 부적절했다.

His job is to load ships with   . 그의 일은 배에 짐을 싣는 것이다.

In spite of their long   for the murder weapon, the police found nothing.
오랫 동안 살인 무기를 찾았음에도 불구하고 경찰은 아무것도 발견하지 못했다.

This kind of behavior will   his ruin. 이러한 행동은 그의 파멸을 촉진시킬 것이다.

DAY 09

341	**irrational** [irǽʃənl]	혱 이성을 잃은, 불합리한　　반 **rational** 이성적인 an irrational decision 불합리한 결정
342	**stagger** [stǽgər]	통 비틀거리다　　유 **stumble** stagger along 비틀거리며 걷다
343	**assent** [əsént]	통 동의하다　　명 **assentation** 동의　유 **agree** assent to a suggestion 제안에 동의하다
344	**opponent** [əpóunənt]	혱 반대하는 명 적대자, 상대　　통 **oppose** 반대하다　반 **supporter** 지지자 a political opponent 정치인 적대자
345	**embassy** [émbəsi]	명 대사관, 사절단 the South Korean embassy in Iraq 이라크 주재 한국 대사관
346	**misinformed** [mìsinfɔ́:rmd]	혱 오보를 전해 들은　　반 **informed** 정보에 근거한
347	**questionnaire** [kwèstʃənɛ́ər]	명 질문지 a survey questionnaire 설문지
348	**extent** [ikstént]	명 넓이, 범위　　통 **extend** 넓히다 to some extent 어느 정도까지는
349	**hibernate** [háibərnèit]	통 동면하다　　명 **hibernation** 동면　유 **sleep** hibernate in tree roots 나무 뿌리에서 동면하다
350	**honorable** [ánərəbl]	혱 명예로운, 존경할 만한　　명 **honor** 명예 an honorable withdrawal 명예로운 퇴진
351	**hesitation** [hèzətéiʃən]	명 주저, 망설임　　통 **hesitate** 주저하다, 꺼리다 after some hesitation 약간 망설이다가
352	**nonexistent** [nànigzístənt]	혱 존재하지 않는　　명 **nonexistence** 존재하지 않음 nonexistent legendary people 존재하지 않는 신화적 인물들
353	**console** [kənsóul]	통 위로하다, 위문하다 console one's grief 슬픔을 달래다
354	**degrade** [digréid]	통 품위를 떨어뜨리다, 저하시키다　　명 **degradation** 저하　유 **demean** degrade oneself 스스로 품위를 떨어뜨리다
355	**eject** [idʒékt]	통 축출하다, 뿜어내다 eject smoke 연기를 뿜어내다
356	**burdensome** [bə́:rdnsəm]	혱 짐이 되는, 번거로운　　명 **burden** 짐　유 **onerous** a burdensome task 번거로운 일
357	**mood** [mu:d]	명 기분 in a bad mood 기분이 좋지 않은
358	**deficient** [difíʃənt]	혱 부족한　　명 **deficiency** 부족 be deficient in ~이 부족하다
359	**versus** [və́:rsəs]	전 ~ 대 Korea versus Japan 한국 대 일본
360	**ample** [ǽmpl]	혱 충분한, 넓은　　통 **amplify** 확대하다　유 **large** an ample house 넓은 집

It is _____ to be afraid of the number 4. 숫자 4를 두려워하는 것은 이성적이지 못하다.

He _____ and leaned against the wall. 그는 비틀거리다가 벽에 기댔다.

The staff _____ to my suggestion. 직원들이 나의 제안에 동의했다.

A number of the students in our class are _____ of the death penalty.
우리 반에 있는 많은 학생들이 사형 제도에 반대한다.

Yesterday, I went to the American _____ to get my visa.
어제 나는 비자를 취득하려고 미국 대사관으로 갔다.

Nobody believed that I was _____. 누구도 내가 잘못 들었다는 사실을 믿지 않았다.

Subjects are asked to fill in the _____. 피실험자들은 질문지를 채우도록 요청 받는다.

I can forgive those who are sinful to some _____.
나는 죄가 있는 사람들을 어느 정도까지 용서할 수 있다.

Some species _____ in the water to spend the winter.
일부 종들은 겨울을 보내기 위해 물 속에서 동면한다.

He is an _____ man. 그는 존경받을 만한 사람이다.

Without any _____, she began to speak. 그녀는 주저 없이 말을 하기 시작했다.

_____ people are those whom some people claim actually exist.
존재하지 않는 사람들은 어떤 사람들이 실제로 존재한다고 주장하는 사람들이다.

Only her family could _____ her when she lost the game.
그녀가 그 경기에서 졌을때, 가족만이 그녀를 위로하였다.

As mayor, he would not _____ himself by accepting any bribes.
시장으로서 그는 뇌물을 받아 스스로 품위를 손상시키지는 않을 것이다.

The police _____ a number of violent protesters from the hall.
경찰이 강당에서 난폭한 항의자들을 몰아냈다.

A _____ task to prepare for the presentation was waiting for her.
발표 준비를 해야 하는 부담스러운 일이 그녀를 기다리고 있었다.

The boss is in a bad _____. 사장님은 기분이 좋지 않은 상황이다.

The person is _____ in managing. 그 사람은 관리력이 부족하다.

There will be a Brazil _____ France soccer game tomorrow morning.
내일 아침 브라질 대 프랑스의 축구 경기가 있을 것이다.

We have _____ money for the journey. 우리는 여행 경비가 충분하다.

361	**fossil** [fásəl]	명 화석 a fossil fuel 화석 연료	
362	**budget** [bʌ́dʒit]	명 예산 a budget bill 예산안	
363	**vegetation** [vèdʒətéiʃən]	명 식물, 초목	동 vegetate 식물처럼 생장하다, 무기력하게 지내다 유 plants
364	**queer** [kwiər]	형 별난, 기묘한 a queer act 기행	부 queerly 별나게 유 strange
365	**revolve** [riválv]	동 회전하다 revolve around ~의 주위를 돌다	유 rotate
366	**persist** [pərsíst]	동 고집하다 persist in ~을 고집하다	형 persistent 고집하는
367	**imprecise** [ìmprisáis]	형 부정확한 imprecise judgment 부정확한 판결	반 precise 정확한
368	**persevere** [pə̀:rsəvíər]	동 지속하다, 참다	명 perseverance 인내 유 endure
369	**airborne** [έərbɔ̀:rn]	형 이륙한, 하늘에 떠 있는 airborne particles 공중에 떠 있는 입자	유 flying
370	**palate** [pǽlət]	명 미각, 입맛, 입천장 please one's palate 미각을 만족시키다	
371	**jot** [dʒɑt]	동 간단히 적다 jot down the main points 요점을 적다	
372	**earnest** [ə́:rnist]	형 성실한, 진지한 in earnest 본격적으로, 진지하게	부 earnestly 성실하게 유 serious
373	**diplomat** [dípləmæ̀t]	명 외교관 a foreign diplomat 외국 외교관	형 diplomatic 외교의
374	**invaluable** [invǽljuəbl]	형 매우 귀중한 invaluable information 매우 귀중한 정보	반 valueless 가치없는 유 valuable
375	**intolerance** [intálərəns]	명 참을 수 없음, 불관용 the intolerance of love 사랑의 불관용	형 intolerable 참을 수 없는 반 tolerance 인내
376	**empathize** [émpəθàiz]	동 감정이입하다, 공감하다 empathize with ~을 공감하다	명 empathy 감정이입, 공감
377	**armor** [á:rmər]	명 갑옷 be clad in armor 갑옷으로 무장하다	
378	**execution** [èksikjú:ʃən]	명 사형 집행	동 execute 사형시키다
379	**appreciation** [əprì:ʃiéiʃən]	명 감사 a letter of appreciation 감사장	동 appreciate 감사하다 유 gratitude
380	**nurture** [nə́:rtʃər]	동 양육하다, 기르다 명 교육, 양육 nature and nurture 선천성과 후천성	

✦ 주어진 우리말 문장에 맞도록 알맞은 단어를 넣어 문장을 완성하시오. 정답 p.198

Oil is a _____ fuel. 석유는 화석 연료이다.

The new _____ bill was approved yesterday. 어제 새로운 예산안이 승인되었다.

The _____ growth in this region is fairly good. 이 지역의 식물의 성장은 비교적 좋다.

It seemed _____ for her to wander around all night. 그녀가 밤새 배회하는 것은 이상해 보였다.

The Earth _____ around the Sun. 지구는 태양 주위를 돈다.

He _____ in working on the unwelcome project. 그는 인기 없는 프로젝트를 계속 하길 고집하고 있다.

All the audience was confused by the _____ judgment of the court.
모든 청중이 법원의 부정확한 관결에 당황했다.

She will _____ with the work. 그녀는 그 일을 끈기있게 계속할 것이다.

I heard that we should not leave our seats until the plane is _____ .
나는 비행기가 이륙할 때까지 자리를 떠나지 말아야 한다고 들었다.

It will never please his _____ . 그것은 그의 입맛에 절대 맞지 않을 것이다.

Why don't you _____ it down in a cipher? 그것을 암호로 적어두는 것이 어때?

We have to start our work in _____ now. 이제 우리는 본격적으로 일을 시작해야 한다.

Many foreign _____ were invited to the party held by the president.
많은 외국 외교관들이 대통령 주최 파티에 초대되었다.

The book will provide students with _____ information.
그 책은 학생들에게 매우 귀중한 정보를 제공할 것이다.

I hate his _____ of any options other than his own.
나는 자신의 것이 아니고는 어떤 선택도 용납하지 않는 그의 불관용이 싫다.

If you _____ with someone, you understand that person's situation.
누군가를 공감한다는 것은 그 사람의 상황을 이해한다는 것이다.

The knights were clad in _____ . 그 기사들은 갑옷으로 무장하고 있었다.

_____ is a hot issue in today's society. 오늘날의 사회에서는 사형 집행이 뜨거운 논란거리다.

This gift is to express my deep _____ for your kindness.
이 선물은 당신의 친절에 대해 나의 깊은 감사를 표하기 위한 것이다.

She believes that her talent is something that is _____ .
그녀는 자신의 재능이 후천적으로 길러진 것이라고 믿는다.

DAY 10

381	**complexity** [kəmpléksəti]	명 복잡성		형 complex 복잡한	유 complication

the complexity of structure 구조의 복잡성

382	**troupe** [trúːp]	명 공연단, 극단

a troupe of musicians 음악단

383	**complement** [kámpləmənt]	명 보완하는 것, 보충	형 complementary 보완적인

384	**excess** [iksés]	명 초과, 과잉	동 exceed 초과하다	유 surplus

an excess of authority 월권

385	**saline** [séiliːn	séilain]	형 염분기가 있는

saline solution 식염수

386	**participant** [pɑːrtísəpənt]	형 관여하는 명 관계자, 참가자	동 participate 참여하다

a participant in the event 그 사건의 관계자

387	**intercourse** [íntərkɔ̀ːrs]	명 교제, 왕래

social intercourse 사교

388	**remembrance** [rimémbrəns]	명 추억	동 remember 기억하다	유 memory

in remembrance of ~을 기념하여

389	**anticipate** [æntísəpèit]	동 예상하다, 기대하다	명 anticipation 예상	유 expect

anticipate a victory 승리를 예상하다

390	**corrupt** [kərʌ́pt]	동 망가뜨리다, 부패하다	명 corruption 붕괴

corrupt the entire database 전체 데이터베이스를 망가뜨리다

391	**outnumber** [àutnʌ́mbər]	동 수적으로 우세하다	유 surpass in number

392	**outdate** [àutdéit]	동 시대에 뒤지게 하다	유 outmode

an outdated style 시대에 뒤떨어진 스타일

393	**medieval** [mìːdiíːvəl]	형 중세의	부 medievally 중세적으로

a medieval poem 중세시대의 시

394	**sibling** [síbliŋ]	명 형제

a sibling rivalry 형제 사이의 경쟁

395	**simultaneous** [sàiməltéiniəs]	형 동시에 일어나는	부 simultaneously 동시다발적으로

simultaneous interpretation 동시 통역

396	**supple** [sʌ́pl]	형 유연한, 나긋나긋한

supple movements 유연한 움직임

397	**inefficient** [ìnifíʃənt]	형 비효율적인

an inefficient process 비효율적인 절차

398	**wary** [wɛ́əri]	형 조심성 있는	동 ware 조심하다

a wary man 조심성 있는 사람

399	**parental** [pəréntl]	형 어버이의, 부모의	부 parentally 어버이답게

parental love 부모의 사랑

400	**physical** [fízikəl]	형 육체의, 신체의	반 mental 정신의

physical beauty 육체의 아름다움

✦ 주어진 우리말 문장에 맞도록 알맞은 단어를 넣어 문장을 완성하시오. 정답 p.198

The _____ of the road map puzzled me. 도로 지도가 복잡해서 헷갈렸다.

She was once in a _____ of actors. 그녀는 한때 극단에 있었다.

His work will be a strong _____ to us. 그의 일은 우리에게 강력한 보완책이 될 것이다.

Many students are suffering from an _____ of stress because of their studies.
많은 학생들이 공부 때문에 지나친 스트레스로 괴로워하고 있다.

Drop by the convenience store and buy some _____ solution. 편의점에 들러서 식염수를 사 와요.

All the _____ in the debate had an opportunity to speak.
토론 참석자 모두가 발언권을 가지고 있었다.

As society changes, there is less social _____ than ever between the young and the old.
사회가 변화함에 따라 젊은이와 노인 간의 사회적 교류가 이전보다 더 적다.

Lots of people gathered at the park in _____ of their country's independence.
많은 사람들이 자국의 독립을 기념하여 공원에 모였다.

I _____ that I will get a letter from my friend in England.
나는 영국에 있는 친구로부터 편지 받기를 기대하고 있다.

The information may be _____ or missing. 정보가 손상되었거나 없을 수도 있습니다.

They _____ us three to one. 그들은 3대 1로 우리보다 수적으로 우세했다.

His theory is so _____ that it can't apply to modern society.
그의 이론은 너무 시대에 뒤져서 현대사회에 적용할 수 없다.

If you go to Europe, you can see many _____ structures.
유럽으로 가면 많은 중세 구조물을 볼 수 있다.

Competition between _____ has both advantages and disadvantages.
형제들 사이의 경쟁은 장단점이 모두 있다.

The _____ road construction has caused major traffic jam.
동시에 여러 군데의 도로 공사 때문에 주요 교통 체증이 일어났다.

Moisturizing cream helps to keep your skin soft and _____.
보습 크림은 피부를 부드럽고 유연하게 유지하도록 해준다.

Barter was a very _____ way to trade. 물물교환은 매우 비효율적인 거래 방법이다.

David thinks that John is a _____ man. 데이비드는 존이 조심성 있는 사람이라고 생각한다.

Some parents can misuse _____ rights for their own desires.
일부 부모님들은 그들 자신의 욕망을 위해 부모의 권리를 오용할 수 있다.

He was rejected for _____ reasons. 그는 신체적인 이유로 탈락했다.

A 우리말과 같은 뜻이 되도록 빈칸에 들어갈 알맞은 단어를 적으시오.

❶ _____ judgment (부정확한 판결)

❷ an _____ opinion (동일한 의견)

❸ a letter of _____ (감사장)

❹ in _____ of (~을 기념하여)

❺ a _____ task (번거로운 일)

❻ in _____ (본격적으로, 진지하게)

❼ a survey _____ (설문지)

❽ to some _____ (어느 정도까지는)

❾ _____ down the main points (요점을 적다)

❿ _____ with (~을 공감하다)

B 다음 괄호 안의 지시대로 주어진 단어를 변형시키고 그 뜻을 적으시오.

	변형	뜻
❶ complexity (형용사형으로) →	_____	_____
❷ anticipate (명사형으로) →	_____	_____
❸ occupation (동사형으로) →	_____	_____
❹ vegetation (동사형으로) →	_____	_____
❺ excess (동사형으로) →	_____	_____
❻ intellect (형용사형으로) →	_____	_____
❼ ancestry (형용사형으로) →	_____	_____
❽ deficient (명사형으로) →	_____	_____
❾ persist (형용사형으로) →	_____	_____
❿ diplomat (형용사형으로) →	_____	_____

C 다음 영영풀이에 해당하는 단어를 보기에서 골라 적으시오.

| 보기 | pronounced | assent | nonexistent | queer | corrupt |
| | hesitation | outdate | physical | harsh | supple |

❶ to agree or concur; subscribe to ⇒ _____

❷ to change from good to bad ⇒ _____

❸ strongly marked ⇒ _____

❹ to put out of date; make antiquated or obsolete ⇒ _____

❺ ungentle and unpleasant in action or effect ⇒ _____

❻ strange or odd from a conventional viewpoint ⇒ _____

❼ of or pertaining to the body ⇒ _____

❽ the act of hesitating; a delay due to uncertainty of mind or fear ⇒ _____

❾ of absence of existence ⇒ _____

❿ bending readily without breaking or becoming deformed; pliant; flexible
⇒ _____

D 우리말과 같은 뜻이 되도록 주어진 문장의 빈칸을 완성하시오.

❶ 극 지방의 날씨는 매우 모질다.
⇒ The weatehr at the poles is really _____.

❷ 그녀는 그것이 가장 좋아하는 의상이라고 말했다.
⇒ She said it is her favorite _____.

❸ 그는 비틀거리다가 벽에 기댔다.
⇒ He _____ and leaned against the wall.

❹ 그녀는 주저 없이 말을 하기 시작했다.
⇒ Without any _____, she began to speak.

❺ 그 사람은 관리력이 부족하다. ⇒ The person is _____ in managing.

❻ 어제 새로운 예산안이 승인되었다.
⇒ The new _____ bill was approved yesterday.

❼ 지구는 태양 주위를 돈다.

→ The Earth _____ around the Sun.

❽ 그 기사들은 갑옷으로 무장하고 있었다.

→ The knights were clad in _____.

❾ 그의 일은 우리에게 강력한 보완책이 될 것이다.

→ His work will be a strong _____ to us.

❿ 그의 이론은 너무 시대에 뒤져서 현대사회에 적용할 수 없다.

→ His theory is so _____ that it can't apply to modern society.

E 문장의 밑줄 친 부분에 해당하는 유의어 혹은 반의어를 보기에서 골라 적으시오.

보기	eminence	supporter	familiar	informed	disdain
	adequate	dependence	demean	rational	tolerance

❶ The punishment which the teacher gave to the student was underlined{inadequate}.

반의어 ↔ _____

❷ Nobody believed that I was misinformed. 반의어 ↔ _____

❸ It is irrational to be afraid of the number 4. 반의어 ↔ _____

❹ A number of the students in our class are opponents of the death penalty.

반의어 ↔ _____

❺ I hate his intolerance of any options other than his own. 반의어 ↔ _____

❻ As mayor, he would not degrade himself by accepting any bribes.

유의어 = _____

❼ The study program places reliance on group work rather than on lectures.

유의어 = _____

❽ He had nothing but contempt for politicians. 유의어 = _____

❾ He came to prominence during the World Cup in Korea. 유의어 = _____

❿ People living in a city are not on intimate terms with their neighbors.

유의어 = _____

F 영어발음을 듣고 영어단어를 적은 후, 우리말 뜻을 적으시오.

영어	우리말		영어	우리말
❶ _____	_____	❽ _____	_____	
❷ _____	_____	❾ _____	_____	
❸ _____	_____	❿ _____	_____	
❹ _____	_____	⓫ _____	_____	
❺ _____	_____	⓬ _____	_____	
❻ _____	_____	⓭ _____	_____	
❼ _____	_____	⓮ _____	_____	

G 영어문장을 듣고 빈칸에 들어갈 단어를 채워 문장을 완성하시오.

영어문장
듣고 쓰기

❶ All the audience was confused by the _____ judgment of the court.

❷ Your answer is _____ to mine.

❸ This gift is to express my deep _____ for your kindness.

❹ Lots of people gathered at the park in _____ of their country's independence.

❺ A _____ task to prepare for the presentation was waiting for her.

❻ We have to start our work in _____ now.

❼ Subjects are asked to fill in the _____.

❽ I can forgive those who are sinful to some _____.

❾ Why don't you _____ it down in a cipher?

❿ If you _____ with someone, you understand that person's situation.

⓫ The _____ of the road map puzzled me.

⓬ I _____ that I will get a letter from my friend in England.

⓭ Some companies request us to inform them of what our previous _____ were.

⓮ The _____ growth in this region is fairly good.

⓯ Many students are suffering from an _____ of stress because of their studies.

⓰ A number of _____ gathered at the dinner.

DAY 11

DAY 11
표제어 듣기

401	**ram** [ræm]	통 심하게 부딪치다, 격돌하다	
402	**substantial** [səbstǽnʃəl]	형 상당한 a substantial amount 상당한 양	부 substantially 상당히 유 considerable
403	**rally** [rǽli]	통 규합하다, 불러 모으다 rally soldiers 군인들을 규합하다	유 gather
404	**humanism** [hjúːmənìzm]	명 인도주의 secular humanism 세속적 인도주의	형 humanistic 인도주의적인
405	**liberal** [líbərəl]	명 자유주의자 형 자유주의의 liberal democracy 자유 민주주의	유 progressive
406	**monarchy** [mánərki]	명 군주제 an absolute monarchy 절대 군주제	
407	**phonograph** [fóunəgræf]	명 축음기	유 gramophone
408	**presentation** [prèzəntéiʃən]	명 발표 give a presentation 발표를 하다	통 present 발표하다
409	**obvious** [ábviəs]	형 뚜렷한, 명백한 an obvious defect 명백한 결점	부 obviously 명백하게 반 obscure 불분명한
410	**bough** [bau]	명 큰 가지	유 branch
411	**marital** [mǽrətl]	형 결혼의, 부부간의 a marital state 혼인 상태	
412	**reed** [riːd]	명 갈대 a broken reed 부러진 갈대 (믿을 수 없는 사람)	
413	**continuity** [kàntənjúːəti]	명 연속성 a continuity of scenes 연속된 장면들	형 continual 연속되는
414	**fruitful** [frúːtfəl]	형 유익한, 수확이 많은 a fruitful result 유익한 결과	명 fruitfulness 결실이 많음
415	**offensive** [əfénsiv]	형 불쾌한, 모욕적인, 무례한 offensive behavior 불쾌한 행동	통 offend 화나게 하다 유 insulting
416	**luncheon** [lʌ́ntʃən]	명 점심, 오찬 모임 a business luncheon 비즈니스 오찬 모임	
417	**endeavor** [indévər]	명 노력 통 노력하다 do one's endeavors 전력을 다하다	
418	**spank** [spæŋk]	통 (엉덩이 등을) 찰싹 때리다 spank a kid 아이의 엉덩이를 찰싹 때리다	명 spanking 엉덩이를 찰싹 때림 유 smack
419	**fort** [fɔːrt]	명 요새 defend the fort 요새를 방어하다	통 fortify 요새화하다 유 fortress
420	**inhale** [inhéil]	통 숨을 들이마시다 inhale deeply 숨을 깊이 들이마시다	명 inhalation 흡입 반 exhale 숨을 내쉬다

◆ 주어진 우리말 문장에 맞도록 알맞은 단어를 넣어 문장을 완성하시오.　정답 p.198

The car _____ into the bus. 자동차가 버스에 충돌했다.

There's a _____ difference of opinion between the two parties.
두 당 사이에는 상당한 의견의 차이가 있다.

The officer was ordered to _____ the remaining soldiers.
그 장교는 남아 있는 군인들을 규합하라는 명령을 받았다.

_____ is his approach to solving problems because it emphasizes the good nature of human beings. 인도주의는 인간의 선한 본성을 강조하기 때문에 문제를 해결하는 그의 접근법이다.

We can say that he was an out-and-out _____. 우리는 그가 철저한 자유주의자였다고 말할 수 있다.

He proposed the abolition of the _____. 그는 군주제 폐지를 제안했다.

Edison invented the _____, which was patented on February 19, 1878.
에디슨은 축음기를 발명했는데, 그것은 1878년 2월 19일에 특허 등록되었다.

I would suffer from stress before giving a _____. 나는 발표를 하기 전에는 스트레스로 고통 받곤 했다.

It was _____ from what he said that he had been badly treated.
그가 말했던 것을 짐작해보아 그가 나쁘게 대우 받아 왔다는 것이 명백했다.

I saw a squirrel climb the tree and hide in the _____.
나는 다람쥐 한 마리가 나무에 올라 큰 가지에 숨는 것을 보았다.

_____ discord is the fundamental reason why people get divorced.
부부 사이의 불화는 사람들이 이혼하는 근본적인 이유이다.

Who says a woman is as fickle as a _____? 누가 여자를 갈대처럼 변덕스럽다고 하는가?

Was there any _____ among the dynasties of Korea? 한국의 왕조들 사이에는 어떤 연속성이 있었나요?

The long talk wasn't _____ at all. 그 긴 토론은 전혀 유익하지 않았다.

The program contains several scenes which some viewers may find _____.
그 프로그램에는 일부 시청자들이 불쾌하다고 할 만한 장면이 몇 개 있다.

He would like me to speak at the _____. 그는 오찬 때 내가 연설하길 바란다.

Please make every _____ to arrive on time. 제발 시간에 맞춰 도착하도록 노력해라.

My mother would _____ me for my mischief. 우리 엄마는 나의 짓궂은 장난에 엉덩이를 때리곤 하셨다.

The soldiers fought to the death to defend the _____.
군인들은 요새를 방어하기 위해 목숨을 바쳐 싸웠다.

The people who _____ the fumes from the fire were advised to get treatment at the hospital. 화재로 연기를 마신 사람들은 병원 치료를 받도록 권장되었다.

DAY 11

421	**fraction** [frǽkʃən]	명 파편, 분수 split into fractions 산산조각이 나다	
422	**barometer** [bərámətər]	명 기압계 an aneroid barometer 아네로이드 기압계	형 barometric 기압계의
423	**occasional** [əkéiʒənəl]	형 이따금씩의 an occasional visitor 가끔씩 찾아오는 손님	부 occasionally 가끔 · 유 irregular
424	**sulfur** [sʌ́lfər]	명 유황	
425	**undisputed** [ʌ̀ndispjúːtid]	형 의심할 바 없는, 명백한 undisputed evidence 확실한 증거	유 irrefutable
426	**diplomacy** [diplóuməsi]	명 외교, 외교술	명 diplomat 외교관
427	**satire** [sǽtaiər]	명 풍자 a political satire 정치에 대한 풍자	형 satiric 풍자하는 · 유 mockery
428	**invasive** [invéisiv]	형 침략적인 invasive plants 침습성 식물	명 invasion 침략
429	**ravage** [rǽvidʒ]	명 파괴, 황폐 동 파괴하다	유 destruction
430	**divert** [divə́ːrt]	동 전환하다 divert A to B A를 B로 바꾸다	명 diversion 전환 · 유 redirect
431	**unjust** [ʌndʒʌ́st]	형 불공평한 an unjust fare 부당한 요금	유 unfair
432	**sole** [soul]	형 단 하나의 명 발바닥 sole behavior 단독 행동	유 single
433	**headlong** [hédlɔ̀ːŋ]	형 경솔한 a headlong decision 경솔한 결단	
434	**propagate** [prápəgèit]	동 보급시키다 propagate democracy 민주주의를 퍼뜨리다	명 propagation 보급
435	**prototype** [próutətàip]	명 견본 prototype products 시제품	
436	**penetration** [pènətréiʃən]	명 관통, 투과, 침입 economic penetration 경제 침투	동 penetrate 투과하다
437	**disapprove** [dìsəprúːv]	동 찬성하지 않다 disapprove of ~을 찬성하지 않다	반 approve 찬성하다
438	**intonation** [ìntounéiʃən|-tə-]	명 억양 stress and intonation 강세와 억양	동 intone 억양을 붙이다
439	**replenish** [ripléniʃ]	동 채우다 replenish A with B A를 B로 채우다	명 replenishment 보충 · 반 empty 비우다
440	**archaeology** [ὰːrkiálədʒi]	명 고고학 the usefulness of archaeology 고고학의 유용성	참 archaeologist 고고학자

✦ 주어진 우리말 문장에 맞도록 알맞은 단어를 넣어 문장을 완성하시오. 정답 p.198

A tiny _____ was found in her house. 그녀의 집에서 작은 파편이 발견되었다.

The _____ is falling. 기압계가 떨어지고 있다.

We all need an _____ escape from our boring routines.
우리는 모두 이따금씩 지루한 일과로부터의 탈출이 필요하다.

_____ may be critical to your health. 유황은 건강에 치명적일 수 있다.

He became the _____ champion of the world. 그는 명백한 세계 챔피언이 되었다.

He was praised for his _____. 그는 외교술로 칭송 받았다.

_____ is often a form of protest against injustice. 풍자는 종종 불의에 저항하는 형태를 띤다.

Cancer cells are very _____, so they are very hard to kill.
암세포는 매우 침략적이라 완전히 제거하는 것이 무척 어렵다.

People suffered the _____ of war. 사람들이 전쟁의 참화를 입었다.

They are intentionally planning to _____ the river from its course.
그들은 의도적으로 강의 물줄기를 바꾸려고 계획하고 있다.

Don't you think it is _____ to treat him like that?
그를 그렇게 취급하는 것이 불공평하다고 생각지 않습니까?

The hot sand burned the _____ of their feet. 뜨거운 모래가 그들의 발바닥을 그을렸다.

Do not leap into a _____ decision. 경솔한 결정을 내리지 마세요.

It is our duty to _____ democracy all over the world.
전세계에 민주주의를 퍼뜨리는 것은 우리의 임무다.

We have a big budget to develop the _____. 우리는 견본 개발을 위한 많은 예산을 가지고 있다.

The floor is sealed to prevent water _____. 바닥은 물이 투과하는 것을 막기 위해 방수 처리되었다.

Most people _____ of his despotic rule. 대부분의 사람들은 그의 독재적 지배를 찬성하지 않는다.

Stress and _____ are very important when learning a language.
강세와 억양은 언어를 배울 때 매우 중요하다.

The waitress continued to _____ the glasses with water.
그 종업원이 물잔에 물을 계속 채워주었다.

His dream is to major in _____ and to become an archaeologist.
그의 꿈은 고고학을 전공하여 고고학자가 되는 것이다.

441	**realtor** [ríːəltər]	명 부동산업자, 공인중개사 a local realtor 지역 공인중개사	
442	**empower** [empáuər]	동 ~에게 권한을 주다 empower human beings 인간에게 권한을 주다	명 empowerment 권한 부여 유 enable
443	**encumber** [inkʌ́mbər|en-]	동 방해하다	명 encumbrance 지장, 짐, 폐가 되는 것
444	**moral** [mɔ́(ː)rəl]	형 도덕의 a moral sense 도덕 관념	명 morality 도덕 유 virtuous
445	**sane** [sein]	형 제정신의 a sane judgment 분별 있는 판단	반 insane 미친
446	**likelihood** [láiklihùd]	명 있음직함, 가능성 in all likelihood 아마	유 probability
447	**admiration** [æ̀dməréiʃən]	명 감탄, 칭찬, 존경 with admiration 감탄하여	동 admire 감탄하다, 존경하다
448	**monarch** [mánərk]	명 군주 become a monarch 왕이 되다	형 monarchal 제왕의 유 king
449	**stray** [strei]	동 길을 잃다 형 길 잃은 stray off 길을 잃다	유 roam
450	**groan** [groun]	동 신음하다 groan under the heavy tax 중과세에 시달리다	유 moan
451	**incidence** [ínsədəns]	명 발생률, 발병률 the incidence of murder 살인사건 발생률	
452	**converse** [kənvə́ːrs]	동 담화하다 converse with ~와 담화하다	명 conversation 담화 유 confer
453	**marsh** [máːrʃ]	명 늪, 습지	형 marshy 늪의
454	**supportive** [səpɔ́ːrtiv]	형 용기를 돋우는, 지지가 되는 a supportive family 용기를 돋우는 가족	동 support 용기를 돋우다 유 encouraging
455	**sensationalize** [senséiʃənəlàiz]	동 선정적으로 다루다 sensationalize the coverage 보도를 선정적으로 다루다	형 sensational 선정적인
456	**résumé** [rézumèi]	명 이력서 ask for a résumé 이력서를 요구하다	
457	**overpass** [óuvərpæ̀s]	명 고가도로, 육교 under an overpass 육교 밑에	참 crosswalk 횡단보도
458	**altitude** [ǽltətjùːd]	명 높이, 고도 according to the altitude 높이에 따라	유 elevation
459	**deficiency** [difíʃənsi]	명 부족, 결핍 a vitamin deficiency 비타민 결핍	형 deficient 부족한 유 lack
460	**personality** [pə̀ːrsənǽləti]	명 성격, 개성 a strong personality 강한 개성	형 personal 인격의 유 character

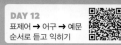
✦ 주어진 우리말 문장에 맞도록 알맞은 단어를 넣어 문장을 완성하시오. 정답 p.199

_____ should upgrade their educations on a continual basis.
부동산 중개업자는 계속적으로 자신의 교육 수준을 향상시켜야 한다.

The law is intended to _____ the president to reject the parliament's decision.
그 법은 대통령에게 의회의 결정을 거부할 수 있는 권한을 줄 예정이다.

The TV sound _____ everybody. TV 소리가 모든 사람들을 방해했다.

He is looking for a deeply religious woman with a highly developed _____ sense.
그는 높은 도덕 관념을 지닌 신앙심이 깊은 여성을 찾고 있다.

Do you think he was _____ when he did that? 너는 그가 그런 일을 했을 때 제정신이었다고 생각하니?

There's no _____ of that happening. 그것이 일어날 가능성은 없다.

Many Korean people have great _____ for Admiral Sun-sin Yi.
많은 한국 사람들이 이순신 장군에 대하여 깊은 존경심을 갖고 있다.

He became the _____ because he was the only successor. 유일한 후계자였기 때문에 그가 왕이 되었다.

A little child has _____ off in a strange place. 한 어린 아이가 낯선 곳에서 길을 잃었다.

The dog is _____ in pain. 그 개가 고통에 신음하고 있어요.

The _____ of illness has fallen greatly. 발병률이 많이 떨어졌다.

They were _____ in English which is their second language.
그들은 제2언어인 영어로 담화하고 있었다.

Some animals live in _____. 어떤 동물들은 늪에서 산다.

I consider him a good teacher since he is very _____ of his students.
나는 그가 학생들에게 용기를 매우 북돋아주기 때문에 좋은 선생님이라고 생각한다.

The press companies are competing to _____ the case to attract people.
신문사들은 사람들을 끌기 위해 그 사건을 선정적으로 다루려고 겨루고 있다.

You have to prepare a _____ and your cover letter. 이력서와 자기 소개서를 준비해야 해요.

Funnily enough, a big truck got wedged under an _____. 우습게도 큰 트럭이 육교 아래 끼었다.

The temperature changes according to the _____. 온도는 높이에 따라 변한다.

A vitamin _____ can lead to serious problems. 비타민 부족은 심각한 문제들을 야기할 수 있다.

A generous _____ is something that many people would like to possess.
인자한 성격은 많은 사람들이 갖고 싶어하는 것이다.

461	**overwhelm** [òuvərhwélm]	통 압도시키다 feel overwhelmed 압도됨을 느끼다	형 overwhelming 압도시키는
462	**fragrance** [fréigrəns]	명 향기로움, 방향 the fragrance of roses 장미의 향기	형 fragrant 향기로운 유 scent
463	**publicity** [pʌblísəti]	명 널리 알려짐 give publicity to ~을 공표하다	
464	**cubic** [kjú:bik]	형 입방의, 세제곱의 a cubic meter 세제곱미터	명 cube 정육면체
465	**extract** [ikstrǽkt]	통 추출하다, 짜내다 extract A from B A를 B에서 추출하다	명 extraction 추출
466	**inject** [indʒékt]	통 주사하다, 주입하다 inject medicine into a vein 정맥에 약을 주사하다	명 injection 주사 유 vaccinate
467	**deceitful** [disítfəl]	형 기만적인	명 deceit 사기, 기만
468	**necessity** [nəsésəti]	명 필요, 필요성 as a necessity 필연적으로	형 necessary 필수적인
469	**adversity** [ædvə́:rsəti]	명 역경 face adversity 역경에 처하다	형 adverse 거스르는
470	**arthritis** [ɑ:rθráitis]	명 관절염 rheumatoid arthritis 류머티스 관절염	
471	**earthen** [ə́:rθən]	형 흙으로 만든 an earthen pot 흙으로 만든 도자기	
472	**telegraph** [téligræf]	명 전신, 전보 통 전보를 치다 a telegraph office 전신국	
473	**impoverish** [impávəriʃ]	통 가난하게 만들다 impoverish the country 나라를 가난하게 하다	명 impoverishment 빈곤
474	**rebellion** [ribéljən]	명 반항, 반역	통 rebel 반역하다 유 uprising
475	**engage** [ingéidʒ]	통 종사시키다 be engaged in ~에 종사하다	명 engagement 종사, 고용 유 hire
476	**aspire** [əspáiər]	통 열망하다 aspire to greatness 대망을 품다	명 aspiration 열망
477	**ally** [əlái]	통 동맹시키다 명 동맹국 be allied with ~와 동맹을 맺다	
478	**federal** [fédərəl]	형 연방의 federal government 연방 정부	
479	**scorn** [skɔ:rn]	통 경멸하다	형 scornful 경멸하는 유 despise
480	**barren** [bǽrən]	형 불모의 a barren land 불모지	유 infertile

✦ 주어진 우리말 문장에 맞도록 알맞은 단어를 넣어 문장을 완성하시오.   정답 p.199

He was ＿＿＿＿＿＿ by the reaction of the crowds. 그는 관중의 반응에 압도되었다.

The room was full of the ＿＿＿＿＿＿ of roses. 그 방은 장미향으로 가득했다.

The case has attracted wide ＿＿＿＿＿＿. 그 사건은 널리 알려졌다.

Do you know how big 10 ＿＿＿＿＿＿ meters is? 10 세제곱미터가 얼마나 큰지 아니?

My mom ＿＿＿＿＿＿ the juice from oranges every morning.
우리 엄마는 매일 아침 오렌지에서 즙을 짜내신다.

This medicine has to be ＿＿＿＿＿＿ directly into the patient's vein.
이 약은 환자의 정맥으로 바로 주사를 놓아야 한다.

No one can trust a ＿＿＿＿＿＿ person. 어떤 사람도 기만하는 사람을 신뢰할 수는 없다.

Most people work out of ＿＿＿＿＿＿. 대부분의 사람들은 필요에 의해 일한다.

If we don't prepare for the future, we will face ＿＿＿＿＿＿. 미래를 준비하지 않으면 역경에 처하게 될 것이다.

My grandfather is suffering from ＿＿＿＿＿＿, which causes him severe pain.
우리 할아버지는 심한 통증을 유발하는 관절염을 앓고 계신다.

Parching food in an ＿＿＿＿＿＿ pot will give it a better taste.
흙으로 만든 도자기에 음식을 볶으면 더 좋은 맛을 낼 것이다.

Please ＿＿＿＿＿＿ me the results. 나에게 결과를 전보로 알려주세요.

The wartime inflation ＿＿＿＿＿＿ many families. 전시의 물가 폭등이 많은 가정을 가난하게 만들었다.

The leaders of the ＿＿＿＿＿＿ were arrested and hanged. 반역 지도자들은 체포되어 교수형에 처해졌다.

She is ＿＿＿＿＿＿ as a nursemaid to look after the children. 그녀는 아이들을 돌보는 보모로 고용되었다.

He has ＿＿＿＿＿＿ to be a movie star. 그는 영화배우가 되기를 열망해 왔다.

Was France ＿＿＿＿＿＿ with England at that time? 그 당시 프랑스가 영국이랑 동맹을 맺었나요?

The ＿＿＿＿＿＿ government tried to control the rising housing costs.
연방 정부는 오르는 집값을 통제하려고 애썼다.

I think your daughter has a habit of ＿＿＿＿＿＿ other people.
내 생각에는 당신 딸이 다른 사람들을 경멸하는 버릇이 있는 것 같아.

A ＿＿＿＿＿＿ land with few plants is not good enough for plants to grow.
식물이 거의 없는 불모지는 식물이 자랄 만큼 좋은 곳이 아니다.

A 우리말과 같은 뜻이 되도록 빈칸에 들어갈 알맞은 단어를 적으시오.

① with _____ (감탄하여)

② be _____ in (~에 종사하다)

③ _____ evidence (확실한 증거)

④ a vitamin _____ (비타민 결핍)

⑤ _____ A to B (A를 B로 바꾸다)

⑥ an _____ fare (부당한 요금)

⑦ _____ products (시제품)

⑧ give _____ to (~을 공표하다)

⑨ _____ A from B (A를 B에서 추출하다)

⑩ be _____ with (~와 동맹을 맺다)

B 다음 괄호 안의 지시대로 주어진 단어를 변형시키고 그 뜻을 적으시오.

	변형	뜻
① personality (형용사형으로)	_____	_____
② fort (동사형으로)	_____	_____
③ satire (형용사형으로)	_____	_____
④ rebellion (동사형으로)	_____	_____
⑤ moral (명사형으로)	_____	_____
⑥ continuity (형용사형으로)	_____	_____
⑦ sensationalize (형용사형으로)	_____	_____
⑧ overwhelm (형용사형으로)	_____	_____
⑨ deceitful (명사형으로)	_____	_____
⑩ necessity (형용사형으로)	_____	_____

정답 p.199

C　다음 영영풀이에 해당하는 단어를 보기에서 골라 적으시오.

보기	incidence	headlong	penetration	supportive	unjust
	adversity	ravage	endeavor	rally	marital

❶ giving support ➡ _____

❷ to work havoc upon; damage or mar by destruction ➡ _____

❸ to come together or into order again ➡ _____

❹ not just; lacking in justice or fairness ➡ _____

❺ of or pertaining to marriage ➡ _____

❻ to make an effort; strive ➡ _____

❼ without taking time to think about actions ➡ _____

❽ the act of going through something ➡ _____

❾ rate of occurrence or influence ➡ _____

❿ adverse fortune or fate ➡ _____

D　우리말과 같은 뜻이 되도록 주어진 문장의 빈칸을 완성하시오.

❶ 그는 오찬 때 내가 연설하길 바란다.

➡ He would like me to speak at the _____.

❷ 그녀의 집에서 작은 파편이 발견되었다.

➡ A tiny _____ was found in her house.

❸ 그 방은 장미향으로 가득했다.

➡ The room was full of the _____ of roses.

❹ 강세와 억양은 언어를 배울 때 매우 중요하다.

➡ Stress and _____ are very important when learning a language.

❺ 한 어린 아이가 낯선 곳에서 길을 잃었다.

➡ A little child has _____ off in a strange place.

❻ 발병률이 많이 떨어졌다.

➡ The _____ of illness has fallen greatly.

⑦ 그는 군주제 폐지를 제안했다.

➡ He proposed the abolition of the _____.

⑧ 그는 관중의 반응에 압도되었다.

➡ He was _____ by the reaction of the crowds.

⑨ 어떤 사람도 기만하는 사람을 신뢰할 수는 없다.

➡ No one can trust a _____ person.

⑩ 전시의 물가 폭등이 많은 가정을 가난하게 만들었다.

➡ The wartime inflation _____ many families.

E 문장의 밑줄 친 부분에 해당하는 유의어 혹은 반의어를 보기에서 골라 적으시오.

보기	exhale	empty	considerable	insulting	approve
	probability	despise	infertile	obscure	insane

① Most people <u>disapprove</u> of his despotic rule. 반의어 ↔ _____

② The waitress continued to <u>replenish</u> the glasses with water. 반의어 ↔ _____

③ The people who <u>inhaled</u> the fumes from the fire were advised to get treatment at the hospital. 반의어 ↔ _____

④ Do you think he was <u>sane</u> when he did that? 반의어 ↔ _____

⑤ It was <u>obvious</u> from what he said that he had been badly treated.
반의어 ↔ _____

⑥ There's a <u>substantial</u> difference of opinion between the two parties.
유의어 = _____

⑦ I think your daughter has a habit of <u>scorning</u> other people. 유의어 = _____

⑧ A <u>barren</u> land with few plants is not good enough for plants to grow.
유의어 = _____

⑨ The program contains several scenes which some viewers may find <u>offensive</u>.
유의어 = _____

⑩ There's no <u>likelihood</u> of that happening. 유의어 = _____

F 영어발음을 듣고 영어단어를 적은 후, 우리말 뜻을 적으시오.

영어단어
듣고 쓰기

	영어	우리말			영어	우리말
❶	____	____		❽	____	____
❷	____	____		❾	____	____
❸	____	____		❿	____	____
❹	____	____		⓫	____	____
❺	____	____		⓬	____	____
❻	____	____		⓭	____	____
❼	____	____		⓮	____	____

G 영어문장을 듣고 빈칸에 들어갈 단어를 채워 문장을 완성하시오.

영어문장
듣고 쓰기

❶ Many Korean people have great _____ for Admiral Sun-sin Yi.

❷ She is _____ as a nursemaid to look after the children.

❸ He became the _____ champion of the world.

❹ A vitamin _____ can lead to serious problems.

❺ They are intentionally planning to _____ the river from its course.

❻ He was praised for his _____.

❼ We have a big budget to develop the _____.

❽ The case has attracted wide _____.

❾ My mom _____ the juice from oranges every morning.

❿ Was France _____ with England at that time?

⓫ A generous _____ is something that many people would like to possess.

⓬ The soldiers fought to the death to defend the _____.

⓭ _____ is often a form of protest against injustice.

⓮ The leaders of the _____ were arrested and hanged.

⓯ He is looking for a deeply religious woman with a highly developed _____ sense.

⓰ Was there any _____ among the dynasties of Korea?

DAY 13

DAY 13
표제어 듣기

481	**restrict** [ristríkt]	동 제한하다, 한정하다	명 restriction 제한
		be restricted to ~로 제한되다	
482	**registration** [rèdʒistréiʃən]	명 등록	동 register 등록하다
		a registration fee 등록비	
483	**commission** [kəmíʃən]	명 부탁, 임무	
		on commission 위탁을 받고	
484	**naive** [nɑːíːv]	형 순진한	유 innocent
485	**scarcity** [skɛ́ərsəti]	명 부족, 결핍	형 scarce 부족한 반 abundance 풍부함
		a scarcity of food 식량 부족	
486	**old-fashioned** [óuldfǽʃənd]	형 구식의, 옛날식의	
		an old-fashioned idea 구시대적 사고	
487	**prospective** [prəspéktiv]	형 예상되는, 기대되는	명 prospect 가망 유 expected
		prospective earnings 예상 수입	
488	**foster** [fɔ́(ː)stər]	동 기르다, 양육하다	유 rear
		foster friendship 우호를 증진하다	
489	**Oriental** [ɔːriéntl]	형 동양의, 동양적인	명 Orient 동양 반 Occidental 서양의
		Oriental style 동양적인 스타일	
490	**ignite** [ignáit]	동 불붙다, 불을 붙이다	명 ignition 점화 유 kindle
		ignite very easily 매우 쉽게 불붙다	
491	**patience** [péiʃəns]	명 인내심	형 patient 참을성이 있는
		a man of great patience 참을성이 대단한 사람	
492	**grumble** [grʌ́mbl]	동 투덜거리다 명 투덜댐	유 complain, complaint
		grumble a reply 불만스럽게 대답하다	
493	**outbreak** [áutbrèik]	명 발발, 창궐	유 outburst
		the outbreak of war 전쟁의 발발	
494	**howl** [haul]	동 울부짖다, 조소하다	유 cry
		howl with laughter 배를 움켜쥐고 웃다	
495	**radical** [rǽdikəl]	형 급진적인	부 radically 급진적으로 반 conservative 보수적인
		radical ideas 급진적인 생각	
496	**mow** [mou]	동 (풀 등을) 베다	유 cut
		mow the lawn 잔디를 깎다	
497	**fetus** [fíːtəs]	명 태아	
		the development of a fetus 태아의 발육	
498	**accelerate** [æksélərèit]	동 가속하다	명 acceleration 가속 반 decelerate 감속하다
		accelerate the pace 걸음을 재촉하다	
499	**hive** [haiv]	명 중심지	유 center
		a hive of industry 산업의 중심지	
500	**pressure** [préʃər]	명 압력	동 press 압력을 가하다 유 stress
		peer pressure 또래의 압력	

✦ 주어진 우리말 문장에 맞도록 알맞은 단어를 넣어 문장을 완성하시오. 정답 p.200

The speed is _____ to 40 kilometers an hour here. 이곳에서는 속도가 시속 40km로 제한되어 있다.

I want to know when the _____ deadline for this class is.
나는 이 수업의 등록 마감일이 언제인지 알고 싶다.

She went to him with a _____ to write a play. 그녀는 연극대본을 써달라고 부탁하러 그에게 갔다.

In my opinion, she is not _____ but is a clever person.
내 생각에, 그녀는 순진한 게 아니라 영리한 사람이다.

A _____ of food is thought to be the result of a serious drought.
식량 부족은 심한 가뭄의 결과인 것으로 생각된다.

Despite the advances in technology, he prefers _____ film cameras.
기술의 발전에도 불구하고 그는 옛날식 필름 카메라를 선호한다.

She is married to a _____ lawyer. 그녀는 전도유망한 변호사와 결혼했다.

This program is to _____ friendships between the two sides.
이 프로그램은 양쪽의 우호를 증진시키기 위한 프로그램이다.

In the future, the _____ style of design will dominate the world.
미래에는 동양적인 스타일의 디자인이 세계를 지배할 것이다.

The oil quickly _____, and the flames spread throughout the building.
기름이 빠르게 불붙었고 불길이 건물 전체로 번졌다.

I think the key to success is to have a lot of _____.
나는 많은 인내심을 갖는 것이 성공의 열쇠라고 생각한다.

My main _____ is about the lack of privacy. 나의 주된 불만은 개인 생활이 없다는 것이다.

There appears to be another _____ of sickness among birds.
또 한 번의 조류 질병이 창궐한 것 같다.

A dog suddenly started to _____. 개가 갑자기 짖기 시작했다.

Young people tend to offer some _____ ideas. 젊은 사람들이 급진적인 아이디어를 제공하는 경향이 있다.

He was hired to _____ the lawn. 그는 잔디 깎는 일에 고용되었다.

You have to have regular checks during pregnancy to make sure that the _____ is developing satisfactorily. 임신 중에는 태아가 더할 나위 없이 자라는지 확인하기 위해 정기 검사를 받아야만 해요.

She suddenly _____ the car and drove away. 그녀는 갑자기 차의 속력을 내더니 운전해 가버렸다.

This country was once the _____ of industry several hundred years ago.
이 나라는 수백 년 전 한때 산업의 중심지였다.

There is a great deal of peer _____ for teenagers to try to resist.
십대들에게는 저항하려 노력하는 많은 또래의 압력이 있다.

501	**prehistoric** [prìːhistɔ́ːrik]	형 선사 시대의	명 prehistory 선사 시대 유 primitive
		prehistoric remains 선사 시대의 유물	

502	**permanent** [pə́ːrmənənt]	형 영구적인	
		the right to a permanent residence 영주권	

503	**inhabit** [inhǽbit]	동 살다, 거주하다	명 inhabitant 거주자, 주민
		inhabit a forest 숲에 서식하다	

504	**sensory** [sénsəri]	형 지각의	
		a sensory nerve 지각 신경	

505	**allocate** [ǽləkèit]	동 할당하다	명 allocation 할당

506	**misplace** [mispléis]	동 잘못 놓다	명 misplacement 잘못 놓음 유 mislay

507	**accuse** [əkjúːz]	동 고발하다, 비난하다	명 accusation 고발, 비난 유 blame
		accuse A of B A를 B의 혐의로 고발하다	

508	**manuscript** [mǽnjuskrìpt]	명 원고	
		in manuscript 원고의 형태로	

509	**premature** [prìːmətʃúər]	형 조숙한	유 early, hasty
		a premature birth 조산	

510	**enterprise** [éntərpràiz]	명 기업	유 company

511	**fury** [fjúəri]	명 격노	형 furious 격노한 유 rage
		fly into a fury 격노하다	

512	**labor** [léibər]	명 노동 동 노동하다	형 laborious 힘든
		labor for ~을 위해 애쓰다	

513	**furnish** [fə́ːrniʃ]	동 공급하다, 가구를 비치하다	
		furnish a sample 견본을 제공하다	

514	**mist** [mist]	명 안개	형 misty 안개 낀 유 fog
		a thick mist 짙은 안개	

515	**behold** [bihóuld]	동 보다, 바라보다	유 see

516	**combustion** [kəmb́ʌstʃən]	명 연소	형 combustive 연소의
		combustion of gases 가스의 연소	

517	**dishonesty** [disάnisti]	명 부정직	형 dishonest 부정직한 반 honesty 정직

518	**attribute** [ətríbjuːt]	동 ~의 탓으로 하다, ~에게 돌리다	명 attribution 돌림, 귀속
		attribute A to B A를 B의 결과로 생각하다	

519	**indifferent** [indífərənt]	형 무관심한	명 indifference 무관심
		an indifferent attitude 무관심한 태도	

520	**contagion** [kəntéidʒən]	명 전염	형 contagious 전염성의
		spread by contagion 전염에 의해 퍼지다	

✦ 주어진 우리말 문장에 맞도록 알맞은 단어를 넣어 문장을 완성하시오. 정답 p.200

We assume that _____ people hunted for survival.
우리는 선사 시대 사람들이 생존을 위해 사냥을 했다고 가정한다.

They hope that it is not _____ damage. 그들은 그것이 영구적인 손상이 아니길 바란다.

A large number of monkeys _____ this forest. 많은 수의 원숭이들이 이 숲에 서식한다.

_____ input is very important in the infant learning stages.
지각적 정보는 유아의 학습 단계에서 매우 중요하다.

The government will _____ 12 million dollars for developing the software.
정부는 소프트웨어 개발에 1,200만 달러를 할당할 예정이다.

He spends lots of time finding his key every morning since he _____ it all the time.
그는 항상 열쇠를 잘못 두기 때문에 매일 아침 그것을 찾느라 많은 시간을 보낸다.

They _____ him of taking bribes. 그들은 그를 뇌물 수수로 고발했다.

You have to send the _____ no later than January 25th.
당신은 적어도 1월 25일 이전에는 원고를 보내야만 해요.

_____ babies should be kept in an incubator for some time.
조산아는 얼마 동안 인큐베이터에 있어야 한다.

A growing _____ is required to have a bold and passionate leader to be successful.
성장하는 기업은 성공을 위해 대담하고 열정적인 지도자를 보유해야 한다.

She will explode with _____ if you even mention the subject.
만약 네가 그 주제를 언급만 해도 그녀는 화가 나서 폭발할 것이다.

The price will include _____ and materials. 가격에는 인건비와 재료비가 포함될 것이다.

They will _____ a sample no later than this week. 그들은 늦어도 이번주까지는 견본을 제공할 것이다.

The thick _____ prevented the plane from taking off. 짙은 안개 때문에 비행기는 이륙하지 못했다.

Her new house was great to _____. 그녀의 새 집은 무척 보기가 좋았다.

The _____ of fossil fuels produces heat and light. 화석 연료의 연소는 열과 빛을 만들어낸다.

Your _____ shames me. 당신의 부정직함이 나를 부끄럽게 만든다.

He _____ her failure to her bad luck. 그는 그녀의 실패를 불운 탓으로 돌렸다.

Her _____ attitude makes me angry. 그녀의 무관심한 태도가 나를 화나게 만든다.

Some diseases spread by _____. 여러 질병들은 전염에 의해 퍼진다.

DAY 14

521	**theology** [θiálədʒi]	명 신학	형 theological 신학의
		a theology student 신학도	
522	**absolute** [ǽbsəlùːt]	형 절대적인, 확고한	부 absolutely 절대적으로 반 relative 상대적인
		absolute evidence 확실한 증거	
523	**sizable** [sáizəbl]	형 꽤 큰	부 sizably 꽤 크게 유 considerable
		a sizable bulk 꽤 큰 부피	
524	**opposite** [ápəzit]	형 정반대의	동 oppose 반대하다
		the opposite side 반대편	
525	**textile** [tékstail]	형 직물의, 섬유의	
		the textile industry 섬유 산업	
526	**pregnant** [prégnənt]	형 임신한	명 pregnancy 임신
		be pregnant with ~를 임신하다	
527	**reinforce** [rìːinfɔ́ːrs]	동 강화하다, 북돋우다	유 strengthen
		reinforce efforts 노력을 강화하다	
528	**onset** [ánsèt]	명 개시, 시작	유 beginning
		the onset of winter 겨울의 시작	
529	**hearten** [háːrtn]	동 격려하다	형 heartening 격려가 되는 유 encourage
530	**hatred** [héitrid]	명 증오	동 hate 싫어하다
		hatred of ~에 대한 증오심	
531	**polish** [páliʃ]	동 닦다, 윤 내다 명 윤 내기	형 polishable 닦을 수 있는
		polish one's shoes 구두를 닦다	
532	**scope** [skoup]	명 범위	유 range
		beyond the scope 능력 밖의	
533	**meteorological** [mìːtiərəládʒikəl]	형 기상학적인	명 meteorology 기상학
		make meteorological observations 기상 관측을 하다	
534	**dangle** [dǽŋgl]	동 매달리다	유 hang
		dangle from the ceiling 천장에 매달리다	
535	**intervene** [ìntərvíːn]	동 간섭하다	명 intervention 간섭 유 interfere
536	**diagnose** [dáiəgnòus]	동 진단하다	명 diagnosis 진단
		be diagnosed as ~로 진단되다	
537	**destine** [déstin]	동 예정해 두다, 운명으로 정해지다	명 destiny 운명
538	**floppy** [flápi]	형 펄럭이는, 늘어진	
539	**limitation** [lìmətéiʃən]	명 제한, 한정	동 limit 제한하다 유 restriction
		without limitation 제한 없이	
540	**elimination** [ilìmənéiʃən]	명 제거	동 eliminate 제거하다
		the elimination of weapons 무기 폐기	

✦ 주어진 우리말 문장에 맞도록 알맞은 단어를 넣어 문장을 완성하시오. 정답 p.200

His major is _____, which is the study of religion. 그의 전공은 신학이며, 신학은 종교에 대한 연구이다.

There's no _____ standard for it. 그것에 대한 절대적인 척도라는 것은 없다.

The last hurricane caused a _____ number of casualties.
지난 허리케인은 상당히 많은 사상자를 초래했다.

The lady was sad to know that her best friend was on the _____ side.
그 여자는 제일 친한 친구가 반대편에 있다는 것을 알게 되어서 슬펐다.

Korea was famous for its _____ industry in the 1970s. 한국은 1970년대에 섬유 산업으로 유명했다.

She was _____ with her first child when her husband died.
그녀는 남편이 죽었을 때 첫 아이를 임신한 상태였다.

We need extra troops to _____ the army. 군을 강화하기 위해 보충 부대가 필요하다.

She didn't realize it was the _____ of labor pains. 그녀는 그것이 진통의 시작인 것을 깨닫지 못했다.

The news _____ everybody. 그 소식이 모든 사람들을 격려했다.

Her _____ of him gave her more stress. 그에 대한 그녀의 증오심은 그녀에게 더 많은 스트레스를 주었다.

He _____ his new shoes regularly to protect the leather.
그는 가죽을 보호하기 위해 정기적으로 그의 신발을 닦는다.

As for computer games, the _____ of creating interest is almost limitless.
컴퓨터 게임에 있어서는 흥미를 일으킬 수 있는 범위가 무궁무진하다.

A _____ hazard will be affecting agriculture. 기상학적 재해가 농업에 영향을 미칠 것이다.

A gold bracelet _____ from her left wrist. 금팔찌가 그녀의 왼쪽 손목에 달려 있었다.

Do not _____ in the field of science. 과학 분야에는 간섭하지 마라.

The hospital bought some equipment that can _____ a variety of diseases.
그 병원은 다양한 병을 진단할 수 있는 장비를 구입했다.

He is _____ for the ministry. 그는 성직자가 될 운명이다.

The puppy has _____ ears. 그 강아지는 늘어진 귀를 가지고 있다.

They were having a summit about _____ of nuclear weapons.
그들은 핵무기 제한에 관해 정상회담을 하고 있었다.

The _____ of nuclear weapons was the hot issue at the summit.
핵무기의 폐기가 정상회담의 핵심 사항이었다.

DAY 14

541	**oppressive** [əprésiv]	혱 압박하는, 엄한	동 oppress 압박을 가하다	반 humane 자비로운
		an oppressive relationship 압박감이 있는 관계		

542	**exclude** [iksklú:d]	동 제외시키다	반 include 포함시키다
		excluding exceptional cases 예외적인 경우를 제외하고	

543	**overnight** [óuvərnàit]	혱 밤을 새는, 일박의, 전날 밤의 팀 밤사이에
		an overnight stop 일박

544	**opt** [ɑpt]	동 선택하다, 고르다	명 option 선택 유 select
		opt out ~에서 탈퇴하다	

545	**effortless** [éfərtlis]	혱 쉬운	팀 effortlessly 쉽게 유 easy
		an effortless job 쉬운 일	

546	**lash** [læʃ]	동 때리다	유 whip

547	**grant** [grænt]	동 주다, 수여하다, 승인하다	유 give, allow
		grant permission 허가해주다	

548	**oppression** [əpréʃən]	명 압박	혱 oppressive 압제적인
		groan under oppression 압박에 신음하다	

549	**insufficient** [ìnsəfíʃənt]	혱 부족한	명 insufficiency 불충분 반 sufficient 충분한
		an insufficient water supply 부족한 물 공급	

550	**brute** [bru:t]	명 짐승	혱 brutal 잔인한

551	**flap** [flæp]	동 펄럭이다, 퍼덕거리다 명 펄럭임	유 flutter
		flap in the wind 바람에 펄럭이다.	

552	**dependence** [dipéndəns]	명 의존	동 depend 의존하다 반 independence 독립
		dependence on oil 석유에 대한 의존	

553	**instability** [ìnstəbíləti]	명 불안	반 stability 안정
		emotional instability 정서 불안	

554	**evade** [ivéid]	동 피하다	혱 evadable 피할 수 있는 유 dodge
		evade a blow 주먹을 피하다	

555	**consultant** [kənsʌ́ltənt]	명 컨설턴트, 상담가	동 consult 상의하다
		a financial consultant 금융 컨설턴트	

556	**attire** [ətáiər]	명 복장 동 치장하게 하다	유 clothes
		wear female attire 여장하다	

557	**transition** [trænzíʃən]	명 변천, 이행	동 transit 변천하다 유 change
		a transition stage 과도기	

558	**capability** [kèipəbíləti]	명 능력	혱 capable 능력 있는 유 ability
		a production capability 생산 능력	

559	**emergence** [imə́:rdʒəns]	명 출현, 발생	동 emerge 출현하다 유 appearance
		the emergence of the Internet 인터넷의 출현	

560	**disharmony** [dishá:rməni]	명 부조화	반 harmony 조화

◆ 주어진 우리말 문장에 맞도록 알맞은 단어를 넣어 문장을 완성하시오. 정답 p.200

The king's rule was so _____ that no one could stand it anymore.
왕의 통치가 너무나 억압적이어서 아무도 더 이상은 버틸 수가 없었다.

She thinks I _____ her on purpose. 그녀는 내가 본인을 일부러 제외시켰다고 생각한다.

These solutions can be found _____. 이 해결책들은 하룻밤사이에 알 수 있다.

Students can _____ to stay in dormitories. 학생들은 기숙사에서 지내는 것을 선택할 수 있다.

When you watch him play tennis, it looks so _____.
그가 테니스 치는 모습을 지켜보면 너무 수월해 보인다.

The boxer _____ a powerful punch at his opponent. 권투 선수가 상대편에게 강력한 펀치를 날렸다.

We will _____ you free admission. 우리는 당신에게 무료 입장을 제공할 것이다.

After years of _____, they finally revolted. 수년의 압제 하에 그들은 결국 반란을 일으켰다.

The water supply to the city was _____. 그 도시에 물 공급이 불충분했다.

Sometimes we see people who are worse than a _____.
우리는 때때로 짐승보다 못한 사람들을 본다.

A group of birds _____ their wings and flew away.
한 무리의 새들이 날개를 퍼덕거리더니 날아가버렸다.

_____ on a few popular breeds will result in the disappearance of many other breeds.
몇 개의 인기 있는 종에 의존하는 것이 다른 많은 종의 멸종을 불러일으킬 수 있다.

Factors which can cause a political _____ still exist in the Asia-Pacific region.
아시아 태평양 지역에는 정치적 불안을 야기시킬 수 있는 요소들이 여전히 존재한다.

The boxer barely _____ the hard blow. 그 권투 선수는 가까스로 강한 주먹을 피했다.

Becoming a financial _____ requires a lot of talent.
금융 컨설턴트가 되는 것은 많은 재능을 필요로 한다.

She dressed in beautiful _____ for the party. 그녀는 그 파티를 위해 예쁜 옷을 입었다.

We urge all the staff members to cooperate during this time of _____.
우리는 변천기 동안 모든 직원이 협조해줄 것을 촉구합니다.

She has great _____ as a writer. 그녀는 작가로서 매우 자질이 있다.

The _____ of new democracies in Eastern Europe was unavoidable.
동유럽에서 새로운 민주주의의 출현은 피할 수 없었다.

Some families live in harmony, but others live in _____.
어떤 가족들은 잘 어울리면서 살고 어떤 가족들은 그렇지 못하다.

A 우리말과 같은 뜻이 되도록 빈칸에 들어갈 알맞은 단어를 적으시오.

① the _____ side (반대편)

② _____ the lawn (잔디를 깎다)

③ _____ permission (허가해주다)

④ on _____ (위탁을 받고)

⑤ the _____ of war (전쟁의 발발)

⑥ without _____ (제한 없이)

⑦ peer _____ (또래의 압력)

⑧ in _____ (원고의 형태로)

⑨ be _____ with (~를 임신하다)

⑩ be _____ as (~로 진단되다)

B 다음 괄호 안의 지시대로 주어진 단어를 변형시키고 그 뜻을 적으시오.

	변형	뜻
① accelerate (명사형으로) →	_____	_____
② dependence (동사형으로) →	_____	_____
③ transition (동사형으로) →	_____	_____
④ prospective (명사형으로) →	_____	_____
⑤ mist (형용사형으로) →	_____	_____
⑥ oppression (형용사형으로) →	_____	_____
⑦ fury (형용사형으로) →	_____	_____
⑧ opt (명사형으로) →	_____	_____
⑨ registration (동사형으로) →	_____	_____
⑩ labor (형용사형으로) →	_____	_____

정답 p.200

C 다음 영영풀이에 해당하는 단어를 보기에서 골라 적으시오.

보기	evade	intervene	permanent	furnish	insufficient
	effortless	commission	patience	Oriental	inhabit

❶ not sufficient; lacking in what is necessary or required ⇒ _____

❷ to elude; escape ⇒ _____

❸ requiring or involving no effort ⇒ _____

❹ to come between disputing people, groups, etc.; intercede ⇒ _____

❺ the act of committing or giving in charge ⇒ _____

❻ of, pertaining to, or characteristic of the Orient, or East; Eastern ⇒ _____

❼ the quality of being patient ⇒ _____

❽ existing perpetually; everlasting ⇒ _____

❾ to live or dwell in a place, as people or animals ⇒ _____

❿ to supply, give ⇒ _____

D 우리말과 같은 뜻이 되도록 주어진 문장의 빈칸을 완성하시오.

❶ 나는 이 수업의 등록 마감일이 언제인지 알고 싶다.
⇒ I want to know when the _____ deadline for this class is.

❷ 그들은 그것이 영구적인 손상이 아니길 바란다.
⇒ They hope that it is not _____ damage.

❸ 그들은 그를 뇌물 수수로 고발했다.
⇒ They _____ him of taking bribes.

❹ 화석 연료의 연소는 열과 빛을 만들어낸다.
⇒ The _____ of fossil fuels produces heat and light.

❺ 그녀의 무관심한 태도가 나를 화나게 만든다.
⇒ Her _____ attitude makes me angry.

❻ 그들은 늦어도 이번주까지는 견본을 제공할 것이다.
→ They will _____ a sample no longer than this week.

❼ 한국은 1970년대에 섬유 산업으로 유명했다.
→ Korea was famous for its _____ industry in the 1970s.

❽ 군을 강화하기 위해 보충 부대가 필요하다.
→ We need extra troops to _____ the army.

❾ 기상학적 재해가 농업에 영향을 미칠 것이다.
→ A _____ hazard will be affecting agriculture.

❿ 그 강아지는 늘어진 귀를 가지고 있다.
→ The puppy has _____ ears.

E 문장의 밑줄 친 부분에 해당하는 유의어 혹은 반의어를 보기에서 골라 적으시오.

보기 complaint　honesty　considerable　abundance　ability
blame　conservative　relative　harmony　include

❶ A scarcity of food is thought to be the result of a serious drought.
반의어 ↔ _____

❷ Young people tend to offer some radical ideas. 반의어 ↔ _____

❸ Some families live in harmony, but others live in disharmony.
반의어 ↔ _____

❹ Your dishonesty shames me. 반의어 ↔ _____

❺ She thinks I excluded her on purpose. 반의어 ↔ _____

❻ There's no absolute standard for it. 반의어 ↔ _____

❼ She has great capabilities as a writer. 유의어 = _____

❽ They accused him of taking bribes. 유의어 = _____

❾ My main grumble is about the lack of privacy. 유의어 = _____

❿ The last hurricane caused a sizable number of casualties. 유의어 = _____

F 영어발음을 듣고 영어단어를 적은 후, 우리말 뜻을 적으시오.

	영어	우리말		영어	우리말
❶	_____	_____	❽	_____	_____
❷	_____	_____	❾	_____	_____
❸	_____	_____	❿	_____	_____
❹	_____	_____	⓫	_____	_____
❺	_____	_____	⓬	_____	_____
❻	_____	_____	⓭	_____	_____
❼	_____	_____	⓮	_____	_____

G 영어문장을 듣고 빈칸에 들어갈 단어를 채워 문장을 완성하시오.

영어문장
듣고 쓰기

❶ The news _____ everybody.

❷ He was hired to _____ the lawn.

❸ We will _____ you free admission.

❹ In my opinion, she is not _____ but is a clever person.

❺ There appears to be another _____ of sickness among birds.

❻ They were having a summit about _____ of nuclear weapons.

❼ There is a great deal of peer _____ for teenagers to try to resist.

❽ You have to send the _____ no later than January 25th.

❾ She was _____ with her first child when her husband died.

❿ The hospital bought some equipment that can _____ a variety of diseases.

⓫ She suddenly _____ the car and drove away.

⓬ _____ on a few popular breeds will result in the disappearance of many other breeds.

⓭ We urge all the staff members to cooperate during this time of _____.

⓮ She is married to a _____ lawyer.

⓯ The thick _____ prevented the plane from taking off.

⓰ After years of _____, they finally revolted.

DAY 15
표제어 듣기

561	**strait** [streit]	명 해협	

| 562 | **presume** [prizú:m] | 동 가정하다, 추정하다 | 명 presumption 가정, 추정 |
| | | be presumed innocent 무죄로 추정되다 | |

| 563 | **subordinate** [səbɔ́:rdənət] | 형 하급의, 종속의 | 유 inferior |
| | | be in a subordinate position 하위에 있다 | |

| 564 | **availability** [əvèiləbíləti] | 명 이용도, 이용 가능함 | 형 available 이용 가능한　반 unavailability 이용 불가 |
| | | the easy availability of guns 총을 쉽게 이용할 수 있음 | |

| 565 | **amendment** [əméndmənt] | 명 개정(안) | 동 amend 고치다　유 revision |

| 566 | **persuade** [pərswéid] | 동 설득하여 ~하게 하다 | 형 persuasive 설득력 있는　유 induce |
| | | persuade A to do A를 설득하여 ~하게 하다 | |

| 567 | **moist** [mɔist] | 형 축축한 | 동 moisten 축축하게 하다　참 humid 습한 |

| 568 | **rig** [rig] | 동 장비하다, 채비하다 | |
| | | rig a ship with sails 출항 준비를 하다 | |

| 569 | **ordinary** [ɔ́:rdənèri] | 형 보통의, 평상의 | 부 ordinarily 평범하게　유 average |
| | | ordinary people 평범한 사람들 | |

| 570 | **sequential** [sikwénʃəl] | 형 연속적인 | 명 sequence 연속 |
| | | a sequential event 연속적인 사건 | |

| 571 | **publication** [pʌ̀bləkéiʃən] | 명 출판, 출간 | 동 publish 출판하다 |
| | | the publication date 출간 일자 | |

| 572 | **govern** [gʌ́vərn] | 동 다스리다 | 명 governor 통치자 |
| | | the ability to govern 통치력 | |

| 573 | **panoramic** [pæ̀nəráemik] | 형 파노라마식의 | 명 panorama 파노라마 |
| | | a panoramic view 전경 | |

| 574 | **sheer** [ʃiər] | 형 순전한, 순수한　부 순전히 | 유 pure |
| | | sheer nonsense 정말 어처구니없는 것 | |

| 575 | **ferry** [féri] | 명 나룻배, 나루터 | |

| 576 | **mandatory** [mǽndətɔ̀:ri] | 형 강제의 | 유 obligational |
| | | be mandatory for ~에게 의무 사항이다 | |

| 577 | **restore** [ristɔ́:r] | 동 복구하다, 회복하다 | 명 restoration 복구, 회복　유 recover |
| | | restore order 질서를 회복하다 | |

| 578 | **penalize** [pí:nəlàiz] | 동 벌주다, 유죄를 선고하다 | |
| | | be penalized for ~로 인해 벌을 받다 | |

| 579 | **immense** [iméns] | 형 거대한, 멋진 | 명 immensity 거대　유 huge |
| | | an immense sum of money 막대한 금액의 돈 | |

| 580 | **ascribe** [əskráib] | 동 ~에 돌리다 | 명 ascription 돌림　유 attribute |
| | | ascribe A to B A를 B에 돌리다 | |

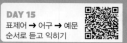

✦ 주어진 우리말 문장에 맞도록 알맞은 단어를 넣어 문장을 완성하시오. 정답 p.201

It is the _____ of Dover that connects two seas. 두 바다를 연결하는 것은 도버 해협이다.

All the people in town _____ her to be dead. 마을의 모든 사람은 그녀가 죽었다고 추정하고 있다.

All the other issues are _____ to this one. 다른 모든 논점들이 이 논점보다 하위에 있다.

Since housing costs have surged, the _____ of affordable houses is highly limited.
주택 가격이 급등해서 감당할 수 있는 가격의 주택 이용도가 매우 제한적이다.

The _____ was approved during the annual meeting. 그 개정안이 연례 회의에서 승인되었다.

It is hard to _____ him to enter the competition. 그를 설득하여 그 대회에 참가하게 하는 것은 어렵다.

All the people's eyes were _____ with tears. 모든 사람들이 눈물을 글썽였다.

They are _____ the tent for the night. 그들은 밤을 위해 텐트를 설치하고 있다.

Computers have substantially changed the lives of _____ people.
컴퓨터는 보통 사람들의 삶을 상당히 바꾸어 놓았다.

The investigators found out that the _____ events were a setup.
조사자들은 그 연속적인 사건들이 의도적인 것이었음을 깨달았다.

She is in England for the _____ of her first novel. 그녀는 첫 번째 소설을 출판하기 위해 영국에 있다.

It is known that the king _____ his people well. 그 왕은 백성들을 잘 다스리는 것으로 알려져 있다.

The lake offers one of the most _____ views. 그 호수는 가장 한눈에 보이는 전체 경치들 중 하나를 보여준다.

He gave up attending the lecture out of _____ boredom.
그는 순전히 지루해서 강의 참석을 포기했다.

They crossed the river by _____. 그들은 나룻배로 강을 건넜다.

It is not _____ for the student to reveal all his grades to others.
학생이 자신의 성적을 다른 사람들에게 공개하는 것은 의무 사항이 아니다.

The measures are intended to _____ the students' faith in school.
그 조치들은 학생들의 학교에 대한 신뢰 회복을 위해 의도된 것이다.

He was _____ for violating the school's rules. 그는 교칙을 지키지 않아 벌을 받았다.

The Atlantic Ocean is _____. 대서양은 거대하다.

An autopsy finally _____ his death to poisoning. 부검은 마침내 그의 사인을 약물중독으로 돌렸다.

581	**livelihood** [láivlihùd]	명 생계	
582	**expiration** [èkspəréiʃən]	명 만료 an expiration date 만료일	동 expire 만료되다
583	**expel** [ikspél]	동 내쫓다 expel invaders 침략자를 내쫓다	
584	**celestial** [səléstʃəl]	형 하늘의, 천상의 a celestial map 천체도	
585	**scenic** [síːnik]	형 경치가 좋은 scenic beauty 풍경의 아름다움	
586	**aviation** [èiviéiʃən]	명 비행 aviation safety 항공 안전	동 aviate 비행하다
587	**swirl** [swəːrl]	동 소용돌이치다, 빙빙 돌게 하다 명 소용돌이	형 swirly 소용돌이 치는
588	**dart** [dɑːrt]	동 돌진하다 dart out of the room 방에서 뛰어나가다	
589	**resentful** [rizéntfəl]	형 분개한 a resentful look 화난 표정	
590	**inferiority** [infíəriɔ́(ː)rəti]	명 열등, 열세 social inferiority 사회적 열세	형 inferior 열등한, 열세의 반 superiority 우월, 탁월
591	**productivity** [pròudʌktívəti]	명 생산성 improve productivity 생산성을 향상시키다	동 produce 생산하다
592	**diagnosis** [dàiəgnóusis]	명 진단 an erroneous diagnosis 오진	동 diagnose 진단하다
593	**snicker** [sníkər]	동 낄낄 웃다 snicker at ~에 낄낄 웃다	
594	**scramble** [skrǽmbl]	동 기어오르다, 뒤섞다 scrambled eggs 스크램블 에그 (달걀을 뒤섞어가며 익힌 요리)	
595	**freight** [freit]	명 화물 by freight 화물편으로	유 cargo
596	**patriot** [péitriət]	명 애국자 become a patriot 애국자가 되다	형 patriotic 애국의
597	**admirable** [ǽdmərəbl]	형 칭찬할 만한, 훌륭한 admirable behavior 훌륭한 행위	부 admirably 훌륭히 유 commendable
598	**porch** [pɔːrtʃ]	명 (지붕 딸린) 현관 see to the porch 현관까지 배웅하다	
599	**occurrence** [əkə́ːrəns]	명 사건, 발생 a rare occurrence 희귀한 일	유 incident
600	**oval** [óuvəl]	형 타원형의 명 타원형 an oval face 계란형의 얼굴	

✦ 주어진 우리말 문장에 맞도록 알맞은 단어를 넣어 문장을 완성하시오. 정답 p.201

Because of the economic crisis, my   is in danger.
경제 위기 때문에 나의 생계가 어려운 상황에 처해 있다.

You should check the   date on your passport first before you travel.
너는 여행하기 전에 먼저 여권 만료일을 확인해야 한다.

He was   from the school last year. 그는 작년에 퇴학당했다.

The   beauty of her voice captivated the audience.
그녀의 아름다운 천상의 목소리는 대중을 사로잡았다.

Europe has a very   landscape. 유럽은 매우 아름다운 풍경을 가지고 있다.

           safety is one of the most important things in flight.
항공 안전은 비행에서 가장 중요한 것들 중에 하나다.

His habit is to take a mouthful of water and   it around in his mouth after meals.
그의 습관은 식사 후 물을 한 모금 물고 입 안에서 빙빙 돌리는 것이다.

His new album   straight to number one as soon as it was released.
그의 새 앨범은 발매되자마자 1위로 진입했다.

They seemed to be   of our presence there.
그들은 우리가 그곳에 나타난 것에 대해 분개한 듯이 보였다.

She overcame her   through hard work. 그녀는 열심히 일함으로써 열등감을 극복했다.

The workers worked hard to improve their   . 근로자들은 생산성 향상을 위해 열심히 일했다.

She is waiting for the doctor to make an accurate   after taking a series of tests.
그녀는 일련의 검사 후 의사가 정확한 진단을 내리길 기다리고 있다.

Did he   when Mr. Kim tried to dance? 그는 김씨가 춤추려고 할 때 낄낄 웃었니?

She managed to   over the wall. 그녀는 가까스로 벽 위로 기어올랐다.

You can send it more quickly by air   . 그것을 항공화물편으로 더 빨리 보낼 수 있다.

Becoming a   requires bravery, conviction, and passion.
애국자가 되기 위해서는 용기, 신념, 그리고 열정이 있어야 한다.

Everyone agrees that his dedication to his work is   .
일에 대한 그의 헌신은 칭찬받을 만하다는 데 모두가 동의한다.

Is she the woman walking to the   ? 현관으로 걸어가고 있는 여자 말이니?

A solar eclipse is an unusual   . 일식은 드문 일이다.

She has a beautiful   face. 그녀는 아름다운 계란형 얼굴을 가지고 있다.

DAY 16

DAY 16
표제어 듣기

601	**infamous** [ínfəməs]	휑 수치스러운, 악명 높은 명 infamy 불명예 유 disgraceful an infamous result 수치스러운 결과
602	**rear** [riər]	명 후방, 뒤 휑 뒤쪽의 유 back rear view mirror 백미러
603	**advent** [ǽdvent]	명 출현, 도래 the advent of the Internet 인터넷의 출현
604	**proficiency** [prəfíʃənsi]	명 능숙, 숙련(도) 휑 proficient 숙달한 language proficiency 언어 숙련도
605	**concise** [kənsáis]	휑 간결한 튄 concisely 간결하게 유 succinct a concise statement 간결한 진술
606	**dominate** [dámənèit]	동 지배하다 명 domination 지배 유 rule dominate the world 세계를 지배하다
607	**merchandise** [mə́ːrtʃəndàiz]	명 상품 동 매매하다 유 goods general merchandise 잡화
608	**repute** [ripjúːt]	명 평판 유 reputation of repute 저명한, 평판이 좋은
609	**intervention** [ìntərvénʃən]	명 중재, 개입 동 intervene 중재하다 유 mediation armed intervention 무력 개입
610	**reproduce** [rìːprədjúːs]	동 재현하다, 복사하다 명 reproduction 재현, 복사 유 duplicate reproduce documents 서류를 복사하다
611	**maxim** [mǽksim]	명 좌우명, 격언 유 proverb
612	**sewage** [súːidʒ]	명 오물, 오수 sewage disposal 오수 처리
613	**recreate** [rékrièit]	동 재현하다, 되살리다
614	**marshal** [máːʃəl]	명 연방 보안관, 육군 원수 동 정렬시키다
615	**competence** [kámpətəns]	명 능력, 자격 휑 competent 적임의, 유능한 반 incompetence 무능력, 부적격 English-speaking competence 영어 말하기 능력
616	**knowledgeable** [nálidʒəbl]	휑 총명한, 박식한 a knowledgeable teen 박식한 십대
617	**employ** [implɔ́i]	동 고용하다 명 employment 고용 유 hire be employed as ~로 고용되다
618	**revive** [riváiv]	동 소생시키다, 소생하다 명 revival 소생 revive the sluggish domestic economy 침체된 국내 경제를 소생시키다
619	**regime** [rəʒíːm|rei-]	명 정권 유 government the North Korean regime 북한 정권
620	**offense** [əféns]	명 위반, 공격 동 offend 공격하다 반 defense 수비 a first offense 초범

✦ 주어진 우리말 문장에 맞도록 알맞은 단어를 넣어 문장을 완성하시오. 정답 p.201

People tend to avoid talking about _____ results.
사람들은 수치스러운 결과에 대해 이야기하는 것을 피하는 경향이 있다.

I was hit in the _____ by a garbage truck. 쓰레기차가 뒤에서 내 차를 받았다.

Since the _____ of the Internet, the world has become much closer.
인터넷의 출현으로 세계는 훨씬 가까워졌다.

Have you taken any English _____ tests? 영어 실력 테스트를 받아봤나요?

Her speech was very clear and _____. 그녀의 연설은 매우 명확하고 간결했다.

Hitler's ambition was to _____ all of Europe. 히틀러의 야망은 전 유럽을 지배하는 것이었다.

They are looking for various kinds of _____ to attract people to their store.
그들은 사람들을 가게로 끌어들일 다양한 종류의 상품을 찾고 있다.

He is a man of _____. 그는 평판이 좋은 사람이다.

The government's _____ in this dispute will not help.
이 논쟁에서 정부의 중재는 도움이 되지 않을 것이다.

Photocopy machines can _____ documents. 사진 복사기는 서류를 복사할 수 있다.

My _____ is to help people who need support. 나의 좌우명은 지원이 필요한 사람들을 도와주는 것이다.

There is a law that bans the dumping of _____ at sea.
바다에 쓰레기를 버리는 것을 금지하는 법이 있다.

They _____ a typical Irish village there. 그들은 전형적인 아일랜드 마을을 그곳에 재현했다.

She was led into the courtroom by a _____. 그녀는 연방 보안관에 의해 법정으로 인도되었다.

His English-speaking _____ enabled him to get a higher position.
그의 영어 말하기 능력이 그를 더 높은 지위로 올라갈 수 있게 해주었다.

The person is so _____ in that field. 그 사람은 그 분야에 굉장히 박식하다.

The success caused the company to _____ more people.
성공은 그 회사로 하여금 더 많은 사람들을 고용하게 했다.

My grandmother had a heart attack, so the doctor attempted to _____ her.
우리 할머니는 심장 마비였기 때문에 의사가 할머니에게 소생술을 시도했다.

His father was the leader of the _____. 그의 아버지가 그 정권의 지도자가 되었다.

He believed that a good _____ was the best defense. 그는 공격이 최선의 방어라고 믿었다.

DAY 16

621 **vinegar** [vínigər]	명 식초 aromatic vinegar 아로마 식초	
622 **colonial** [kəlóuniəl]	형 식민지의 colonial rule 식민 통치	명 colony 식민지
623 **pain** [pein]	명 아픔, 고통 with pain 아파서	형 painful 아픈 유 suffering
624 **ominous** [ámənəs]	형 불길한, 나쁜 징조의 an ominous sign 불길한 징조	유 sinister
625 **exterior** [ikstíəːriər]	형 외부의 명 외부 the exterior covering 외피	반 interior 내부의; 내부
626 **prairie** [préəri]	명 대초원, 대평원 a grassy prairie 풀이 많은 대평원	유 plain
627 **confide** [kənfáid]	동 비밀을 털어놓다, 맡기다	명 confidence 신임, 신뢰, 자신감
628 **dribble** [dríbl]	동 (물방울 등이) 똑똑 떨어지다 dribble from the eaves 처마에서 빗방울이 똑똑 떨어지다	
629 **imprison** [imprízn]	동 감옥에 넣다 be imprisoned without evidence 증거 없이 수감되다	명 imprisonment 수감 유 confine
630 **cognitive** [kágnətiv]	형 인식의, 인지의 cognitive power 인지력	명 cognition 인식
631 **mischief** [místʃif]	명 장난, 짓궂음 get into mischief 장난을 시작하다	형 mischievous 장난기 있는
632 **underway** [ʌndərwéi]	형 진행 중인	
633 **ailment** [éilmənt]	명 병 a slight ailment 가벼운 병	유 illness
634 **discard** [diskáːrd]	동 버리다, 처분하다 discard one's lover 연인을 버리다	유 get rid of
635 **escort** [éskɔːrt]	명 호위, 호송 동 호위하다 under the escort of ~의 호위 하에	
636 **insane** [inséin]	형 미친 go insane 미치다	명 insanity 광기 반 sane 제정신인
637 **agility** [ədʒíləti]	명 민첩성	형 agile 민첩한
638 **draft** [dræft]	명 초안, 설계도 a draft of a speech 연설의 초고	
639 **allergic** [əláːrdʒik]	형 알레르기성의 be allergic to ~에 알레르기가 있다	명 allergy 알레르기
640 **verse** [vəːrs]	명 운문, 시 free verse 자유시	

can be used to make salad dressing. 식초는 샐러드 드레싱을 만들 때 사용되기도 한다.

Korea suffered from a period of _____ rule. 한국은 식민 통치 시기로부터 고통을 겪었다.

This medicine will help to relieve your back _____. 이 약은 요통을 완화시키는 데 도움이 될 것이다.

It is an _____ sign to see a crow in Korea. 한국에서는 까마귀를 보는 것이 불길한 징조이다.

The _____ of the house needs painting. 그 집의 외부는 페인트를 칠해야 한다.

_____ are usually grassy but have very few trees. 대평원에는 보통 풀은 많지만 나무는 거의 없다.

Jill and Betty are very close friends. They _____ in each other.
질과 베티는 매우 가까운 친구이다. 그들은 서로 비밀을 털어놓는다.

As time went by, the melted wax _____ down the side of the candle.
시간이 흐르면서, 녹은 촛농이 양초 옆으로 떨어져내렸다.

She has been _____ for several years. 그녀는 몇 년 동안 수감되어 있다.

The accident impaired his _____ functions. 그 사고는 그의 인지 기능에 손상을 가했다.

The little boy's eyes were full of _____. 그 어린 소년의 눈에 장난기가 가득했다.

The project, which started two months ago, is still _____.
두 달 전에 시작한 프로젝트가 여전히 진행 중이다.

Fortunately, the doctor diagnosed her problem as a common stomach _____.
다행히도 의사는 그녀의 문제가 흔한 위병이라고 진단했다.

_____ any foods that have come into contact with flood waters.
홍수로 인한 물에 닿은 음식은 어떤 것이라도 폐기하십시오.

She asked me to _____ her to the hall. 그녀는 나에게 홀까지 자신을 호위해 달라고 요구했다.

Other people thought that he went _____. 다른 사람들은 그가 미쳤다고 생각했다.

Cats have much greater _____ than men. 고양이는 사람보다 훨씬 민첩하다.

This is the rough _____ of my speech, which I should go through several times to complete.
이것이 내 연설의 대략적인 초고이고 완성하기 위해선 몇 차례를 거쳐야 한다.

He explained that his wife is _____ to aspirin.
그는 그의 아내가 아스피린에 알레르기가 있다고 설명했다.

Citing a line of _____ will do. 운문 한 줄을 인용하는 것이 좋을 거예요.

A 우리말과 같은 뜻이 되도록 빈칸에 들어갈 알맞은 단어를 적으시오.

① _____ people (평범한 사람들)

② an _____ result (수치스러운 결과)

③ be _____ as (~로 고용되다)

④ be _____ for (~에게 의무 사항이다)

⑤ with _____ (아파서)

⑥ a _____ view (전경)

⑦ be _____ for (~로 인해 벌을 받다)

⑧ be _____ to (~에 알레르기가 있다)

⑨ an _____ date (만료일)

⑩ a _____ of a speech (연설의 초고)

B 다음 괄호 안의 지시대로 주어진 단어를 변형시키고 그 뜻을 적으시오.

	변형	뜻
① reproduce (명사형으로) →	_____	_____
② immense (명사형으로) →	_____	_____
③ persuade (형용사형으로) →	_____	_____
④ sequential (명사형으로) →	_____	_____
⑤ aviation (동사형으로) →	_____	_____
⑥ swirl (형용사형으로) →	_____	_____
⑦ diagnosis (동사형으로) →	_____	_____
⑧ patriot (형용사형으로) →	_____	_____
⑨ agility (형용사형으로) →	_____	_____
⑩ amendment (동사형으로) →	_____	_____

C 다음 영영풀이에 해당하는 단어를 보기에서 골라 적으시오.

보기	discard	ominous	sheer	occurrence	ailment
	dominate	expel	celestial	restore	concise

❶ to cast aside or dispose of; get rid of ➡ _____

❷ a physical disorder or illness, especially of a minor or chronic nature

➡ _____

❸ the action, fact, or instance of occurring ; an incident ➡ _____

❹ pure, unmixed; utter ➡ _____

❺ to bring back into existence, use, or the like ➡ _____

❻ to rule over; govern; control ➡ _____

❼ suggesting that something bad is going to happen ➡ _____

❽ marked by brevity of expression ➡ _____

❾ to drive or force out or away; discharge or eject ➡ _____

❿ pertaining to the sky or visible heaven ➡ _____

D 우리말과 같은 뜻이 되도록 주어진 문장의 빈칸을 완성하시오.

❶ 그 개정안이 연례 회의에서 승인되었다.

➡ The _____ was approved during the annual meeting.

❷ 그 왕은 백성들을 잘 다스리는 것으로 알려져 있다.

➡ It is known that the king _____ his people well.

❸ 그들은 나룻배로 강을 건넜다.

➡ They crossed the river by _____.

❹ 그녀의 아름다운 천상의 목소리는 대중을 사로잡았다.

➡ The _____ beauty of her voice captivated the audience.

❺ 그녀는 가까스로 벽 위로 기어올랐다.

➡ She managed to _____ over the wall.

⑥ 현관으로 걸어가고 있는 여자 말이니?

→ Is she the woman walking to the _____?

⑦ 바다에 쓰레기를 버리는 것을 금지하는 법이 있다.

→ There is a law that bans the dumping of _____ at sea.

⑧ 그의 아버지가 그 정권의 지도자였다.

→ His father was the leader of the _____.

⑨ 식초는 샐러드 드레싱을 만들 때 사용되기도 한다.

→ _____ can be used to make salad dressing.

⑩ 그 어린 소년의 눈에 장난기가 가득했다.

→ The little boy's eyes were full of _____.

E 문장의 밑줄 친 부분에 해당하는 유의어 혹은 반의어를 보기에서 골라 적으시오.

보기	superiority	interior	sane	commendable	confined
	defense	unavailability	attribute	incompetence	cargo

① He believed that a good offense was the best defense. 반의어 ↔ _____

② His English-speaking competence enabled him to get a higher position.
반의어 ↔ _____

③ The exterior of the house needs painting. 반의어 ↔ _____

④ Other people thought that he went insane. 반의어 ↔ _____

⑤ She overcame her inferiority through hard work. 반의어 ↔ _____

⑥ Since housing costs have surged, the availability of affordable houses is highly limited. 반의어 ↔ _____

⑦ An autopsy finally ascribed his death to poisoning. 유의어 = _____

⑧ You can send it more quickly by air freight. 유의어 = _____

⑨ Everyone agrees that his dedication to his work is admirable.
유의어 = _____

⑩ She has been imprisoned for several years. 유의어 = _____

F 영어발음을 듣고 영어단어를 적은 후, 우리말 뜻을 적으시오.

영어단어 듣고 쓰기

	영어	우리말		영어	우리말
❶	_____	_____	❽	_____	_____
❷	_____	_____	❾	_____	_____
❸	_____	_____	❿	_____	_____
❹	_____	_____	⓫	_____	_____
❺	_____	_____	⓬	_____	_____
❻	_____	_____	⓭	_____	_____
❼	_____	_____	⓮	_____	_____

G 영어문장을 듣고 빈칸에 들어갈 단어를 채워 문장을 완성하시오.

영어문장 듣고 쓰기

❶ Computers have substantially changed the lives of _____ people.

❷ People tend to avoid talking about _____ results.

❸ The success caused the company to _____ more people.

❹ It is not _____ for the student to reveal all his grades to others.

❺ This medicine will help to relieve your back _____.

❻ The lake offers one of the most _____ views.

❼ He was _____ for violating the school's rules.

❽ He explained that his wife is _____ to aspirin.

❾ You should check the _____ date on your passport first before you travel.

❿ This is the rough _____ of my speech, which I should go through several times to complete.

⓫ Photocopy machines can _____ documents.

⓬ The Atlantic Ocean is _____.

⓭ It is hard to _____ him to enter the competition.

⓮ The investigators found out that the _____ events were a setup.

⓯ _____ safety is one of the most important things in flight.

⓰ His habit is to take a mouthful of water and _____ it around in his mouth after meals.

| 641 | **estate** [istéit] | 명 토지, 재산권 | 유 asset |
| | | real estate 부동산 | |

| 642 | **recruit** [rikrú:t] | 동 채용하다 | 명 recruitment 채용 유 employ |
| | | recruit an applicant 지원자를 채용하다 | |

| 643 | **armament** [áːrməmənt] | 명 장비, 병기 | 동 arm 무장시키다 |
| | | the main armament 주장비 | |

| 644 | **regardless** [rigάːrdlis] | 형 부주의한, 관심 없는, 개의치 않는 | |
| | | regardless of ~을 개의치 않고, ~와 상관 없이 | |

| 645 | **sly** [slai] | 형 교활한 | 유 cunning 교활한 |
| | | a sly fellow 교활한 녀석 | |

| 646 | **inventive** [invéntiv] | 형 창의력이 풍부한 | 명 inventiveness 창의성 반 uninventive 창의력이 없는 |
| | | an inventive person 창의력이 풍부한 사람 | |

| 647 | **mimic** [mímik] | 동 흉내 내다 형 흉내 내는 | 명 mimicry 흉내 유 imitate |
| | | mimic one's behavior ~의 행동을 흉내 내다 | |

| 648 | **reside** [rizáid] | 동 거주하다 | 명 residence 거주 유 live |
| | | reside in ~에 거주하다 | |

| 649 | **negligence** [néglidʒəns] | 명 태만, 부주의 | 참 neglect 무시 |
| | | owing to one's negligence ~의 불찰로 | |

| 650 | **poisonous** [pɔ́izənəs] | 형 유독한 | 유 toxic 독이 있는 |
| | | poisonous air 유독 가스 | |

| 651 | **exploit** 동 [iksplɔ́it] 명 [éksplɔit] | 동 개발하다, 활용하다 명 위업 | 명 exploitation 개발 유 harness |
| | | exploit a mine 광산을 개발하다 | |

| 652 | **obligation** [àbləgéiʃən] | 명 의무 | 동 obligate 강요하다 유 duty |

| 653 | **foresee** [fɔːrsíː] | 동 예견하다 | 명 foresight 예견 유 predict |
| | | foresee a problem 문제를 예견하다 | |

| 654 | **obstacle** [άbstəkl] | 명 장애(물) | 유 block |
| | | an obstacle to success 성공의 장애물 | |

| 655 | **forefather** [fɔ́ːrfɑ̀ːðər] | 명 조상 | 반 descendant 자손 |
| | | the land of our forefathers 우리 조상들의 땅 | |

| 656 | **obscure** [əbskjúər] | 형 불명료한 | 명 obscurity 불명료 유 ambiguous |
| | | an obscure answer 불분명한 대답 | |

| 657 | **grasp** [græsp|grɑːsp] | 동 붙잡다, 이해하다 | 형 graspable 붙잡을 수 있는, 이해할 수 있는 |

| 658 | **prestige** [prestíːʒ | -tíːdʒ] | 명 명성, 위신 | 유 status |
| | | social prestige 사회적인 명성 | |

| 659 | **cavity** [kǽvəti] | 명 충치 | |
| | | have many cavities 충치가 많다 | |

| 660 | **Pacific** [pəsífik] | 명 태평양 형 태평양의 | 참 Atlantic 대서양, 대서양의 |

✦ 주어진 우리말 문장에 맞도록 알맞은 단어를 넣어 문장을 완성하시오. 정답 p.202

His _____ is valued at up to $1,000,000. 그의 토지는 최고 백만 달러의 가치가 있다.

The company _____ several applicants yesterday. 회사가 어제 몇몇 지원자를 채용했다.

The _____ industry got smaller after the war ended. 군수 산업은 전쟁이 끝난 후 감소했다.

_____ of age, everybody considers investing for retirement.
나이와 상관 없이 누구나 은퇴를 대비한 투자를 고려한다.

The cat made a _____ attempt to steal the fish. 고양이가 물고기를 훔치려는 교활한 시도를 했다.

Her recipe inspired me to be more _____ with my own cooking.
그녀의 조리법은 내 요리에 더 창의력을 가져야겠다는 영감을 주었다.

She wants me to _____ a clown. 그녀는 내가 광대 흉내를 내길 원한다.

He felt strange in his hometown since he had _____ abroad for many years.
그는 수년 동안 외국에서 살았기 때문에 고향이 낯설었다.

The failure of this project is due to the _____ of some team members.
이 프로젝트의 실패는 일부 구성원의 태만에서 기인한 것이다.

Some snakes are _____. 어떤 뱀들은 독이 있다.

We should _____ our own coal resources because the price of oil has surged.
석유값이 급등했기 때문에 우리의 석탄 자원을 개발해야 한다.

It's an _____ to pay taxes in most countries. 대부분의 나라에서는 세금을 내는 것이 의무이다.

The damage is so huge that we cannot _____ the extent of it.
피해가 너무 커서 우리는 그 범위를 예측할 수 없다.

_____ and problems are part of our lives. 장애와 문제는 우리 삶의 부분이다.

We should thank our _____. 우리는 선조들에게 감사해야 한다.

The origin of the belief is _____. 그 믿음의 기원은 불명료하다.

My teacher _____ me by the arm. 선생님이 내 팔을 붙잡았다.

My friends who don't want jobs with low social _____ are still unemployed.
사회적으로 명성이 낮은 직업을 원하지 않는 나의 친구들은 여전히 실업 상태이다.

I hope I have no _____. 충치가 없으면 좋겠네요.

The _____ is the largest ocean in the world. 태평양은 세계에서 제일 큰 대양이다.

DAY 17

661	**relocate** [rìːloukéit]	통 이전시키다 relocate the headquarters 본사를 이전하다	명 relocation 이전 유 transfer
662	**garment** [gáːrmənt]	명 의복 garment makers 의류업체	유 clothes
663	**modernize** [mádərnàiz]	통 현대화하다 modernize the system 시스템을 현대화하다	명 modernization 현대화 유 update
664	**anecdotal** [æ̀nikdóutl]	형 일화의, 일화적인 anecdotal evidence 일례	명 anecdote 일화
665	**obtain** [əbtéin]	통 얻다 obtain the confidence of ~의 신망을 얻다	형 obtainable 입수 가능한 유 get
666	**persistence** [pəːrsístəns | -zíst-]	명 끈기, 끈덕짐 with persistence 끈덕지게	유 determination
667	**revolt** [rivóult]	명 폭동, 반항 in revolt 반항하여	유 rebellion
668	**margin** [máːrdʒin]	명 판매 수익 a profit margin 이윤폭, 이익률	형 marginal 한계의, 한계 수익점의
669	**optional** [ápʃənl]	형 선택 가능한, 임의의 an optional subject 선택 과목	명 option 선택권 유 voluntary
670	**justify** [dʒʌ́stəfài]	통 옳다고 하다, 정당화하다 justify oneself 변명하다	명 justification 정당화
671	**personalize** [pə́ːrsənəlàiz]	통 의인화하다 personalized characters 의인화된 등장인물들	명 personalization 의인화
672	**dreadful** [drédfəl]	형 무서운 a dreadful storm 무서운 폭풍	유 scary
673	**fatality** [feitǽləti]	명 사망(자), 재난 a skydiving fatality 스카이다이빙 시 발생한 사망	형 fatal 치명적인 유 death
674	**inspect** [inspékt]	통 점검하다, 시찰하다 inspect the government offices 국정감사를 실시하다	명 inspection 정밀검사
675	**fatal** [féitl]	형 치명적인 a fatal disease 불치병	명 fatality 사망(자), 재난
676	**keen** [kiːn]	형 열심인, 강렬한, 날카로운 be keen on ~에 열중하다	명 keenness 강렬 유 eager
677	**arson** [áːrsn]	명 방화 an arson attack 방화 공격	형 arsonous 방화의
678	**botanist** [bátənist]	명 식물학자 a passionate botanist 열정적인 식물학자	
679	**controversial** [kàntrəvə́ːrʃəl]	형 논쟁의, 논쟁의 여지가 있는 a controversial question 논쟁안	유 debatable
680	**anarchy** [ǽnərki]	명 무정부 plunge into anarchy 무정부 상태에 빠뜨리다	유 chaos

✦ 주어진 우리말 문장에 맞도록 알맞은 단어를 넣어 문장을 완성하시오. 정답 p.202

If the company _____ its headquarters, most of the workers will have to quit their jobs.
만일 그 회사가 본부를 이전한다면 대부분의 근로자는 일을 그만두어야 할 것이다.

The 1970s was the best period for _____ makers in Korea.
1970년대가 한국 의류업체의 전성기였다.

The school is investing a large amount of money to _____ its facilities.
그 학교는 시설을 현대화하는 데 많은 돈을 투자하고 있다.

What I mean is that it's only _____. 내 말은 그것이 단지 일회적이라는 것이에요.

He _____ good grades in English. 그는 영어에서 좋은 성적을 얻었다.

I have always believed that my _____ would pay off.
나는 항상 나의 끈기가 보상을 받을 거라고 믿어 왔다.

The leader of the _____ unconditionally surrendered this morning.
폭동의 지도자는 오늘 아침 무조건 항복했다.

A person who is planning to run a restaurant asked me what my average operating _____ are.
식당을 경영하려고 계획하고 있는 사람이 내 평균 운영 수익이 얼마인지를 물었다.

Attendance at the lecture is _____. 강의 참석은 선택이 가능하다.

The end doesn't always _____ the means. 목적이 언제나 수단을 정당화하는 것은 아니다.

All the animals are _____ in the cartoon. 그 만화에서는 모든 동물들이 의인화되어 있다.

The _____ storm prevented the children from sleeping. 무서운 폭풍이 아이들을 잠 못들게 했다.

There were thousands of people injured and hundreds of _____ caused by the earthquake. 지진에 의해 수천 명의 부상자와 수백 명의 사망자가 발생했다.

The immigration officers _____ my passport. 이민국 직원이 내 여권을 검사했다.

There are no words to describe the _____ accident. 그 치명적인 사고를 묘사할 만한 말이 없다.

The students were all _____ on learning. 학생들은 모두 열심히 배우고 있었다.

The police are investigating the subway _____. 경찰은 지하철 방화를 조사하고 있는 중이다.

I made up my mind to be a _____ to study plants and flowers.
나는 풀과 꽃을 연구하는 식물학자가 되기로 결심했다.

He wrote a very _____ book. 그는 상당히 논쟁을 불러 일으킬 만한 책을 집필했다.

After the king died, a year of _____ followed. 왕이 죽은 후, 1년간의 무정부 상태가 왔다.

DAY 18
표제어 듣기

681	**paraphrase** [pǽrəfrèiz]	통 바꿔 쓰다 paraphrase a sentence 문장을 바꿔 쓰다	
682	**blot** [blɑt]	명 얼룩	유 spot
683	**sprain** [sprein]	통 삐다 명 삠, 접질림 sprain one's ankle 발목을 삐다	
684	**vocal** [vóukəl]	형 목소리의, 음성의 the vocal music 성악	명 voice 목소리
685	**ignorant** [ígnərənt]	형 무지한 an ignorant question 무지한 질문	명 ignorance 무지
686	**disgust** [disgʌ́st]	명 혐오 통 역겹게 하다	형 disgusting 역겨운
687	**specimen** [spésəmən]	명 견본, 예	유 example
688	**constitute** [kɑ́nstətʃùːt]	통 구성하다, 성립시키다 constitute a legal offense 법률 위반이 되다	명 constitution 구성 유 compose
689	**queue** [kjuː]	명 줄 in a queue 줄을 서서	유 line, row
690	**nod** [nɑd]	통 끄덕이다 nod one's head up and down 고개를 위 아래로 끄덕이다	
691	**frightful** [fráitfəl]	형 무서운, 소름 끼치는 a frightful sight 무서운 광경	명 fright 공포, 경악 유 dread
692	**fragile** [frǽdʒəl]	형 부서지기 쉬운	명 fragility 부서지기 쉬움
693	**peek** [píːk]	통 엿보다 명 엿보기 peek in ~을 엿보다	유 peep
694	**resolution** [rèzəlúːʃən]	명 결심 a new year's resolution 새해 계획, 새해 결심	
695	**liver** [lívər]	명 간	
696	**congestion** [kəndʒéstʃən]	명 혼잡, 붐빔 traffic congestion 교통체증	통 congest 붐비다
697	**idealistic** [aidìːəlístik]	형 이상주의적인, 비현실적인 an idealistic dream 이상주의적인 꿈	명 ideal 이상
698	**conceive** [kənsíːv]	통 생각하다, 생각해내다 conceive A (to be) B A가 B하다고 생각하다	명 conception 개념 유 think
699	**correspondent** [kɔ̀ːrəspándənt]	명 특파원 a foreign correspondent 해외 특파원	통 correspond 일치하다
700	**excavation** [èkskəvéiʃən]	명 굴착, 발굴 excavation work 굴착 공사	통 excavate 굴착하다

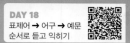

✦ 주어진 우리말 문장에 맞도록 알맞은 단어를 넣어 문장을 완성하시오. 정답 p.202

She _____ the sentence to help her children to understand more easily.
그녀는 아이들이 더 쉽게 이해하도록 문장을 바꿔 썼다.

I had my dress washed because of the _____ . 얼룩 때문에 드레스를 세탁했다.

I stumbled over a pebble and _____ my ankle. 나는 돌에 채어 넘어져 발목을 삐었다.

I like the _____ music. 나는 성악을 좋아한다.

As they didn't want to look _____ , they didn't ask any questions.
그들은 무지해 보이기를 원하지 않았기 때문에 질문하지 않았다.

The people are showing their feelings of anger and _____ toward the government policy.
국민이 정부의 정책에 대해 분노와 혐오의 감정을 보여주고 있다.

Your work was chosen as a fine _____ . 당신의 작품이 좋은 예로 선정되었다.

It is said that female workers _____ the majority of the labor force.
여성 노동자들이 노동력의 과반수를 구성한다고들 한다.

People are in a _____ for a bus. 사람들은 버스를 타기 위해 줄을 서 있다.

She _____ to show her agreement. 그녀는 동의를 나타내기 위해 고개를 끄덕였다.

The crime scene was so _____ that even the police did not want to look at it.
범죄 현장이 워낙 무서워서 경찰조차 보고 싶어 하지 않았다.

Glass is very _____ , so we must be careful when handling it.
유리는 깨지기 매우 쉬우니 다룰 때 조심해야 한다.

She _____ in the audience from behind the curtain to see if her parents were there.
그녀는 부모님이 있는지 보기 위해 커튼 뒤에서 관중들을 엿보았다.

Those two are my new year's _____ . 그 두 가지가 나의 새해 계획이다.

Alcohol may cause damage to the _____ . 술은 간에 손상을 입힌다.

The problem of traffic _____ in Seoul is terrible. 서울의 교통체증 문제는 끔찍하다.

_____ dreams are often far from reality. 이상주의적인 꿈들은 종종 현실과 거리가 있다.

They _____ the idea of transforming the old house into a restaurant.
그들은 오래된 집을 식당으로 바꿀 생각을 했다.

_____ Gloria Park has the details. 특파원 글로리아 박이 세부 내용을 알려드립니다.

The _____ of the buried city took a long time. 묻힌 도시를 발굴하는 데 오랜 시간이 걸렸다.

701	**intimidate** [intímədèit]	동 위협하다, 협박하다	명 intimidation 협박 유 menace
		intimidate people 사람들을 협박하다	

702	**disperse** [dispə́:rs]	동 흩어지게 하다	명 dispersion 분산 유 scatter

703	**nourish** [nə́:riʃ]	동 영양분을 주다	명 nourishment 영양분 유 nurse
		nourish A with B A에게 B를 먹이다	

704	**compound** [kámpaund]	명 혼합물 형 합성의, 혼합의	유 combination
		a compound noun 복합 명사	

705	**digestion** [daidʒéstʃən]	명 소화	동 digest 소화하다
		digestion-concerned disease 소화 관련 질병	

706	**modification** [màdəfikéiʃən]	명 수정, 변경	동 modify 수정하다 유 alteration
		policy modification 정책 수정	

707	**delicacy** [délikəsi]	명 맛있는 것, 섬세함	형 delicate 맛있는, 섬세한

708	**instruction** [instrʌ́kʃən]	명 지시	동 instruct 지시하다 유 direction
		follow the instructions 지시에 따르다	

709	**flee** [fli:]	동 달아나다	유 escape
		flee from the enemy 적에게서 달아나다	

710	**notorious** [noutɔ́:riəs]	형 악명 높은	명 notoriety 악명
		be notorious for ~으로 악명 높다	

711	**in-between** [ìnbitwí:n]	형 중간적인, 중간의	
		in-between things 중간치	

712	**astound** [əstáund]	동 몹시 놀라게 하다	명 astoundment 놀람 유 surprise
		be astounded to do ~해서 놀라다	

713	**evacuation** [ivæ̀kjuéiʃən]	명 철수	동 evacuate 철수하다 유 removal
		an emergency evacuation 비상 철수	

714	**compile** [kəmpáil]	동 편집하다, 편찬하다	명 compilation 편집(물)
		compile a guidebook 안내서를 만들다	

715	**inaudible** [inɔ́:dəbl]	형 들을 수 없는	반 audible 들리는
		inaudible to the human ear 사람 귀로는 들리지 않는	

716	**elegant** [éləgənt]	형 기품 있는	명 elegance 기품, 우아

717	**penalty** [pénəlti]	명 처벌, 벌칙	형 penal 형벌의 유 punishment
		give a penalty 처벌하다	

718	**analytical** [æ̀nəlítikəl]	형 분석적인	동 analyze 분석하다 유 systematic
		an analytical approach 분석적인 접근	

719	**stump** [stʌmp]	명 (나무의) 그루터기, 남은 부분	유 remnant

720	**autobiography** [ɔ̀:təbaiágrəfi]	명 자서전	
		write an autobiography 자서전을 집필하다	

✦ 주어진 우리말 문장에 맞도록 알맞은 단어를 넣어 문장을 완성하시오. 정답 p.202

People with power should not _____ weak people. 권력을 가진 사람들은 약자를 협박해서는 안 된다.

After hearing the explosion, the crowd started to _____.
폭발 소리를 듣자마자 군중이 흩어지기 시작했다.

Children should be well _____ to maintain good physical condition.
어린이들은 좋은 건강 상태를 유지하기 위해 영양분을 잘 섭취해야 한다.

Today we will learn the properties of the _____. 우리는 오늘 혼합물의 특징에 대해서 배울 거예요.

Beverages served with meals interfere with _____. 식사와 함께 제공되는 음료가 소화를 방해한다.

The club members agreed on a small _____ to their policy.
클럽 회원들은 작은 정책 수정에 동의했다.

This food is regarded as a _____ in this region. 이 음식은 이 지역에서 맛있는 것으로 간주된다.

Follow the _____ carefully when you use the machine. 그 기계를 사용할 때 지시에 신중하게 따르라.

The children are _____ from the pigeons. 아이들이 비둘기로부터 도망치고 있다.

The town is _____ for its casinos. 그 마을은 카지노로 악명 높다.

Her Korean is at an _____ stage yet but she is trying to improve it.
그녀의 한국어 실력은 아직 중간 단계이지만 그녀는 실력을 향상시키려고 노력 중이다.

I was _____ to hear that they had survived the accident.
나는 그들이 사고에서 살아남았다는 얘기를 듣고 놀랐다.

The emergency _____ of thousands of people in the city happened because of the earthquake. 지진으로 인해 그 도시에서 수천 명의 비상 철수가 일어났다.

The manual was _____ over a long period of time. 그 소책자는 오랜 기간에 걸쳐 편찬되었다.

She spoke in an almost _____ whisper. 그녀는 거의 안 들리게 속삭이며 말했다.

An _____ old woman was walking down the street. 기품 있는 한 노부인이 길을 걷고 있었다.

The team received a _____ because it complained about the referee's decision.
그 팀은 주심의 판정에 항의를 했기 때문에 벌칙을 받았다.

A more _____ approach to the problem was needed. 그 문제에 대한 좀더 분석적인 접근이 필요했다.

He is the man sitting against the _____. 그는 그루터기에 기대 앉아 있는 남자이다.

Iacocca's _____ is a bestseller. 아이아코카의 자서전은 베스트셀러이다.

A 우리말과 같은 뜻이 되도록 빈칸에 들어갈 알맞은 단어를 적으시오.

① _____ of (~을 개의치 않고, ~와 상관없이)

② in _____ (반항하여)

③ real _____ (부동산)

④ with _____ (끈덕지게)

⑤ _____ in (~에 거주하다)

⑥ _____ A with B (A에게 B를 먹이다)

⑦ _____ A (to be) B (A가 B하다고 생각하다)

⑧ an _____ subject (선택 과목)

⑨ a new year's _____ (새해 계획, 새해 결심)

⑩ traffic _____ (교통체증)

B 다음 괄호 안의 지시대로 주어진 단어를 변형시키고 그 뜻을 적으시오.

	변형	뜻
① obligation (동사형으로) →	_____	_____
② recruit (명사형으로) →	_____	_____
③ obtain (형용사형으로) →	_____	_____
④ foresee (명사형으로) →	_____	_____
⑤ penalty (형용사형으로) →	_____	_____
⑥ evacuation (동사형으로) →	_____	_____
⑦ armament (동사형으로) →	_____	_____
⑧ justify (명사형으로) →	_____	_____
⑨ fatal (명사형으로) →	_____	_____
⑩ arson (형용사형으로) →	_____	_____

C 다음 영영풀이에 해당하는 단어를 보기에서 골라 적으시오.

| 보기 | sly | flee | disgust | negligence | obstacle |
| | controversial | astound | ignorant | inspect | dreadful |

❶ something that obstructs or hinders progress → _____

❷ cunning or wily → _____

❸ to run away, as from danger or pursuers → _____

❹ causing great dread, fear, or terror → _____

❺ to overwhelm with amazement → _____

❻ failure to take proper care over something → _____

❼ lacking in knowledge or training; unlearned → _____

❽ to look carefully at or over; view closely and critically → _____

❾ to cause loathing or nausea in → _____

❿ of, pertaining to, or characteristic of controversy → _____

D 우리말과 같은 뜻이 되도록 주어진 문장의 빈칸을 완성하시오.

❶ 충치가 없으면 좋겠어요.

→ I hope I have no _____.

❷ 목적이 언제나 수단을 정당화하는 것은 아니다.

→ The end doesn't always _____ the means.

❸ 그 치명적인 사고를 묘사할 만한 말이 없다.

→ There are no words to describe the _____ accident.

❹ 경찰은 지하철 방화를 조사하고 있는 중이다.

→ The police are investigating the subway _____.

❺ 그는 상당히 논쟁을 불러 일으킬 만한 책을 집필했다.

→ He wrote a very _____ book.

⑥ 나는 돌에 채어 넘어져 발목을 삐었다.

→ I stumbled over a pebble and _____ my ankle.

⑦ 술은 간에 손상을 입힌다.

→ Alcohol may cause damage to the _____.

⑧ 식사와 함께 제공되는 음료가 소화를 방해한다.

→ Beverages served with meals interfere with _____.

⑨ 그는 그루터기에 기대 앉아 있는 남자이다.

→ He is the man sitting against the _____.

⑩ 이상주의적인 꿈들은 종종 현실과 거리가 있다.

→ _____ dreams are often far from reality.

E 문장의 밑줄 친 부분에 해당하는 유의어 혹은 반의어를 보기에서 골라 적으시오.

보기				
alteration	ambiguous	audible	imitate	direction
descendant	uninventive	harness	eager	death

❶ She spoke in an almost <u>inaudible</u> whisper. 반의어 ↔ _____

❷ We should thank our <u>forefathers</u>. 반의어 ↔ _____

❸ The students were all <u>keen</u> on learning. 유의어 = _____

❹ The club members agreed on a small <u>modification</u> to their policy.

유의어 = _____

❺ The origin of the belief is <u>obscure</u>. 유의어 = _____

❻ Her recipe inspired me to be more <u>inventive</u> with my own cooking.

반의어 ↔ _____

❼ There were thousands of people injured and hundreds of <u>fatalities</u> caused by the earthquake. 유의어 = _____

❽ Follow the <u>instructions</u> when you use the machine. 유의어 = _____

❾ We should <u>exploit</u> our own coal resources because the price of oil has surged.

유의어 = _____

❿ She wants me to <u>mimic</u> a clown. 유의어 = _____

F 영어발음을 듣고 영어단어를 적은 후, 우리말 뜻을 적으시오.

	영어	우리말		영어	우리말
❶			❽		
❷			❾		
❸			❿		
❹			⓫		
❺			⓬		
❻			⓭		
❼			⓮		

G 영어문장을 듣고 빈칸에 들어갈 단어를 채워 문장을 완성하시오.

❶ _____ of age, everybody considers investing for retirement.

❷ The leader of the _____ unconditionally surrendered this morning.

❸ His _____ is valued at up to $1,000,000.

❹ I have always believed that my _____ would pay off.

❺ He felt strange in his hometown since he had _____ abroad for many years.

❻ Children should be well _____ to maintain good physical condition.

❼ They _____ the idea of transforming the old house into a restaurant.

❽ Attendance at the lecture is _____.

❾ Those two are my new year's _____.

❿ The problem of traffic _____ in Seoul is terrible.

⓫ It is an _____ to pay taxes in most countries.

⓬ The company _____ several applicants yesterday.

⓭ He _____ good grades in English.

⓮ The damage is so huge that we cannot _____ the extent of it.

⓯ The team received a _____ because it complained about the referee's decision.

⓰ The emergency _____ of thousands of people in the city happened because of the earthquake.

DAY 19

DAY 19
표제어 듣기

721	**dispute** [dispjú:t]	명 논쟁 동 논쟁하다	형 disputable 논의할 여지가 있는 유 argument
		be in a dispute over ~에 대하여 논쟁하다	
722	**delight** [diláit]	동 매우 기쁘게 하다	형 delightful 매우 기쁜
		be delighted to do ~하여 기쁘다	
723	**setback** [sétbæk]	명 퇴보, 좌절	반 breakthrough 비약적 발전, 타결
		overcome a setback 좌절을 극복하다	
724	**pesticide** [péstəsàid]	명 구충제, 살충제	
		a new experiment on pesticides 구충제에 대한 새로운 실험	
725	**shrill** [ʃril]	형 (소리가) 날카로운	
		a shrill voice 날카로운 목소리	
726	**antipollution** [æ̀ntipəlú:ʃən｜-tai-]	명 오염 방지	
		an antipollution policy 오염 방지 정책	
727	**abort** [əbɔ́:rt]	동 중지하다, 유산시키다	명 abortion 낙태 유 stop
		abort a mission 임무를 중지하다	
728	**paradigm** [pǽrədàim｜-dim]	명 모범, 본보기	형 paradigmatic 모범의 유 model
		a typical paradigm 전형적인 모범	
729	**lawsuit** [lɔ́:sù:t]	명 소송	
		file a lawsuit against ~에 대해 소송을 일으키다	
730	**relevance** [réləvəns]	명 관련, 타당성	형 relevant 관련된
		have relevance to ~와 관련이 있다	
731	**measure** [méʒər]	동 측정하다	명 measurement 측정
		measure width 넓이를 측정하다	
732	**insecure** [ìnsikjúər]	형 불안정한, 위험에 처한	명 insecurity 불안정 반 secure 안전한
		insecure about ~에 대해 불안한	
733	**ownership** [óunərʃìp]	명 소유권	동 own 소유하다
		protect one's ownership 소유권을 보호하다	
734	**uphold** [ʌphóuld]	동 지지하다, 찬성하다	유 support
		uphold one's conduct ~의 행동에 찬성하다	
735	**oppose** [əpóuz]	동 반대하다	명 opposition 반대 반 support 옹호하다, 지지하다
		oppose one's suggestion ~의 제안에 반대하다	
736	**improvised** [ímprəvàizd]	형 즉석의, 급조의	동 improvise 즉석에서 하다
		an improvised poem 즉흥시	
737	**decorative** [dékərèitiv]	형 장식의	동 decorate 장식하다 유 ornamental
		decorative art 장식 미술	
738	**dash** [dæʃ]	동 내던지다, 급히 하다	
		dash off 급히 떠나다	
739	**inference** [ínfərəns]	명 추리, 추론	동 infer 추론하다 유 reasoning
		by inference 추론에 의하여	
740	**inescapable** [ìneskéipəbl]	형 피할 수 없는	동 escape 도망치다, 피하다 반 escapable 도망칠 수 있는
		for some inescapable reasons 몇 가지 피할 수 없는 이유 때문에	

◆ 주어진 우리말 문장에 맞도록 알맞은 단어를 넣어 문장을 완성하시오. 정답 p.203

Korea and Japan are in a _____ over the ownership of Dokdo.
한국과 일본은 독도의 소유권을 놓고 논쟁 중이다.

I would be _____ to show you our new product.
나는 우리의 신제품을 당신에게 보여준다면 매우 기쁠 것이다.

The company suffered a major _____ due to the financial crisis.
그 회사는 재정적인 위기로 큰 좌절을 겪었다.

It is well-known that they are sprayed with _____.
그것들에 구충제를 뿌린다는 것은 잘 알려져 있다.

A _____ cry woke me. 나는 날카로운 울음소리에 잠이 깼다.

The government is trying to enforce its _____ policies.
정부는 오염 방지 정책을 시행하려 하고 있다.

The commander ordered his soldiers to _____ the mission.
그 사령관은 병사들에게 임무를 중단하라고 명령했다.

He is a good _____ for people to copy. 그는 사람들이 따라하기에 좋은 본보기가 된다.

The _____ is expected to take up to six months. 그 소송은 6개월까지 걸릴 것으로 예상된다.

He always says things that have no _____ to the subject. 그는 항상 주제와 관련 없는 말을 한다.

It was difficult to _____ the impact of the new policy in a short time.
짧은 기간에 새 정책의 영향을 측정하기란 어려웠다.

People feel _____ when they start a new relationship.
사람들은 새로운 관계를 시작할 때 불안함을 느낀다.

The Smiths are trying to protect their _____. 스미스 씨 가족은 그들의 소유권을 보호하려고 한다.

I cannot _____ your allegation that we should abandon this project.
나는 우리가 이 프로젝트를 포기해야 한다는 너의 주장에 찬성할 수 없다.

They _____ the government's new policy by mounting a public demonstration.
그들은 공개 시위를 하며 정부의 새 정책을 반대했다.

The performance was _____, but it was still great. 그 공연은 급조된 것이었지만 정말 멋졌다.

The windows were _____, so we couldn't open or close them.
그 창문은 장식용이라 열거나 닫을 수 없었다.

The thief _____ off as soon as he saw a police officer. 도둑은 경찰을 보자마자 급히 도망쳤다.

The _____ made from the data were very logical. 자료로부터 이루어진 추론들은 아주 논리적이었다.

The _____ fact is that it caused more trouble than necessary.
피할 수 없는 사실은 그것이 필요 이상으로 문제를 일으켰다는 것이다.

DAY 19

741	**distract** [distrǽkt]	통 (마음·주의를) 흐트러뜨리다 distract one's attention 정신을 흐트러뜨리다	명 distraction 주의산만
742	**affordable** [əfɔ́ːrdəbl]	형 값이 알맞은 at affordable prices 알맞은 가격으로	
743	**emit** [imít]	통 발하다 emit light 빛을 내다	명 emission 내뿜음
744	**obedient** [oubíːdiənt]	형 순종하는 an obedient boy 온순한 소년	통 obey 순종하다　반 disobedient 순종지 않는
745	**maturity** [mətʃúərəti	-tjúər-]	명 성숙기, 원숙기 reach maturity 성숙하다	형 mature 성숙한　유 adulthood
746	**candidate** [kǽndidèit	-dət]	명 후보자, 지원자 a PhD candidate 박사 과정을 공부하는 학생, 박사 후보생	유 applicant
747	**suffix** [sʌ́fiks]	명 접미사 add a suffix 접미사를 붙이다	반 prefix 접두사
748	**bygone** [báigɔ̀ːn]	형 지난 bygone days 지난날	유 past
749	**incorporate** [inkɔ́ːrpərèit]	통 넣다, 합병하다 incorporate with ~와 합병하다	형 incorporated 편입한, 합병한　유 include
750	**banner** [bǽnər]	명 현수막, 배너 an Internet banner 인터넷 배너	
751	**summon** [sʌ́mən]	통 소환하다 summon a witness 목격자에게 출두를 명하다	명 summons 소환, 소집장
752	**parliament** [pɑ́ːrləmənt]	명 의회 a member of parliament (국회)의원	유 congress
753	**warrant** [wɔ́(ː)rənt]	명 영장 a search warrant 수색영장	
754	**disprove** [disprúːv]	통 잘못되었음을 증명하다 disprove scientifically 과학적으로 반박하다	명 disproof 반증　반 prove 증명하다
755	**reputation** [rèpjutéiʃən]	명 평판, 명성 have a reputation for ~으로 유명하다	유 repute
756	**exceed** [iksíːd]	통 넘다, 초과하다 exceed one's authority 월권 행위를 하다	명 excess 초과　유 surpass
757	**incorruptibility** [ìnkərʌ̀ptəbíləti]	명 청렴결백 	형 incorruptible 청렴결백한　유 integrity
758	**rake** [reik]	통 긁어모으다　명 갈퀴 rake leaves 낙엽을 쓸다	
759	**achievement** [ətʃíːvmənt]	명 업적, 공적 a brilliant achievement 빛나는 공적	통 achieve 성취하다　유 accomplishment
760	**compromise** [kámprəmàiz]	명 타협 reach a compromise 타협에 이르다	

✦ 주어진 우리말 문장에 맞도록 알맞은 단어를 넣어 문장을 완성하시오. 정답 p.203

Grief _____ him. 그는 슬픔으로 마음을 가누지 못했다.

They couldn't find any _____ houses for them. 그들은 값이 알맞은 집을 구할 수가 없었다.

This small device can _____ a strong light. 이 작은 장치가 강력한 빛을 낼 수 있다.

Parents want their children to be _____ and follow their wishes.
부모들은 아이들이 순종하여 그들의 바람대로 따르기를 원한다.

It will take a long time for this fruit to reach _____. 이 과일이 익는 데는 오랜 시간이 걸릴 것이다.

Most of the _____ passed the grammar section. 대부분의 지원자들이 문법 부문을 통과했다.

You can make nouns by putting the _____ "ity" after adjectives.
접미사 'ity'를 형용사 뒤에 붙여서 명사를 만들 수 있다.

She kept on thinking about the _____ days. 그녀는 계속해서 지난날에 대해 생각했다.

We have _____ his suggestions into the design. 우리는 그의 제안을 디자인에 반영하였다.

Don't forget to remove the _____ when the party is over.
파티가 끝나면 현수막 제거하는 것을 잊지 마세요.

The board of directors _____ him. 이사회는 그를 소환했다.

The _____ of a country is a group of people who make or change domestic laws.
한 나라의 의회는 자국의 법을 만들거나 개정하는 사람들의 집단이다.

The police showed the search _____ to the owner of the house.
경찰이 집주인에게 수색영장을 보여줬다.

New evidence discovered by him _____ the previous allegations.
그가 발견한 새로운 증거는 이전의 주장들이 잘못되었음을 증명했다.

Mr. Kim has a _____ for treating his employees well.
김씨는 직원들에게 잘해주는 것으로 유명하다.

Your working hours must not _____ 40 hours a week.
근무시간이 일주일에 40시간을 넘으면 안 된다.

_____ is one of the best virtues for civil officials. 청렴결백은 공무원의 최고 덕목 중 하나이다.

I had never seen my sister _____ leaves. 나는 내 여동생이 낙엽을 쓰는 것을 본 적이 없다.

They were proud of the remarkable _____ of such a young player.
그들은 그렇게나 어린 선수의 놀라운 공적을 자랑스러워했다.

Never make a _____ with yourself. 자기 자신과는 절대 타협하지 말아라.

DAY 20
표제어 듣기

761	**mumble** [mʌmbl]	통 웅얼거리다 mumble to oneself 혼잣말로 중얼거리다	
762	**observation** [àbzərvéiʃən]	명 관찰, 관찰 결과 a close observation 면밀한 관찰	명 observatory 천문대, 관측소
763	**liberate** [líbərèit]	통 자유롭게 만들다 liberate a person 사람을 풀어주다	명 liberation 해방　유 set free
764	**rotate** [róuteit]	통 순환하다, 교대하다 rotate crops 작물을 윤작하다	명 rotation 교대, 순환　유 switch
765	**rugged** [rʌ́gid]	형 울퉁불퉁한 a rugged mountain 울퉁불퉁한 산	
766	**sip** [sip]	통 홀짝이며 마시다 sip soup 국을 조금씩 마시다	
767	**hail** [heil]	명 우박, 쏟아지는 것 a hail of bullets 빗발치듯 쏟아지는 총알	
768	**treatise** [tríːtis]	명 논문 a treatise on English literature 영문학 논문	유 thesis
769	**nutritious** [njuːtríʃəs]	형 영양분이 풍부한 nutritious meals 영양분이 풍부한 식사	명 nutrition 영양분　유 nourishing
770	**parlor** [páːrlər]	명 ~점, 영업실 a funeral parlor 장례식장	
771	**primeval** [praimíːvəl]	형 원시 시대의 a primeval forest 원시 밀림	
772	**signify** [sígnəfài]	통 표시하다, 나타내다 signify a difference 차이를 나타내다	명 signification 표시　유 imply
773	**preventive** [privéntiv]	형 예방의 preventive steps 예방 조치	통 prevent 막다
774	**gravitation** [grævətéiʃən]	명 인력, 중력 universal gravitation 만유인력	형 gravitational 인력의
775	**interior** [intíəriər]	형 내부의 interior design 실내 디자인	반 exterior 외부의
776	**mean** [miːn]	형 비열한 통 의미하다 a mean trick 비열한 술책	
777	**parenthesis** [pərénθəsis]	명 괄호 long parenthesies 긴 괄호	복 parentheses
778	**perspective** [pərspéktiv]	명 관점	유 view
779	**muscle** [mʌ́sl]	명 근육 a thigh muscle 허벅지 근육	
780	**asthma** [ǽzmə]	명 천식 severe asthma 심한 천식	형 asthmatic 천식의

✦ 주어진 우리말 문장에 맞도록 알맞은 단어를 넣어 문장을 완성하시오. 정답 p.203

She _____ an apology and left. 그녀는 웅얼거리며 사과하더니 떠나버렸다.

Even though her _____ may be true about some men, they aren't true for all men.
그녀의 관찰 결과는 몇몇 남자들에게는 사실일 수 있지만, 모든 남자들에게 맞는 것은 아니다.

Many people fought to _____ their nation from communism.
많은 사람들이 조국을 공산주의로부터 해방시키기 위해 싸웠다.

The employees in the company will _____ through different sections during the course of
their work. 그 회사 직원들은 일하는 과정 동안 다른 부서들로 순환될 것이다.

The bark of this tree is not _____. 이 나무껍질은 울퉁불퉁하지 않다.

He drank his tea, _____ noisily. 그는 시끄럽게 홀짝거리며 차를 마셨다.

_____ usually consists of balls of ice. 우박은 보통 얼음 덩어리로 이루어져 있다.

I wrote a _____ on English literature for my master's degree.
나는 석사 학위를 위해 영문학 논문을 썼다.

Mothers always try to give tasty and _____ meals to their children.
엄마들은 항상 아이들에게 맛있고 영양분이 풍부한 식사를 주려고 노력한다.

The funeral _____ was crowded with too many people. 장례식장이 무척 많은 사람으로 붐볐다.

We are studying _____ times. 우리는 원시 시대를 연구하고 있다.

The wedding ceremony _____ that they are a couple now.
그 결혼식은 그들이 이제 부부라는 것을 나타낸다.

The organization must take some _____ steps before the disease spreads.
그 기관은 질병이 확산되기 전에 예방 조치를 취해야 한다.

_____ is a force that makes objects move towards each other.
인력은 물체들이 서로에게 움직이도록 하는 힘이다.

Let's do the _____ decorating first. 내부 장식을 먼저 하자.

He used a _____ trick to win the game. 그는 경기에서 이기기 위해 비열한 술책을 썼다.

_____ are a pair of curved marks that you put around words or numbers.
괄호는 단어나 숫자 주위에 넣는 한 쌍의 굽어진 표시이다.

The Oriental _____ may differ from the Occidental one. 동양의 관점은 서양의 관점과 다를 수 있다.

Some men are obsessed with physical exercises to develop their _____.
일부 남자들은 근육을 발달시키기 위해 운동에 집착한다.

People suffering _____ or who are sensitive to heat need special care.
천식을 앓고 있거나 열에 예민한 사람들은 특별한 보살핌이 필요하다.

DAY 20

781	**kindle** [kíndl]	동 불을 붙이다, 밝게 하다 kindle a lamp 램프에 불을 붙이다	
782	**prudent** [prú:dnt]	형 신중한, 조심성 있는 be prudent in ~에 신중하다	부 prudently 신중하게 유 cautious
783	**communism** [kámjunizm]	명 공산주의 the collapse of communism 공산주의의 몰락	반 capitalism 자본주의 참 democracy 민주주의
784	**familiarize** [fəmíljəràiz]	동 친숙하게 하다, 익숙하게 하다 familiarize oneself with ~에 익숙하다	형 familiar 친숙한
785	**necessitate** [nəsésətèit]	동 필요로 하다 necessitate -ing ~하는 것을 필요로 하다	형 necessary 필요한
786	**inventory** [ínvəntɔ̀:ri]	명 재고품, 목록 take an inventory of ~의 목록을 작성하다	
787	**dose** [dous]	명 복용량 the maximum permissible dose 약의 최대 허용량	
788	**secretion** [sikríːʃ ən]	명 분비 the secretion of adrenaline 아드레날린 분비	동 secrete 분비하다 유 discharge
789	**expense** [ikspéns]	명 지출 a low expense 적은 지출	형 expensive 비싼
790	**disapproval** [dìsəprúːvəl]	명 반대, 불승인 in disapproval 반대하여	동 disapprove 반대하다 반 approval 찬성
791	**heighten** [háitn]	동 높게 하다 heighten tension 긴장을 고조시키다	명 height 키, 높이 유 intensify
792	**benefactor** [bénəfæ̀ktər]	명 기부자, 후원자 an anonymous benefactor 익명의 후원자	
793	**mainstream** [méinstrì:m]	형 주류의 명 주류, 대세 mainstream pop art 주류 대중 미술	반 conventional 진부한, 독창성이 결여된
794	**skim** [skim]	동 미끄러져 가다, 훑다 skim pages 페이지를 훑어보다	유 slip
795	**unveil** [ʌnvéil]	동 베일을 벗기다 unveil oneself 정체를 드러내다	유 reveal
796	**deem** [di:m]	동 생각하다, 간주하다 be deemed to do ~한 것으로 간주되다	
797	**ecology** [ikálədʒi]	명 생태학 major in ecology 생태학을 전공하다	유 bionomics
798	**inaccessible** [ìnəksésəbl]	형 접근하기 어려운 an inaccessible mountain 오를 수 없는 산	부 inaccessibly 접근하기 어렵게 유 unapproachable
799	**unlock** [ʌnlák]	동 자물쇠를 열다 unlock a safe 금고를 열다	형 unlockable 열 수 있는 반 lock 자물쇠로 잠그다
800	**dilemma** [dilémə]	명 딜레마, 진퇴양난 face a dilemma 딜레마에 직면하다	형 dilemmatic 딜레마의 유 predicament

✦ 주어진 우리말 문장에 맞도록 알맞은 단어를 넣어 문장을 완성하시오. 정답 p.203

To awaken interest and _____ enthusiasm is the sure way to teach easily and successfully.
흥미를 일깨우고 열정에 불을 붙이는 것은 쉽고 성공적으로 가르치는 분명한 길이다.

I think he is not _____ in his behavior. 나는 그의 행동이 진중하지 않다고 생각한다.

_____ rejects market economies. 공산주의에서는 시장 경제가 거부된다.

To become skillful, you have to _____ yourself with buttons.
능숙해지려면 버튼에 익숙해져야 한다.

The increased traffic is causing traffic jams, which _____ the widening of the road.
늘어난 차량이 교통체증을 낳아 도로를 넓힐 필요가 있다.

I need those _____ estimates right away. 당장 그 재고 산정이 필요합니다.

The _____ is three pills with every meal. 복용량은 끼니마다 세 알씩이다.

Certain liquids are produced in the body by _____. 분비에 의해 몸에서 어떤 액체가 생산된다.

Most companies are trying to lower their _____. 대부분의 회사들은 지출을 낮추려고 노력한다.

He shook his head to express his _____ of her suggestion.
그는 머리를 흔들어 그녀의 제안에 반대한다는 표현을 했다.

The speech made by the president _____ the excitement of the crowd.
대통령의 연설은 관중들의 흥분을 고조시켰다.

This orphanage has many _____. 이 고아원은 많은 후원자들이 있다.

The show wanted to attract a _____ audience. 그 쇼는 주류의 청중을 사로잡고자 했다.

He _____ pages before he read them thoroughly. 그는 정독하기 전에 먼저 페이지를 훑어보았다.

The government will _____ its new policy on North Korea to the public.
정부는 대중들에게 새로운 대북 정책을 공개할 것이다.

I don't understand why everybody _____ her to be honest.
나는 모두 그녀가 정직하다고 간주하는 것을 이해할 수 없다.

She is a graduate student studying _____. 그녀는 생태학을 공부하고 있는 대학원생이에요.

Some forests are still _____. 어떤 숲은 아직도 가까이 가기가 어렵다.

The thief tried to _____ the door, but he failed. 도둑이 문을 열려다 실패했다.

One of the ways to resolve your _____ is to discuss it with your colleague.
너의 딜레마를 해결할 수 있는 방법들 중 하나는 동료와 토론해 보는 것이다.

A 우리말과 같은 뜻이 되도록 빈칸에 들어갈 알맞은 단어를 적으시오.

❶ a PhD _____ (박사 과정을 공부하는 학생, 박사 후보생)

❷ _____ with (~와 합병하다)

❸ _____ days (지난날)

❹ _____ oneself (정체를 드러내다)

❺ be _____ to do (~하여 기쁘다)

❻ have _____ to (~와 관련이 있다)

❼ _____ width (넓이를 측정하다)

❽ reach a _____ (타협에 이르다)

❾ _____ steps (예방 조치)

❿ universal _____ (만유인력)

B 다음 괄호 안의 지시대로 주어진 단어를 변형시키고 그 뜻을 적으시오.

	변형	뜻
❶ unlock (형용사형으로) →	_____	_____
❷ insecure (명사형으로) →	_____	_____
❸ signify (명사형으로) →	_____	_____
❹ inference (동사형으로) →	_____	_____
❺ improvised (동사형으로) →	_____	_____
❻ emit (명사형으로) →	_____	_____
❼ disprove (명사형으로) →	_____	_____
❽ oppose (명사형으로) →	_____	_____
❾ dilemma (형용사형으로) →	_____	_____
❿ exceed (명사형으로) →	_____	_____

C 다음 영영풀이에 해당하는 단어를 보기에서 골라 적으시오.

보기	uphold	primeval	necessitate	shrill	summon
	inaccessible	distract	mean	familiarize	warrant

❶ to make well-acquainted or conversant with something ➔ _____

❷ not accessible; unapproachable ➔ _____

❸ high-pitched and piercing in sound quality ➔ _____

❹ to draw away or divert, as the mind or attention ➔ _____

❺ to call upon to do something specified ➔ _____

❻ guarantee, pledge, or security ➔ _____

❼ of or pertaining to the earliest ages, especially of the world ➔ _____

❽ offensive, selfish, or unaccommodating; nasty; malicious ➔ _____

❾ to make necessary or unavoidable ➔ _____

❿ to support or defend, as against opposition or criticism ➔ _____

D 우리말과 같은 뜻이 되도록 주어진 문장의 빈칸을 완성하시오.

❶ 그들은 값이 알맞은 어떤 집도 구할 수가 없었다.
➔ They couldn't find any _____ houses for them.

❷ 이사회는 그를 소환했다.
➔ The board of directors _____ him.

❸ 근무시간이 일주일에 40시간을 넘으면 안 된다.
➔ Your working hours must not _____ 40 hours a week.

❹ 자기 자신과는 절대 타협하지 말아라.
➔ Never make a _____ with yourself.

❺ 그녀는 웅얼거리며 사과하더니 떠나버렸다.
➔ She _____ an apology and left.

⑥ 이 나무껍질은 울퉁불퉁하지 않다.

→ The bark of this tree is not _____.

⑦ 동양의 관점은 서양의 관점과 다를 수 있다.

→ The Oriental _____ may differ from the Occidental one.

⑧ 우리는 원시 시대를 연구하고 있다.

→ We are studying _____ times.

⑨ 그는 정독하기 전에 페이지를 훑어보았다.

→ He _____ pages before he read them thoroughly.

⑩ 우박은 보통 얼음 덩어리로 이루어져 있다.

→ _____ usually consists of balls of ice.

E 문장의 밑줄 친 부분에 해당하는 유의어 혹은 반의어를 보기에서 골라 적으시오.

보기
capitalism	exterior	disobedient	nourishing	approval
accomplishment	breakthrough	ornamental	argument	cautious

① He shook his head to express his <u>disapproval</u>. 반의어 ↔ _____

② The company suffered a major <u>setback</u> due to the financial crisis.
반의어 ↔ _____

③ <u>Communism</u> rejects market economies. 반의어 ↔ _____

④ Parents want their children to be <u>obedient</u>. 반의어 ↔ _____

⑤ Let's do the <u>interior</u> decorating first. 반의어 ↔ _____

⑥ They were proud of the remarkable <u>achievement</u>. 유의어 = _____

⑦ Korea and Japan are in a <u>dispute</u> over the ownership of Dokdo.
유의어 = _____

⑧ I think he is not <u>prudent</u> in his behavior. 유의어 = _____

⑨ Mothers try to give <u>nutritious</u> meals to their children. 유의어 = _____

⑩ The windows were <u>decorative</u>, so we couldn't open or close them.
유의어 = _____

F 영어발음을 듣고 영어단어를 적은 후, 우리말 뜻을 적으시오.

영어단어
듣고 쓰기

	영어	우리말		영어	우리말
❶	_____	_____	❽	_____	_____
❷	_____	_____	❾	_____	_____
❸	_____	_____	❿	_____	_____
❹	_____	_____	⓫	_____	_____
❺	_____	_____	⓬	_____	_____
❻	_____	_____	⓭	_____	_____
❼	_____	_____	⓮	_____	_____

G 영어문장을 듣고 빈칸에 들어갈 단어를 채워 문장을 완성하시오.

영어문장
듣고 쓰기

❶ Most of the _____ passed the grammar section.

❷ We have _____ his suggestions into the design.

❸ She kept on thinking about the _____ days.

❹ The government will _____ its new policy on North Korea to the public.

❺ I would be _____ to show you our new product.

❻ He always says things that have no _____ to the subject.

❼ It was difficult to _____ the impact of the new policy in a short time.

❽ Never make a _____ with yourself.

❾ The organization must take some _____ steps before the disease spreads.

❿ _____ is a force that makes objects move towards each other.

⓫ The thief tried to _____ the door, but he failed.

⓬ People feel _____ when they start a new relationship.

⓭ The wedding ceremony _____ that they are a couple now.

⓮ The _____ made from the data were very logical.

⓯ The performance was _____, but it was still great.

⓰ This small device can _____ a strong light.

DAY 21
표제어 듣기

801	**temptation** [temptéiʃən]	명 유혹 fall into temptation 유혹에 빠지다	동 tempt 유혹하다 유 enticement
802	**theatrical** [θiǽtrikəl]	형 극장의, 극적인 a theatrical effect 극적인 효과	
803	**edible** [édəbl]	형 식용의 an edible plant 식용 풀	명 edibleness 식용임 반 inedible 먹을 수 없는
804	**provision** [prəvíʒən]	명 공급, 제공 pl. 식량 	동 provide 제공하다
805	**afflict** [əflíkt]	동 괴롭히다 be afflicted with ~에 시달리다	명 affliction 괴롭힘 유 torment
806	**punctual** [pʌ́ŋktʃuəl]	형 시간을 잘 지키는 be punctual in the payment of one's rent 집세를 꼬박꼬박 내다	부 punctually 시간을 엄수하여
807	**savage** [sǽvidʒ]	형 야만적인, 사나운 명 야만인 savage beasts 사나운 맹수들	유 wild
808	**infinite** [ínfənət]	형 무한한 infinite space 무한한 우주	명 infinity 무한 반 finite 유한한
809	**invert** [invə́ːrt]	동 거꾸로 하다 invert the order of ~의 순서를 거꾸로 하다	명 inversion 정반대
810	**recommendation** [rèkəmendéiʃən]	명 추천 on the recommendation of ~의 추천으로	형 recommendatory 추천하는
811	**arouse** [əráuz]	동 깨우다, 자극하다 arouse a desire 욕망을 자극하다	
812	**outstanding** [àutstǽndiŋ]	형 눈에 띄는 an outstanding figure 두드러진 인물	유 remarkable
813	**drain** [drein]	동 배수하다 drain away 물이 빠지다	명 drainage 배수
814	**Mediterranean** [mèdətəréiniən]	형 지중해의, 지중해식의 명 지중해 Mediterranean food 지중해식 음식	
815	**exhale** [ekshéil]	동 숨을 내쉬다 exhale carbonic acid gas 탄산가스를 내뱉다	명 exhalation 내쉬기 반 inhale 숨을 들이쉬다
816	**fluster** [flʌ́stər]	동 어리둥절하게 하다 명 당황 all in a fluster 몹시 당황하여	
817	**hue** [hjuː]	명 색조 pale hues 엷은 빛깔	유 color
818	**motive** [móutiv]	명 동기 an ulterior motive 저의, 숨은 의도	유 motivation
819	**flexibly** [fléksəbli]	부 융통성 있게 flexibly apply 융통성 있게 적용하다	형 flexible 융통성 있는
820	**pessimist** [pésəmist]	명 비관론자 a defensive pessimist 방어적인 비관론자	형 pessimistic 비관적인 반 optimist 낙관론자

✦ 주어진 우리말 문장에 맞도록 알맞은 단어를 넣어 문장을 완성하시오. 정답 p.204

One of the hardest things that I faced was fighting against   .
내가 직면했던 가장 큰 어려움 중에 하나는 유혹과 싸우는 것이었다.

The play was full of   effects. 그 연극은 극적인 효과로 가득 차 있었다.

All the plants in my garden are   . 내 정원에 있는 모든 풀은 식용이에요.

North Korea still needs more   from other countries.
북한은 여전히 다른 나라로부터 받는 식량을 더 많이 필요로 한다.

A number of people in Africa are   with AIDS, which always leads to death in the end.
아프리카에 있는 많은 사람들이 결국 죽음에 이르게 되는 에이즈에 시달린다.

He is always very   for class. 그는 늘 제시간에 수업에 온다.

He has a   temper. 그는 사나운 성격을 가지고 있다.

No country has   resources. 어떤 나라도 무한한 자원을 가지고 있지는 않다.

The girl   the order of the puzzles by mistake. 소녀가 실수로 퍼즐의 순서를 거꾸로 했다.

The school board accepted me on the   of my teacher.
우리 선생님의 추천으로 교육 위원회가 나를 받아줬다.

His recent behavior is suspicious enough to   some doubt.
그의 최근 행동은 의심을 불러 일으키기에 충분히 수상하다.

She is an   actress. 그녀는 눈에 띄는 배우이다.

                    the noodles as soon as they are cooked. 국수가 삶아지자마자 물을 빼세요.

I love the   climate. 나는 지중해 기후가 너무 좋다.

He sat back and deeply   cigarette smoke. 그는 등을 기대고 앉아 담배 연기를 깊게 토해냈다.

He was so   that he didn't know what to do. 그는 너무 당황해서 무얼 해야 할지 몰랐다.

His face took on an unhealthy whitish   . 그의 얼굴은 아픈 듯이 창백한 색을 띠었다.

The   for the killing was not clear. 살인의 동기는 분명하지 않았다.

It is sometimes necessary to apply the rule   . 때때로 규칙을 융통성 있게 적용할 필요가 있다.

He is such a   . 그는 심한 비관론자이다.

DAY 21

821	**tutor** [tjúːtər]	명 가정교사, 과외교사 a resident tutor 입주 가정교사	유 teacher
822	**innovative** [ínəvèitiv]	형 혁신적인, 쇄신적인 innovative techniques 혁신적인 기술	부 innovatively 혁신적으로 유 progressive
823	**prestigious** [prestídʒəs]	형 명성 있는 a prestigious school 명문 학교	명 prestige 명성 유 exalted
824	**fertility** [fəːrtíləti]	명 출산 a fertility rate 출산율	동 fertilize 비옥하게 하다
825	**marvel** [máːrvəl]	동 놀라다 명 놀랄 만한 일 marvel at ~에 놀라다	형 marvelous 놀라운 유 be amazed
826	**risky** [ríski]	형 위험한, 모험적인 risky business 위험 부담이 큰 사업	명 risk 위험 유 dangerous
827	**moody** [múːdi]	형 침울한, 변덕스러운 a moody silence 침울한 침묵	명 mood 기분 반 cheerful 활기찬
828	**operate** [ápərèit]	동 작동하다 operate night and day 밤낮으로 작동하다	
829	**rein** [rein]	명 고삐 with loose reins 고삐를 늦추어, 관대하게	
830	**fragment** [frǽgmənt]	명 파편 in fragments 산산조각이 되어	유 piece
831	**juvenile** [dʒúːvənl｜-nail]	형 청소년의, 어린 명 청소년, 어린이 juvenile crimes 청소년 범죄	유 young
832	**elsewhere** [èlshwéər]	부 다른 곳에 here as elsewhere 다른 경우와 마찬가지로	
833	**innumerable** [injúːmərəbl]	형 셀 수 없이 많은	
834	**painless** [péinlis]	형 무통의 painless childbirth 무통 분만	반 painful 고통스러운
835	**diplomatic** [dìpləmǽtik]	형 외교의 diplomatic relations 외교 관계	명 diplomacy 외교
836	**essentiality** [isènʃiǽləti｜es-]	명 본질 the essentiality of the character 성격의 본질	형 essential 본질적인
837	**finale** [finǽli｜-náːli]	명 마지막 곡, 피날레 grand finale 대미, 대단원	
838	**convention** [kənvénʃən]	명 전통, 관습 a social convention 사회 관습	형 conventional 관습의 유 custom
839	**encyclopedia** [insàikləpíːdiə]	명 백과사전	형 encyclopedical 해박한
840	**ecologist** [ikálədʒist]	명 생태학자	형 ecological 생태학적인

✦ 주어진 우리말 문장에 맞도록 알맞은 단어를 넣어 문장을 완성하시오. 정답 p.204

She is currently working as a resident _____. 그녀는 현재 입주 가정교사로 일하고 있다.

We need some _____ ideas to be successful. 우리는 성공을 위해 혁신적인 생각이 필요하다.

It's one of the most _____ schools in the country. 그것은 그 나라의 최고 명문 학교 중 하나이다.

The low _____ rate in Korea may become a social problem in the future.
한국의 낮은 출산율은 미래에 사회 문제가 될지도 모른다.

Everyone _____ at her courage to become an astronaut.
모두들 우주 비행사가 되려는 그녀의 용기에 놀랐다.

I don't know why people embark on this _____ business.
나는 왜 사람들이 이렇게 위험 부담이 큰 사업에 뛰어드는지 모르겠다.

She is sometimes _____. 그녀는 때때로 변덕스럽다.

We need some experts to _____ the machine.
그 기계를 작동시키기 위해서는 몇 명의 전문가가 필요하다.

His horse leaped up, so he held the _____ tightly. 그는 말이 뛰어오르자 고삐를 꽉 쥐었다.

Be careful not to step on any _____. 파편을 밟지 않도록 조심해라.

The rate of _____ crimes has increased sharply since teenagers started being exposed to violent scenes. 청소년들이 폭력적인 장면에 노출되기 시작한 이후로 청소년 범죄율이 급격히 증가했다.

Look _____ for the answer. 다른 곳에서 답을 찾아라.

The _____ stars in the sky pleased my eyes. 밤하늘 가득한 별들이 나의 눈을 기쁘게 했다.

Acupuncture treatment is usually _____. 침술은 보통 고통이 없다.

North Korea and Japan have not established _____ relations yet.
북한과 일본은 아직 외교 관계를 수립하지 않았다.

Business people understand the _____ of appropriate modes of investment.
사업가들은 적절한 투자 유형의 본질을 이해한다.

All the singers come on stage during the _____. 피날레 중에는 모든 가수들이 무대로 나온다.

It's a worldwide _____ that men don't wear skirts. 남자가 치마를 입지 않는 것은 세계적인 관습이다.

Most children have an _____ in their rooms. 대부분의 아이들은 방에 백과사전이 있다.

It is tough to become an _____. 생태학자가 되는 것은 힘들다.

DAY 22

DAY 22
표제어 듣기

841	**assure** [əʃúər]	통 보증하다, 확신시키다	명 assurance 보증 유 ensure
		feel assured of ~에 대해 확신하다	

842	**compatible** [kəmpǽtəbl]	형 양립할 수 있는, 호환되는	반 incompatible 양립할 수 없는
		compatible theories 양립되는 이론	

843	**abstraction** [æbstrǽkʃən]	명 추상적 개념	형 abstract 추상적인
		with an air of abstraction 넋을 잃고	

844	**optimistic** [àptəmístik]	형 낙천적인	명 optimist 낙천주의자
		an optimistic person 낙천적인 사람	

845	**assert** [əsə́:rt]	통 단언하다, 주장하다	명 assertion 단언 유 declare
		assert one's innocence 결백을 주장하다	

846	**selfless** [sélflis]	형 자기를 돌보지 않는, 이타적인	명 selflessness 사심없음
		selfless service 이타적인 봉사	

847	**violation** [vàiəléiʃən]	명 위반, 위배	유 breach
		the violation of laws 위법	

848	**pursuit** [pərsú:t]	명 추구	통 pursue 추구하다, 뒤쫓다
		the pursuit of happiness 행복의 추구	

849	**irritability** [ìrətəbíləti]	명 성미가 급함, 성급함	형 irritable 성미가 급한
		with irritability 초조하게	

850	**retreat** [ritrí:t]	통 퇴각하다, 철수하다	유 withdraw
		retreat disorderly 무질서하게 퇴각하다	

851	**betray** [bitréi]	통 배반하다	명 betrayal 배반
		betray one's country 나라를 배반하다	

852	**preoccupy** [pri:ákjupài]	통 선취하다, 선점하다	명 preoccupation 선취
		be preoccupied with ~에 몰두하다	

853	**misfortune** [misfɔ́:rtʃən]	명 불운, 불행	유 bad luck
		by misfortune 불행하게도	

854	**faculty** [fǽkəlti]	명 능력, 재능	유 aptitude
		the faculty of speech 언어 능력	

855	**exquisite** [ikskwízit]	형 정교한	명 exquisiteness 정교함 유 delicate
		exquisite work 정교한 작업	

856	**outstay** [àutstéi]	통 ~보다 오래 머무르다	
		outstay one's welcome 오래 머물러서 미움을 사다	

857	**providence** [právədəns]	명 섭리, 신	통 provide 제공하다
		by divine providence 신의 섭리로	

858	**intrude** [intrú:d]	통 방해하다, 침입하다	명 intrusion 강요, 침입
		intrude into a room 방으로 밀고 들어가다	

859	**cling** [kliŋ]	통 들러붙다, 매달리다	유 stick
		cling together 서로 들러붙다	*cling-clung-clung*

860	**groundless** [gráundlis]	형 근거 없는	부 groundlessly 근거 없이
		totally groundless 전혀 근거 없는	

✦ 주어진 우리말 문장에 맞도록 알맞은 단어를 넣어 문장을 완성하시오. 정답 p.204

We _____ all our consumers that the meat is safe to eat.
우리는 모든 소비자들에게 그 고기를 먹어도 안전하다는 것을 보장한다.

The computer program isn't _____ with this operating system.
컴퓨터 프로그램이 이 운영체제와 호환되지 않는다.

It is not worth fighting a big war in the name of an _____ like sovereignty.
주권과 같은 추상적 개념의 이름으로 큰 전쟁을 하는 것은 가치가 없다.

I am fond of _____ people. 나는 낙천적인 사람을 좋아한다.

The accused tried to _____ his innocence. 그 피고인은 자신의 결백을 주장하려고 노력했다.

He devoted his life to his community through his _____ service.
그는 이타적인 봉사로 지역 사회에 일생을 바쳤다.

He insisted that this is a case of a _____ of human rights. 그는 이 사건이 인권 침해라고 주장했다.

Don't spend your whole life in the _____ of pleasure. 쾌락을 추구하면서 인생을 보내지 말라.

Patients often suffered from increased _____ . 환자들은 종종 더 심해진 급한 성미 때문에 고통 받았다.

The commander ordered his troops to _____ . 지휘관이 그의 군대에게 철수하라고 명령했다.

His company trusted him while he _____ it by selling the information.
그가 정보를 팔아 회사를 배반했던 반면에 회사는 그를 믿었다.

The fear of crime _____ the community. 범죄에 대한 공포가 그 지역사회를 점령하였다.

_____ never comes alone. 불행은 절대 혼자 오지 않는다.

His _____ of speech has improved a lot since he took the speech class.
웅변수업을 들은 이후로 그의 언어 능력이 많이 향상되었다.

Everybody was fascinated by his _____ work. 모든 사람들이 그의 정교한 작업에 매료되었다.

The man who wrote a novel _____ all the other guests.
소설을 썼던 그 남자는 다른 어느 손님보다도 오래 체류했다.

Let's do our best and leave the rest to _____ . 최선을 다하고 나머지는 하늘에 맡기자.

The sound of the telephone _____ into his dreams. 전화벨 소리가 그의 꿈을 방해했다.

The woman was rescued while she _____ to the window.
그녀는 창문에 매달린 채로 구조되었다.

His assertion is totally _____ . 그의 주장은 전혀 근거가 없다.

DAY 22

861	**census** [sénsəs]	명 인구 조사
		take a census of ~의 인구 조사를 하다

862	**casualty** [kǽʒuəlti]	명 사상자 유 fatality
		heavy casualties 다수의 사상자

863	**deprive** [dipráiv]	동 빼앗다 유 rob
		be deprived of ~을 빼앗기다

864	**inefficiency** [ìnifíʃənsi]	명 비효율성 형 inefficient 비효율적인 유 ineffectiveness
		the inefficiency of the working process 작업 절차의 비효율성

865	**deplore** [diplɔ́ːr]	동 비탄하다, 애도하다 형 deplorable 통탄할, 비참한
		deplore death 죽음을 애도하다

866	**legislative** [lédʒislèitiv]	형 입법의 명 입법권 동 legislate 법률을 제정하다
		a legislative body 입법부

867	**intake** [íntèik]	명 받아들임, 흡입 유 take in ~을 흡수하다
		an intake of oxygen 산소 흡입

868	**anonymity** [æ̀nəníməti]	명 익명 형 anonymous 익명의
		on the condition of anonymity 익명의 조건으로

869	**masterful** [mǽstərfəl]	형 노련한, 능숙한 부 masterfully 노련하게 유 masterly
		masterful skill 노련한 솜씨

870	**contradict** [kàntrədíkt]	동 부정하다, 반박하다 명 contradiction 부정 유 deny
		contradict one's statement ~의 주장을 부정하다

871	**inaugurate** [inɔ́ːgjurèit]	동 취임시키다 명 inauguration 취임
		be inaugurated as ~로 취임하다

872	**evergreen** [évərgrìːn]	형 상록의 반 deciduous 낙엽성의
		an evergreen tree 상록수

873	**modernist** [mὰdərníst]	명 현대주의자, 근대주의자 형 modern 현대의, 근대의

874	**hospitable** [hάspitəbl]	형 호의적인, 환대하는 명 hospitability 호의 반 inhospitable 불친절한
		a hospitable greeting 호의적인 인사

875	**ambiguous** [æmbígjuəs]	형 모호한 명 ambiguity 모호 유 vague, obscure
		an ambiguous attitude 모호한 태도

876	**elegant** [éləgənt]	형 우아한, 고상한 명 elegance 우아, 고상 반 inelegant 고상하지 않은
		elegant dress 고상한 옷

877	**butt** [bʌt]	명 궁둥이, (담배의) 꽁초
		a cigarette butt 담배 꽁초

878	**glare** [glɛər]	명 섬광, 노려봄 동 빛나다, 노려보다
		give a person a glare ~를 노려보다

879	**denounce** [dináuns]	동 비난하다, 매도하다 명 denouncement 비난 유 condemn
		denounce A for B A를 B에 대해 비난하다

880	**imperial** [impíəriəl]	형 제국의
		an imperial army 제국 군대

✦ 주어진 우리말 문장에 맞도록 알맞은 단어를 넣어 문장을 완성하시오. 정답 p.204

The government has annually taken a _____. 정부는 매년 인구 조사를 해오고 있다.

The number of _____ is not known yet. 사상자의 수는 아직 알려지지 않았다.

They were imprisoned and _____ of their basic rights. 그들은 투옥되어서 기본권을 박탈당했다.

The manager tried to get rid of the _____ in the manufacturing process.
그 감독은 제조 공정의 비효율성을 제거하기 위해 애썼다.

People _____ the death of their leader. 사람들은 지도자의 죽음을 애도했다.

Legislators have the power to make laws in the _____ body.
국회의원들은 입법부에서 법을 만드는 권력을 가지고 있다.

According to the new dietary guidelines, we need a daily _____ of 0.5 grams of sodium.
새로운 식이요법 지침에 따르면 우리는 매일 0.5그램의 나트륨을 섭취해야 한다.

She requests _____. 그녀는 익명을 요청한다.

His skill at making china was _____. 그의 도자기 만드는 솜씨는 노련했다.

It is the fundamental nature of politicians to _____ others' statements.
다른 사람들의 주장을 반박하는 것이 정치인들의 근본적인 본성이다.

My uncle will be _____ as the president of the company next week.
우리 삼촌은 다음 주에 그 회사의 회장으로 취임할 것이다.

Seeing _____ trees makes me feel calm and peaceful.
상록수를 보면 나는 차분하고 평화로워진다.

He is one of the African _____. 그는 아프리카 근대주의자 중 하나이다.

They greeted the newcomers with _____ manners.
그들은 새로 온 사람들을 호의적인 태도로 맞이했다.

The _____ attitude of the president caused serious confusion among the people.
대통령의 모호한 태도는 사람들 사이에 심각한 혼란을 일으켰다.

He is looking for a woman who is tall and _____ to be his girlfriend.
그는 키가 크고 우아한 여성을 여자친구로 찾고 있다.

I will kick his _____ in front of many people. 나는 많은 사람들 앞에서 그의 궁둥이를 걷어찰 거야.

The _____ blinded him. 그는 섬광에 눈이 멀었다.

They _____ the politician for his moral corruption. 그들은 그 정치인의 도덕적 부패를 비난했다.

The _____ army marched into the woods. 그 제국 군대는 숲 안으로 진군했다.

A 우리말과 같은 뜻이 되도록 빈칸에 들어갈 알맞은 단어를 적으시오.

① by ＿＿＿＿＿＿＿＿＿ (불행하게도)

② ＿＿＿＿＿＿＿＿＿ at (～에 놀라다)

③ a ＿＿＿＿＿＿＿＿＿ school (명문 학교)

④ be ＿＿＿＿＿＿＿＿＿ of (～을 빼앗기다)

⑤ on the ＿＿＿＿＿＿＿＿＿ of (～의 추천으로)

⑥ with loose ＿＿＿＿＿＿＿＿＿ (고삐를 늦추어, 관대하게)

⑦ be ＿＿＿＿＿＿＿＿＿ with (～에 시달리다)

⑧ a ＿＿＿＿＿＿＿＿＿ rate (출산율)

⑨ ＿＿＿＿＿＿＿＿＿ night and day (밤낮으로 작동하다)

⑩ totally ＿＿＿＿＿＿＿＿＿ (전혀 근거 없는)

B 다음 괄호 안의 지시대로 주어진 단어를 변형시키고 그 뜻을 적으시오.

	변형	뜻
① infinite (명사형으로)	＿＿＿＿＿＿	＿＿＿＿＿＿
② hospitable (명사형으로)	＿＿＿＿＿＿	＿＿＿＿＿＿
③ contradict (명사형으로)	＿＿＿＿＿＿	＿＿＿＿＿＿
④ temptation (동사형으로)	＿＿＿＿＿＿	＿＿＿＿＿＿
⑤ inefficiency (형용사형으로)	＿＿＿＿＿＿	＿＿＿＿＿＿
⑥ ambiguous (명사형으로)	＿＿＿＿＿＿	＿＿＿＿＿＿
⑦ drain (명사형으로)	＿＿＿＿＿＿	＿＿＿＿＿＿
⑧ ecologist (형용사형으로)	＿＿＿＿＿＿	＿＿＿＿＿＿
⑨ legislative (동사형으로)	＿＿＿＿＿＿	＿＿＿＿＿＿
⑩ anonymity (형용사형으로)	＿＿＿＿＿＿	＿＿＿＿＿＿

C 다음 영영풀이에 해당하는 단어를 보기에서 골라 적으시오.

보기	innumerable	elsewhere	violation	optimistic	risky
	painless	betray	innovative	assure	cling

❶ without pain; causing little or no pain ⇒ _____

❷ the act of breaking a law or rule ⇒ _____

❸ attended with or involving risk; hazardous ⇒ _____

❹ to declare earnestly to; inform or tell positively ⇒ _____

❺ tending to innovate or characterized by innovation ⇒ _____

❻ to adhere closely; stick to ⇒ _____

❼ somewhere else; in or to some other place ⇒ _____

❽ very numerous ⇒ _____

❾ of or pertaining to optimism; hopeful ⇒ _____

❿ to be unfaithful in guarding, maintaining, or fulfilling ⇒ _____

D 우리말과 같은 뜻이 되도록 주어진 문장의 빈칸을 완성하시오.

❶ 그는 사나운 성격을 가지고 있다.
⇒ He has a _____ temper.

❷ 우리는 성공을 위해 혁신적인 생각이 필요하다.
⇒ We need some _____ ideas to be successful.

❸ 다른 곳에서 답을 찾아라.
⇒ Look _____ for the answer.

❹ 생태학자가 되는 것은 힘들다.
⇒ It is tough to become an _____.

❺ 우리는 모든 소비자들에게 그 고기를 먹어도 안전하다는 것을 보장한다.
⇒ We _____ all our consumers that the meat is safe to eat.

⑥ 그녀는 익명을 요청한다.

➡ She requests _____ .

⑦ 그들은 새로 온 사람들을 호의적인 태도로 맞이했다.

➡ They greeted the newcomers with _____ manners.

⑧ 모든 사람들이 그의 정교한 작업에 매료되었다.

➡ Everybody was fascinated by his _____ work.

⑨ 지휘관이 그의 군대에게 철수하라고 명령했다.

➡ The commander ordered his troops to _____ .

⑩ 나는 왜 사람들이 이렇게 위험 부담이 큰 사업에 뛰어드는지 모르겠다.

➡ I don't know why people embark on the _____ business.

E 문장의 밑줄 친 부분에 해당하는 유의어 혹은 반의어를 보기에서 골라 적으시오.

보기	remarkable	fatality	inelegant	condemn	optimist
	incompatible	cheerful	declare	inedible	color

① She is an <u>outstanding</u> actress. 유의어 = _____

② She is sometimes <u>moody</u>. 반의어 ↔ _____

③ The computer program isn't <u>compatible</u> with this operating system.
반의어 ↔ _____

④ All the plants in my garden are <u>edible</u>. 반의어 ↔ _____

⑤ He is looking for a woman who is tall and <u>elegant</u> to be his girlfriend.
반의어 ↔ _____

⑥ People are likely to be <u>pessimists</u> when they realize that they're in trouble.
반의어 ↔ _____

⑦ His face took on an unhealthy whitish <u>hue</u>. 유의어 = _____

⑧ They <u>denounced</u> the politician for his moral corruption. 유의어 = _____

⑨ The accused tried to <u>assert</u> his innocence. 유의어 = _____

⑩ The number of <u>casualties</u> is not known yet. 유의어 = _____

F   영어발음을 듣고 영어단어를 적은 후, 우리말 뜻을 적으시오.

영어단어
듣고 쓰기

영어	우리말		영어	우리말
❶ _____ _____		❽ _____ _____	
❷ _____ _____		❾ _____ _____	
❸ _____ _____		❿ _____ _____	
❹ _____ _____		⓫ _____ _____	
❺ _____ _____		⓬ _____ _____	
❻ _____ _____		⓭ _____ _____	
❼ _____ _____		⓮ _____ _____	

G   영어문장을 듣고 빈칸에 들어갈 단어를 채워 문장을 완성하시오.

영어문장
듣고 쓰기

❶ _____ never comes alone.

❷ Everyone _____ at her courage to become an astronaut.

❸ It's one of the most _____ schools in the country.

❹ They were imprisoned and _____ of their basic rights.

❺ The school board accepted me on the _____ of my teacher.

❻ His horse leaped up, so he held the _____ tightly.

❼ A number of people in Africa are _____ with AIDS, which always leads to death in the end.

❽ The low _____ rate in Korea may become a social problem in the future.

❾ We need some experts to _____ the machine.

❿ His assertion is totally _____.

⓫ No country has _____ resources.

⓬ They greeted the newcomers with _____ manners.

⓭ It is the fundamental nature of politicians to _____ others' statements.

⓮ One of the hardest things that I faced was fighting against _____.

⓯ The manager tried to get rid of the _____ in the manufacturing process.

⓰ The _____ attitude of the president caused serious confusion among the people.

DAY 23

DAY 23
표제어 듣기

881	**abstain** [æbstéin]	통 삼가다	명 abstinence 절제 유 refrain
		abstain from food 단식하다	
882	**shield** [ʃíːld]	통 보호하다, 숨기다	유 protect
		shield a person from danger ~를 위험으로부터 보호하다	
883	**antibody** [ǽntibὰdi]	명 항체	
		antigen-antibody interaction 항원 항체 반응	
884	**despise** [dispáiz]	통 경멸하다	유 look down on
		despise corruption 부패를 경멸하다	
885	**contrivance** [kəntráivəns]	명 계획, 고안물, 계략	유 plan
886	**righteous** [ráitʃəs]	형 옳은	부 righteously 올바르게 유 moral
		a righteous decision 올바른 결정	
887	**paralyze** [pǽrəlàiz]	통 마비시키다	
		be paralyzed in both legs 두 다리가 마비되다	
888	**rot** [rɑt]	통 썩다, 썩이다 명 부패	유 decay
		a heap of rotting leaves 썩은 낙엽 무더기	
889	**acidity** [əsídəti]	명 산도, 신맛	형 acid 신, 산성의 반 alkali 알칼리
		an acidity test 산도 테스트	
890	**visionary** [víʒənèri]	형 공상적인	명 vision 환상
		a visionary person 공상가	
891	**inorganic** [ìnɔːrɡǽnik]	형 무기물의	반 organic 유기체의
		inorganic compounds 무기 화합물	
892	**intact** [intǽkt]	형 손대지 않은, 그대로인	부 intactly 본래대로
		keep intact 손대지 않고 그냥 두다	
893	**radiate** [réidièit]	통 빛을 발하다, 발산하다	명 radiation 방사
		radiate joy 기쁨을 발산하다	
894	**elementary** [èləméntəri]	형 기초의, 초보의	명 element 요소 반 advanced 상급의
		an elementary school 초등학교	
895	**inactive** [inǽktiv]	형 활발하지 않은, 활동하지 않는	부 inactively 활발하지 않게 반 active 활발한
		an inactive volcano 휴화산	
896	**omit** [oumít]	통 생략하다	명 omission 생략
		omit a letter 글자를 생략하다	
897	**telethon** [téləθὰn]	명 (모금을 위한) 장시간의 텔레비전 쇼	
898	**nostalgic** [nɑstǽldʒik]	형 고향을 그리는	명 nostalgia 향수(병)
		a nostalgic melody 향수 어린 멜로디	
899	**hemisphere** [hémisfìər]	명 반구	
		the Southern Hemisphere 남반구	
900	**constraint** [kənstréint]	명 구속, 압박	통 constrain 강제하다
		by constraint 억지로, 무리하게	

✦ 주어진 우리말 문장에 맞도록 알맞은 단어를 넣어 문장을 완성하시오. 정답 p.205

His concern for his health made him decide to _____ from alcohol.
건강에 대한 그의 우려는 그로 하여금 음주를 결심하게 했다.

Why don't you _____ your face with a hat? 얼굴을 모자로 가리는 것이 어때?

_____ detection is not an easy thing. 항체 검측은 쉬운 일이 아니다.

We should not _____ people of different colors. 피부색이 다른 사람들을 경멸해서는 안 된다.

Any _____ can ruin things that have been done naturally.
어떠한 계획이든 자연적으로 되어진 것들을 망칠 수 있다.

His speech contained rules for _____ living. 그의 연설은 올바른 생활에 대한 규율을 포함했다.

The strike by the bus drivers _____ parts of the city. 버스 기사들의 파업으로 시내 곳곳이 마비되었다.

Eating too much sugar can _____ your teeth. 설탕을 너무 많이 먹으면 이빨이 썩는다.

pH is a measure of the _____ of a solution. pH란 용액의 산도를 나타내는 단위이다.

He is such a _____ enthusiast. 그는 다분히 공상적인 열성가이다.

Generally, _____ compounds are considered to originate from mineral.
일반적으로, 무기 화합물은 무기질에서 기원한 것으로 생각된다.

Even though it was built a long time ago, the building remains _____.
그 건물은 오래 전에 지어졌음에도 원형을 유지하고 있다.

Light and heat _____ from the Sun. 빛과 열은 태양으로 부터 발산된다.

A molecule is an _____ particle. 분자는 기초적인 입자이다.

The players were certainly _____ for a long period. 그 선수들은 분명히 오랫동안 활동하지 않았다.

Be careful not to _____ the wrong letter. 엉뚱한 글자를 생략하지 않도록 조심해라.

The TV will show a special _____ to raise money for charity.
TV는 자선 기금 모금을 위한 장시간의 특별 쇼를 방영할 예정이다.

Everyone can become _____ while on foreign soil.
외국 땅에 있을 때는 누구나 고향을 그리워할 수 있다.

Spring in the Northern _____ will come early this year. 올해는 북반구에 봄이 일찍 올 것입니다.

He said he could do it within the time _____. 그는 시간 압박 속에서도 그것을 할 수 있다고 말했다.

DAY 23

901	**consistency** [kənsístənsi]	명 일관성 maintain consistency 일관성을 유지하다	동 consist 이루어지다 반 inconsistency 불일치
902	**immoral** [imɔ́(ː)rəl]	형 부도덕한 immoral conduct 부도덕한 행실	명 immorality 부도덕 반 moral 도덕의
903	**imitation** [ìmətéiʃən]	명 모방, 모조품 give an imitation of ~을 흉내내다	동 imitate 모방하다 유 copy
904	**dividend** [dívədənt]	명 배당(금) dividend payment ratio 이익배당금 지급 비율	유 payout
905	**unintelligible** [ʌnintélidʒəbl]	형 이해하기 어려운 an unintelligible murmur 이해하기 어려운 중얼거림	유 incomprehensible
906	**distinctive** [distíŋktiv]	형 특이한 a distinctive character 특이한 성격	명 distinction 구별 유 unique
907	**measles** [míːzlz]	명 홍역 catch the measles 홍역에 걸리다	형 measly 홍역의
908	**leaky** [líːki]	형 물이 새는, 비밀을 잘 누설하는 a leaky vessel 비밀을 지킬 수 없는 사람	명 leak 새는 구멍, 누출
909	**authoritarian** [əθɔ́ːrətɛ́əriən]	형 권위주의의 명 권위주의자 authoritarian lines 권위주의 노선	
910	**simplification** [sìmpləfikéiʃən]	명 단순화 the simplification of a process 과정의 단순화	동 simplify 단순화하다
911	**authentic** [ɔːθéntik]	형 진정한 an authentic musician 진정한 음악가	동 authenticate 증명하다 유 true
912	**humidity** [hjuːmídəti]	명 습기, 습도 relative humidity 상대 습도	형 humid 습한
913	**underlying** [ʌndərláiiŋ]	형 근원적인 an underlying principle 기본적인 원칙	동 underlie 기초가 되다 유 fundamental
914	**singular** [síŋgjulər]	형 남다른, 단수형의 명 단수형 singular in history 역사상 유례 없는	유 unusual 보통이 아닌
915	**obesity** [oubíːsəti]	명 비만 child obesity 소아 비만	형 obese 비만의
916	**sturdy** [stə́ːrdi]	형 튼튼한	명 sturdiness 억셈 유 robust
917	**descent** [disént]	명 하강 a gradual descent 점진적인 하강	동 descend 내려가다 반 ascent 상승
918	**execute** [éksikjùːt]	동 실행하다, 사형을 집행하다 execute a person for murder ~을 살인죄로 처형하다	유 put to death
919	**disposability** [dispàsəbíləti]	명 일회성, 처분 가능성 convenience and disposability 편의성과 일회성	형 disposable 처분할 수 있는, 일회용의
920	**humility** [hjuːmíləti | hju:-]	명 겸손, 비하 a sense of humility 겸손한 마음	동 humiliate 창피를 주다 유 modesty

✦ 주어진 우리말 문장에 맞도록 알맞은 단어를 넣어 문장을 완성하시오. 정답 p.206

Maintaining _____ in the government's policy is not an easy thing to do.
정부의 정책에서 일관성을 유지하는 것은 쉬운 일이 아니다.

Some _____ food producers have been producing food that is harmful to people's health.
일부 부도덕한 식품 생산자들이 건강에 해로운 식품을 생산해 오고 있다.

The jewels displayed were actually _____. 진열된 보석들은 사실 모조품이었다.

I wonder how much _____ I will be able to take this year.
올해 내가 얼마나 많은 이익배당금을 받게 될지 궁금하다.

She murmured something _____. 그녀는 이해할 수 없는 말을 중얼거렸다.

Some people have _____ characteristics. 어떤 사람들은 특이한 성격을 가졌다.

He has a fever and small red spots that cover his entire body due to the _____.
그는 홍역 때문에 열이 나고 온 몸에 작고 붉은 반점이 있다.

It was due to the _____ water pipe. 그것은 물이 새는 수도관 때문이었다.

My father was a strict _____. 아버지는 엄격한 권위주의자였다.

The _____ of complex numeric data can be shown as a graph.
복잡한 수적 자료의 단순화는 그래프로 보여질 수 있다.

I think my harmonica teacher is an _____ musician.
나는 우리 하모니카 선생님이 진정한 음악인이라고 생각한다.

This area is influenced by the climate of warm temperatures and high _____.
이 지역은 온도가 따뜻하고 습도가 높은 기후의 영향을 받는다.

I think I learned the _____ principles of life. 나는 삶의 기본 원칙을 배웠다고 생각한다.

His behavior has a _____ pattern. 그의 행동은 독특한 패턴을 지닌다.

The consumption of fast food is directly linked with _____ in children.
많은 패스트푸드의 소비는 아이들의 비만과 직접적으로 관련이 있다.

We are very sorry that there are few young _____ athletes in our club.
우리 클럽에 젊고 튼튼한 선수가 거의 없다는 점이 아쉽다.

The plane gradually began its _____ to Japan. 그 비행기는 일본 쪽으로 점차 하강하기 시작했다.

All the people who plotted against the government were _____.
정부에 대항하여 음모를 꾀한 사람들 모두가 사형당했다.

We have to be aware of the _____ of the products we buy.
우리가 사는 물건들의 일회성에 대해 알아야 한다.

_____ is considered a virtue in Korean society. 한국 사회에서는 겸손이 미덕으로 간주된다.

| 921 | **phantom** [fǽntəm] | 명 유령 | 유 ghost |
| | | The Phantom of the Opera 오페라의 유령 | |

| 922 | **wilderness** [wíldərnis] | 명 황야, 황무지 | 유 wasteland |
| | | the barren wilderness 불모의 황무지 | |

| 923 | **avenge** [əvéndʒ] | 동 복수하다 | 유 revenge |
| | | avenge one's father's murder 아버지를 살해한 사람에게 복수하다 | |

| 924 | **metaphor** [métəfɔ:r] | 명 은유 | 형 metaphoric 은유의 반 simile 직유 |

| 925 | **mournfully** [mɔ́:rnfəli] | 부 슬픔에 잠겨 | 형 mournful 슬퍼하는 유 sorrowfully |
| | | droop mournfully 슬픔에 잠겨 고개를 떨구다 | |

| 926 | **interpret** [intə́:rprit] | 동 해석하다, 통역하다 | 명 interpretation 해석, 통역 유 translate |
| | | interpret a thesis 논문을 해석하다 | |

| 927 | **render** [réndər] | 동 ~이 되게 하다 | 유 make |
| | | render A B A로 하여금 B의 상태가 되게 하다 | |

| 928 | **renown** [rináun] | 명 명성 | 유 reputation |
| | | have renown for ~으로 알려져 있다 | |

| 929 | **rusty** [rʌ́sti] | 형 녹슨, 무뎌진 | 명 rust 녹 유 corroded |
| | | a rusty sword 녹슨 칼 | |

| 930 | **formalize** [fɔ́:rməlàiz] | 동 공식화하다 | 명 formalization 공식화 |
| | | formalize an agreement 합의를 공식화하다 | |

| 931 | **shred** [ʃred] | 명 조각 | 형 shredlike 조각 같은 유 piece |
| | | tear to shreds 갈기갈기 찢다 | |

| 932 | **means** [mi:nz] | 명 방법, 수단 | 유 way |
| | | a means of living 생계 수단 | |

| 933 | **objectivity** [àbdʒektívəti] | 명 객관성 | 형 objective 객관적인 반 subjectivity 주관성 |
| | | a lack of objectivity 객관성의 결여 | |

| 934 | **phenomenon** [finámənàn -nən] | 명 현상 | 참 phenomena phenomenon의 복수형 |
| | | the phenomenon of nature 자연 현상 | |

| 935 | **royalty** [rɔ́iəlti] | 명 왕위, 왕족 | 참 loyalty 충성 |

| 936 | **ridicule** [rídikjù:l] | 동 비웃다 | 형 ridiculous 터무니없는 유 laugh at |

| 937 | **practice** [prǽktis] | 명 관행, 관례 | 유 custom |
| | | the practice of shaking hands 악수의 관행 | |

| 938 | **standard** [stǽndərd] | 명 표준 | |
| | | labor standards law 근로 기준법 | |

| 939 | **opposition** [àpəzíʃən] | 명 반대 | 동 oppose 반대하다 |
| | | meet opposition 저항을 받다 | |

| 940 | **ripen** [ráipən] | 동 익다 | 형 ripe 익은 |
| | | ripen into 원숙하다 | |

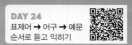

✦ 주어진 우리말 문장에 맞도록 알맞은 단어를 넣어 문장을 완성하시오. 정답 p.206

The _____ of the Opera is a very famous musical. '오페라의 유령'은 매우 유명한 뮤지컬이다.

A _____ is a place that is not used for growing crops or building houses.
황무지는 작물을 재배하거나 집을 짓는 데 사용되지 않는 곳이다.

He said he will _____ his mother's death. 그는 엄마의 죽음에 대한 원수를 갚겠다고 말했다.

In poetry, the rose is often a _____ for love. 시에서 장미는 종종 사랑에 대한 은유이다.

She stood _____ by the gate waving her hand. 그녀는 슬픔에 잠겨 문가에 서서 손을 흔들고 있었다.

My job was to _____ theses. 나의 직업은 논문들을 해석하는 것이었다.

The earthquake, which destroyed hundreds of houses, _____ people homeless.
수백 개의 집을 파괴했던 지진은 사람들로 하여금 집을 잃게 했다.

She has won _____ as a writer. 그녀는 작가로서 명성을 얻었다.

My French is _____. 내 프랑스어 실력이 녹슬었다.

Korea and America _____ an agreement to help North Korea.
한국과 미국은 북한을 돕기로 한 합의를 공식화했다.

She tore the letter into _____. 그녀는 편지를 갈기갈기 찢었다.

I used every _____ to contact him, but it was useless.
나는 그와 연락하기 위해 모든 수단을 사용했지만 소용이 없었다.

You must maintain your _____ to do that job. 당신은 그 일을 하기 위해 객관성을 유지해야만 한다.

This _____ is abnormal. 이 현상은 비정상적인 것이다.

The palaces in Seoul describe the lives of Korean _____ of the Joseon Dynasty.
서울의 궁궐들은 조선 시대의 왕족 생활을 보여준다.

We should always be careful not to _____ others unconsciously.
우리는 무의식적으로 다른 사람들을 비웃지 않도록 항상 조심해야 한다.

This country makes it a _____ to employ more women than men in teaching students.
이 나라는 학생을 가르치는 데 남자보다 여자를 더 많이 고용하는 것을 관행으로 하고 있다.

The company has been an industry _____ since the early 1980s.
그 회사는 1980년대 초부터 업계 표준이 되어 왔다.

His proposals were turned down by the _____. 그의 제안들은 반대에 부딪혀 거절당했다.

The fox was waiting for the apples to _____. 그 여우는 사과가 익기를 기다리고 있었다.

DAY 24

941 **esteem** [istíːm]	몡 존중, 존경 self-esteem 자존심, 자부심	
942 **innovation** [ìnəvéiʃən]	몡 혁신	통 innovate 혁신하다 윤 reform
943 **reestablish** [rìistǽbliʃ]	통 재건하다, 부흥하다 reestablish law and order 법과 질서를 재건하다	몡 reestablishment 재건, 부흥
944 **overactive** [òuvərǽktiv]	혱 활동이 지나친 an overactive imagination 지나친 상상	몡 overactivity 지나친 활동
945 **harmonious** [hɑːrmóuniəs]	혱 조화된, 화목한 a harmonious family 화목한 가정	몡 harmony 조화
946 **akin** [əkín]	혱 혈족의, 유사한 be akin to ~과 유사하다	윤 alike
947 **infect** [infékt]	통 전염시키다 be infected with a disease 질병에 걸리다	몡 infection 전염
948 **enforce** [infɔ́ːrs]	통 강요하다, 시행하다 enforce one's authority 권위를 내세우다	몡 enforcement 강제, 시행 윤 force
949 **dominant** [dɑ́mənənt]	혱 지배적인 the dominant party 제1당	몡 dominance 우월성
950 **avid** [ǽvid]	혱 욕심 많은, 열렬한 be avid for ~을 욕심 내다, ~을 갈망하다	몡 avidity 욕심
951 **resign** [rizáin]	통 사임하다, 그만두다 resign one's job 일을 그만두다	몡 resignation 사임 윤 quit
952 **appealing** [əpíːliŋ]	혱 마음에 호소하는, 호소력 있는 appealing speech 마음에 호소하는 연설	
953 **chock** [tʃɑk]	몡 받침나무, 쐐기 a wheel chock 바퀴 받침나무	
954 **exploration** [èkspləréiʃən]	몡 탐험, 답사 an Antarctic exploration 남극 탐험	통 explore 탐험하다
955 **advocate** [ǽdvəkèit]	통 옹호하다 advocate peace 평화를 옹호하다	몡 advocacy 옹호 윤 support
956 **mutual** [mjúːtʃuəl]	혱 서로의, 공동의 by mutual consent 상호 협의에 의해	붜 mutually 서로 윤 reciprocal
957 **simultaneously** [sàiməltèiniəsli|sim-]	붜 동시에, 일제히	혱 simultaneous 동시에 일어나는
958 **habitation** [hæbitéiʃən]	몡 거주, 거주지 an original habitation 원래 거주지	
959 **cloak** [klouk]	몡 소매 없는 외투, 망토, 가면 under the cloak of charity 자선이란 가면을 쓰고	
960 **recipient** [risípiənt]	몡 수상자, 수령인 the recipient of an honor 명예상 수상자	

✦ 주어진 우리말 문장에 맞도록 알맞은 단어를 넣어 문장을 완성하시오. 정답 p.205

Helen Keller is held in high   throughout the world. 헬렌 켈러는 전 세계에서 높이 존경 받는다.

                          is needed for a company to survive. 회사가 생존하기 위해서는 혁신이 필요하다.

He has made lots of efforts to   his company for many years.
그는 수년 동안 그의 회사를 재건하기 위해 많은 노력을 해 왔다.

His imagination is   sometimes. 그의 상상은 때때로 지나치다.

The room was painted in   colors. 그 방은 조화로운 색으로 칠해졌다.

Listening to his life story is   to reading an adventure novel.
그의 일생에 관한 이야기를 듣는 것은 모험 소설을 읽는 것과 같다.

She is afraid that the birds might be   with diseases.
그녀는 새들이 질병에 걸릴까 봐 두려워한다.

To strictly   rules may cause riots. 규칙을 엄격하게 강요하면 폭동이 일어날 수 있다.

Opinions against the policy hold a   position. 그 정책에 반대하는 의견이 우위를 차지했다.

He was   for fame. 그는 명성을 갈망했다.

The minister was forced to   . 그 장관은 사임하도록 강요당했다.

Her speech was not   at all. 그녀의 연설은 전혀 호소력이 없었다.

A   is used to prevent a heavy object from sliding or rolling.
받침나무는 무거운 물체가 미끄러지거나 구르는 것을 막기 위해 사용된다.

Making an   of an unknown country will be really interesting.
알려지지 않은 나라를 탐험하는 것은 정말로 흥미로울 것이다.

They   free trade. 그들은 자유 무역을 지지했다.

There was   mistrust between the two countries. 두 나라 간에는 서로에 대한 불신이 있었다.

My friend and I   finished the project. 내 친구와 나는 동시에 프로젝트를 끝냈다.

We can't find any signs of   in the house unfit for people to live.
우리는 이 집에서 사람이 살기에 부적합한 거주의 흔적을 찾을 수 없다.

His   kept slipping off. 그의 망토가 자꾸 벗겨졌다.

She is one of the   of the prizes. 그녀는 수상자 중 한 명이다.

A 우리말과 같은 뜻이 되도록 빈칸에 들어갈 알맞은 단어를 적으시오.

❶ be _____ to (~과 유사하다)

❷ give an _____ of (~을 흉내 내다)

❸ _____ A B (A로 하여금 B의 상태가 되게 하다)

❹ _____ from food (단식하다)

❺ have _____ for (~으로 알려져 있다)

❻ the barren _____ (불모의 황무지)

❼ keep _____ (손대지 않고 그냥 두다)

❽ the Southern _____ (남반구)

❾ labor _____ law (근로 기준법)

❿ be _____ for (~을 욕심 내다, ~을 갈망하다)

B 다음 괄호 안의 지시대로 주어진 단어를 변형시키고 그 뜻을 적으시오.

	변형	뜻
❶ acidity (형용사형으로) →		
❷ opposition (동사형으로) →		
❸ resign (명사형으로) →		
❹ measles (형용사형으로) →		
❺ simplification (동사형으로) →		
❻ humidity (형용사형으로) →		
❼ obesity (형용사형으로) →		
❽ ripen (형용사형으로) →		
❾ humility (동사형으로) →		
❿ shred (형용사형으로) →		

C 다음 영영풀이에 해당하는 단어를 보기에서 골라 적으시오.

보기	constraint	righteous	ridicule	omit	interpret
	despise	distinctive	visionary	execute	authentic

① to deride; make fun of → _____

② to regard with contempt, distaste, disgust, or disdain; scorn → _____

③ to carry out; accomplish → _____

④ to give or provide the meaning of; explain; explicate → _____

⑤ not false or copied; genuine; real → _____

⑥ serving to distinguish; characteristic; making as different → _____

⑦ unreal; imaginary → _____

⑧ limitation or restriction → _____

⑨ characterized by uprightness or morality → _____

⑩ to leave out; fail to include or mention → _____

D 우리말과 같은 뜻이 되도록 주어진 문장의 빈칸을 완성하시오.

① 내 프랑스어 실력이 녹슬었다.
→ My French is _____.

② 얼굴을 모자로 가리는 것이 어때?
→ Why don't you _____ your face with a hat?

③ 빛과 열은 태양으로부터 발산된다.
→ Light and heat _____ from the Sun.

④ 그녀의 연설은 전혀 호소력이 없었다.
→ Her speech was not _____ at all.

⑤ 나의 친구와 나는 동시에 프로젝트를 끝냈다.
→ My friend and I _____ finished the project.

⑥ 회사가 생존하기 위해서는 혁신이 필요하다.

➡ _____ is needed for a company to survive.

⑦ 시에서 장미는 종종 사랑에 대한 은유이다.

➡ In poetry, the rose is often a _____ for love.

⑧ 이 현상은 비정상적인 것이다.

➡ This _____ is abnormal.

⑨ 그녀는 슬픔에 잠겨 문가에 서서 손을 흔들고 있었다.

➡ She stood _____ by the gate waving her hand.

⑩ 그것은 물이 새는 수도관 때문이었다.

➡ It was due to the _____ water pipe.

E 문장의 밑줄 친 부분에 해당하는 유의어 혹은 반의어를 보기에서 골라 적으시오.

보기	advanced	subjectivity	incomprehensible	fundamental	active
	inconsistency	custom	ascent	decay	moral

① The players were certainly underlined inactive for a long period. 반의어 ↔ _____

② A molecule is an elementary particle. 반의어 ↔ _____

③ The plane gradually began its descent to Japan. 반의어 ↔ _____

④ Maintaining consistency in the government's policy is not an easy thing to do.
반의어 ↔ _____

⑤ Some immoral food producers have been producing food that is harmful to people's health. 반의어 ↔ _____

⑥ You must maintain your objectivity to do that job. 반의어 ↔ _____

⑦ This country makes it a practice to employ more women than men in teaching students. 유의어 = _____

⑧ Eating too much sugar can rot your teeth. 유의어 = _____

⑨ I think I learned the underlying principles of life. 유의어 = _____

⑩ She murmured something unintelligible. 유의어 = _____

F 영어발음을 듣고 영어단어를 적은 후, 우리말 뜻을 적으시오.

	영어	우리말		영어	우리말
❶	_____	_____	❽	_____	_____
❷	_____	_____	❾	_____	_____
❸	_____	_____	❿	_____	_____
❹	_____	_____	⑪	_____	_____
❺	_____	_____	⑫	_____	_____
❻	_____	_____	⑬	_____	_____
❼	_____	_____	⑭	_____	_____

G 영어문장을 듣고 빈칸에 들어갈 단어를 채워 문장을 완성하시오.

❶ Listening to his life story is _____ to reading an adventure novel.

❷ The jewels displayed were actually _____.

❸ The earthquake, which destroyed hundreds of houses, _____ people homeless.

❹ His concern for his health made him decide to _____ from alcohol.

❺ She has won _____ as a writer.

❻ A _____ is a place that is not used for growing crops or building houses.

❼ Even though it was built a long time ago, the building remains _____.

❽ Spring in the Northern _____ will come early this year.

❾ The company has been an industry _____ since the early 1980s.

❿ He was _____ for fame.

⑪ pH is a measure of the _____ of a solution.

⑫ His proposals were turned down by the _____.

⑬ The minister was forced to _____.

⑭ He has a fever and small red spots that cover his entire body due to the _____.

⑮ The _____ of complex numeric data can be shown as a graph.

⑯ This area is influenced by the climate of warm temperatures and high _____.

961 **immortality** [ìmɔːrtǽləti]	명 불멸 God's immortality 신의 불멸성	형 immortal 불멸의　반 mortality 죽을 운명
962 **physiologist** [fìziálədʒist]	명 생리학자 become a physiologist 생리학자가 되다	형 physiological 생리학의
963 **conception** [kənsépʃən]	명 개념 conception of life 인생관	형 conceptional 개념의　유 thought
964 **scholastic** [skəlǽstik]	형 학교의, 학자의 a scholastic spirit 학구적인 정신	명 scholar 학자
965 **resort** [rizɔ́ːrt]	명 의지　통 의지하다 without resort to ~에 의지하지 않고	
966 **facilitate** [fəsílətèit]	통 촉진하다 facilitate change 변화를 촉진하다	형 facilitative 촉진하는　유 speed
967 **obstinate** [ábstənət]	형 완고한 an obstinate person 완고한 사람	명 obstinacy 완고함
968 **unconditional** [ʌ̀nkəndíʃənl]	형 무조건의, 절대적인 an unconditional surrender 무조건적인 항복	부 unconditionally 무조건적으로　반 conditional 조건의
969 **peer** [piər]	명 동등한 사람, 또래 have no peer 필적할 자가 없다	유 fellow
970 **naughty** [nɔ́ːti]	형 개구쟁이의 a naughty boy 장난꾸러기 소년	
971 **Occidental** [àksədéntl]	형 서양의 Occidental civilization 서양 문명	명 Occident 서양　반 Oriental 동양의
972 **immediate** [imíːdiət]	형 즉각의 an immediate response 즉각적인 반응	부 immediately 즉각적으로
973 **proficient** [prəfíʃənt]	형 능숙한　명 숙련자 a proficient driver 능숙한 운전자	명 proficiency 능숙　유 skillful
974 **undermine** [ʌ̀ndərmáin]	통 손상시키다, 위태롭게 하다	유 weaken
975 **pinpoint** [pínpɔ̀int]	통 위치를 정확하게 나타내다　명 핀 끝 pinpoint the spot on a map 지도에 정확한 지점을 나타내다	
976 **chariot** [tʃǽriət]	명 전차 a fire chariot 불의 전차	
977 **differentiate** [dìfərénʃièit]	통 구별짓다 differentiate A from B A를 B와 구별하다	명 difference 차이　유 distinguish
978 **liken** [láikən]	통 비유하다 be likened to ~에 비유되다	명 likeness 비유　반 contrast 대조하다
979 **rebel** [ribél]	통 반항하다, 반역하다 rebel against authority 권위에 대항하다	
980 **induce** [indjúːs]	통 권유하다, 야기하다 an illness induced by overwork 과로에 의한 병	명 inducement 권유　유 cause

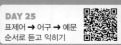

✦ 주어진 우리말 문장에 맞도록 알맞은 단어를 넣어 문장을 완성하시오. 정답 p.206

Some people believe in the _____ of the soul. 어떤 사람들은 영혼의 불멸을 믿는다.

My mother's dream was to become a _____. 엄마의 꿈은 생리학자가 되는 것이었다.

He should have a clear _____ of the plan since he is the leader.
그는 지도자이니 그 계획에 대한 명확한 개념을 가지고 있어야 한다.

My friend Nicole is full of a _____ spirit. 내 친구 니콜은 학구적인 정신으로 가득 차 있다.

Talk calmly without _____ to threats. 협박하려 하지 말고 조용히 말해라.

Accepting a market economy has _____ change in the Chinese government.
시장경제를 받아들인 것이 중국 정부에 변화를 촉진시켜 왔다.

It's difficult to persuade an _____ person. 완고한 사람을 설득하기는 어렵다.

We should realize the fact that parents give us _____ love.
우리는 부모님들이 우리에게 무조건적인 사랑을 준다는 사실을 깨달아야 한다.

Teenagers place great importance on their _____ group.
십대들은 그들의 또래 집단을 매우 중요하게 생각한다.

My nephew is a _____ boy. 내 조카는 장난꾸러기 소년이다.

With regards to culture, an Oriental mind works differently from that of an _____ one.
문화적 측면에서 동양의 정신은 서양의 그것과 다르게 작용한다.

Cats are good at showing _____ responses. 고양이는 즉각적인 반응을 잘 보인다.

There are many students in our class who are _____ in several languages.
우리 반에는 몇 개 국어에 능숙한 학생들이 많이 있다.

It _____ our confidence in the government. 그것은 정부에 대한 우리의 신뢰를 훼손했다.

I can't _____ the error. 나는 잘못을 정확히 지적할 수 없다.

Apollo, a Greek god, is often seen in a fire _____ in paintings.
그리스 신인 아폴로는 그림에서 불의 전차를 타고 있는 모습으로 종종 보여진다.

We should know how to _____ good from bad. 우리는 선과 악을 구별하는 법을 알아야 한다.

Their friendship is _____ to a sturdy bridge. 그들의 우정은 견고한 다리에 비유된다.

My students never _____ against me. 우리 학생들은 절대 나에게 반항하지 않는다.

They are drugs which _____ sleep. 그것들은 수면을 유도하는 약이다.

DAY 25

981	**rearrangement** [rìːəréindʒmənt]	명 재배열 a genetic rearrangement 유전자 재배열
982	**lease** [liːs]	통 임차하다 by lease 임차로
983	**rigid** [rídʒid]	형 엄격한 … 부 rigidly 엄격하게 … 반 flexible 융통성 있는 a rigid discipline 엄격한 규율
984	**plentiful** [pléntifəl]	형 많은 … 반 scarce 부족한 a plentiful harvest 풍작
985	**hollow** [hálou]	형 속이 빈 … 유 empty a hollow tree 속이 빈 나무
986	**audible** [ɔ́ːdəbl]	형 들리는 … 명 audibility 들을 수 있음 … 반 inaudible 들리지 않는 an audible sound 들을 수 있는 소리
987	**insignificant** [ìnsiɡnífikənt]	형 대수롭지 않은 … 명 insignificance 무의미 an insignificant case 대수롭지 않은 사건
988	**crave** [kreiv]	통 갈망하다 … 유 long for crave water 물을 마시고 싶다
989	**regulatory** [réɡjulətɔ̀ːri]	형 조절하는, 규정하는 regulatory procedures 조정 절차
990	**punctuate** [pʌ́ŋktʃuèit]	통 강조하다, 중단시키다 punctuate one's remark with gestures 몸짓으로 이야기를 강조하다
991	**minimal** [mínəməl]	형 최소의 … 명 minimum 최소 at a minimal cost 최소한의 비용으로
992	**torch** [tɔːrtʃ]	명 횃불 the Olympic torch 올림픽 성화
993	**bliss** [blis]	명 행복
994	**impure** [impjúər]	형 불결한 … 명 impureness 불결 … 반 pure 순수한 impure water 더러운 물
995	**displease** [displíːz]	통 불쾌하게 하다 … 반 please 기쁘게 하다 be displeased by ~ 때문에 불쾌하다
996	**impulsive** [impʌ́lsiv]	형 충동적인, 감정에 끌린 … 부 impulsively 충동적으로 an impulsive man 충동적인 사람
997	**opportunity** [àpərtʃúːnəti]	명 기회 … 유 chance take an opportunity 기회를 잡다
998	**daze** [deiz]	명 멍한 상태 be in a daze 멍하게 있다
999	**discourse** [dískɔːrs]	명 강연, 담화 통 강연하다 … 유 lecture a discourse on ~에 관한 강연
1000	**ethos** [íːθɑs]	명 기풍, 정신 an ethos of public service 사회 봉사 정신

◆ 주어진 우리말 문장에 맞도록 알맞은 단어를 넣어 문장을 완성하시오. 정답 p.206

Atomic _____ can change the property of matter. 원자의 재배열은 물질의 속성을 바꿀 수 있다.

How much is it to _____ the equipment? 그 장비를 임차하는 데 얼마나 들죠?

Our school principal is unpopular due to the fact that he enforces _____ discipline.
우리 학교 교장 선생님은 엄격한 규율을 강요한다는 사실 때문에 인기가 없다.

His book is a _____ source of inspiration. 그의 책은 영감의 풍부한 원천이다.

Her words sounded _____ to my ears. 그녀의 말들은 내 귀에 공허하게 들렸다.

She lowered her voice until it was barely _____. 그녀는 겨우 들릴 만하게 목소리를 낮췄다.

She treats an _____ case as if it were a very important one.
그녀는 대수롭지 않은 사건을 마치 중요한 사건인 것처럼 다룬다.

Every child _____ their parents' affection. 모든 아이들은 부모님의 애정을 갈망한다.

The _____ agency makes sure that an area of business is operating fairly.
조정 기관은 비즈니스의 한 영역이 공정하게 운영되고 있는지 확인한다.

He _____ his remark with powerful gestures. 그는 그의 이야기를 강한 몸짓으로 강조했다.

It can be done at a _____ cost. 최소한의 비용으로 그 일을 할 수 있다.

The protester bothered the athlete who was carrying the Olympic _____.
그 시위자는 올림픽 성화를 봉송하는 선수를 방해했다.

Ignorance is _____. 모르는 게 약이다.

The _____ water gave them stomachaches, so the students had to be hospitalized.
더러운 물이 복통을 일으켜 학생들은 입원해야만 했다.

Nothing _____ me more than loud talking. 큰 소리로 이야기하는 것보다 나를 더 불쾌하게 하는 건 없다.

He tried to defend himself by saying it was nothing but an _____ action.
그는 충동적인 행동에 불과했다고 말하면서 그 자신을 보호하려 애썼다.

I had an _____ to go abroad to study. 나는 외국에 가서 공부할 기회를 얻었다.

She was in a _____ for a while after she woke up. 그녀는 일어난 후에 한동안 멍하게 있었다.

All the students should attend the _____ on Korean history in English.
모든 학생들은 영어로 진행되는 한국 역사에 관한 강연에 참석해야 한다.

The new leadership will help build a lasting _____ of clean government.
새로운 리더십이 깨끗한 정부의 지속적인 기풍을 만드는 데 도움을 줄 것이다.

DAY 26

DAY 26
표제어 듣기

1001	**compensate** [kámpənsèit]	통 보상하다 명 compensation 보상 유 make up for compensate for a loss 손실을 보상하다
1002	**outgoing** [áutgòuiŋ]	형 외향성의 an outgoing person 외향적인 사람
1003	**disciple** [disáipl]	명 제자
1004	**alteration** [ɔ̀:ltəréiʃən]	명 변경, 개조 통 alter 유 change make an alteration 변경하다, 개조하다
1005	**bully** [búli]	명 약자를 괴롭히는 사람 통 괴롭히다, 겁주다 be a bully 약자를 못살게 굴다
1006	**peel** [pi:l]	통 벗기다 peel a banana 바나나 껍질을 벗기다
1007	**transmit** [trænsmít]	통 보내다 명 transmission 전달 유 send transmit a file 파일을 전송하다
1008	**allot** [əlát]	통 분배하다 명 allotment 분배 유 distribute allot food to people 사람들에게 음식을 분배하다
1009	**revise** [riváiz]	통 수정하다 명 revision 수정 유 change a revised edition 개정판
1010	**torrent** [tɔ́:rənt]	명 급류, 억수 형 torrential 급류의 in torrents 억수 같이
1011	**preface** [préfis]	명 서문 write a preface to a book 책에 서문을 쓰다
1012	**inhumane** [ìnhju:méin]	형 무자비한 부 inhumanely 무자비하게 유 cruel inhumane treatment 무자비한 대우
1013	**regional** [rí:dʒənl]	형 지역의 명 region 지역 regional development 지역 개발
1014	**artisan** [á:rtəzən]	명 장인, 공예가 유 craftsman a skilled artisan 숙련된 장인
1015	**personnel** [pə̀:rsənél]	형 직원의, 인사의 명 전직원 유 employees a personnel division 인사과
1016	**manipulate** [mənípjulèit]	통 교묘하게 다루다, 조작하다 manipulate public opinion 여론을 조작하다
1017	**equate** [ikwéit]	통 같게 하다 유 equal equate A to B A를 B와 동일시하다
1018	**drastic** [dræstik]	형 격렬한 부 drastically 격렬하게 drastic change 급격한 변화
1019	**locomotive** [lòukəmóutiv]	명 기관차 명 locomotion 이동(력) a steam locomotive 증기 기관차
1020	**merge** [mə:rdʒ]	통 합병하다 merge two companies 두 회사를 합병하다

✦ 주어진 우리말 문장에 맞도록 알맞은 단어를 넣어 문장을 완성하시오. 정답 p.207

They gave him a gift certificate to _____ him for his trouble.
그들은 그의 고생을 보상하기 위해 그에게 상품권을 주었다.

_____ people are generally popular. 외향적인 사람들은 일반적으로 인기가 있다.

One of my _____ had gone abroad to study more.
내 제자들 중에 한 명이 공부를 더 하기 위해 유학을 갔다.

Faulty clothing _____ makes me upset. 잘못된 의류 수선은 나를 화나게 한다.

_____ are actually big cowards. 약자를 괴롭히는 사람들은 실제로는 심한 겁쟁이들이다.

She was _____ the orange. 그녀는 오렌지 껍질을 벗기고 있었다.

The computer failed to _____ the files. 그 컴퓨터는 파일을 전송하는 데 실패했다.

The donor _____ the food to the poor. 그 기증자는 음식을 가난한 자들에게 분배했다.

The editor asked the author to _____ the paragraph he didn't like.
그 편집자는 작가에게 맘에 안 드는 문단을 수정할 것을 요청했다.

It rained in _____ yesterday. 어제는 비가 억수같이 내렸다.

In his _____, he thanked all the people who had helped him.
서문에서 그는 도움을 준 모든 사람들에게 감사했다.

The cattle ranchers' _____ treatment of the animals angered many people.
동물에 대한 목축업자들의 무자비한 대우는 많은 사람들을 화나게 했다.

The government announced a new policy regarding _____ development.
정부가 지역 개발과 관련된 새로운 정책을 발표했다.

It is certain that _____ were the dominant producers before the Industrial Revolution.
산업 혁명 전 장인들이 지배적인 생산자였다는 것은 분명하다.

I met the _____ manager of the big IT company. 나는 큰 IT 회사의 인사부장을 만났다.

He claims that the government _____ public opinion to get some political advantages.
그는 정부가 정치적 이득을 얻기 위해 여론을 조작했다고 주장한다.

We can't _____ today's suppression to that of 1960s.
우리는 지금의 압제를 1960년대의 그것과 동일시할 수 없다.

Every day, the world is going through _____ changes. 매일 세계는 급격한 변화를 겪고 있다.

Steam _____ are not used any longer. 증기 기관차는 더 이상 사용되지 않는다.

They've started negotiations to _____ the two companies.
그들은 두 개의 회사를 합병하기 위한 협상을 시작했다.

DAY 26

1021	**exemplary** [igzémpləri]	형 모범적인 exemplary behavior 모범적인 행실	명 exemplar 모범
1022	**barrow** [bǽrou]	명 손수레 push a barrow 손수레를 밀다	
1023	**fond** [fɑnd]	형 좋아하는 be fond of ~을 좋아하다	부 fondly 다정하게
1024	**backbone** [bǽkbòun]	명 중추 the backbone of a country 국가의 중추	
1025	**optimal** [áptəməl]	형 최선의, 최적의 maintain optimal physical condition 최적의 신체 상태를 유지하다	부 optimally 최적으로
1026	**cornea** [kɔ́ːrniə]	명 각막 a cornea transplant 각막 이식	
1027	**wreath** [riːθ]	명 화관 a laurel wreath 월계관	유 bouquet
1028	**cordial** [kɔ́ːrdʒəl]	형 진심의	명 cordiality 진심
1029	**intent** [intént]	명 의도, 목적 criminal intent 범죄 목적	동 intend 의도하다 유 intention
1030	**incentive** [inséntiv]	명 격려, 자극, 장려금 형 장려하는 an incentive wage system 장려 임금제	유 inducement 장려
1031	**accountable** [əkáuntəbl]	형 책임이 있는, 설명할 수 있는 be accountable for ~에 책임이 있다	동 account 설명하다
1032	**laughable** [lǽfəbl]	형 우스운, 재미있는 laughable jokes 우스운 농담	부 laughably 재미있게 유 ridiculous
1033	**comparable** [kámpərəbl]	형 유사한 be comparable to ~에 필적하다, ~와 유사하다	명 comparison 비교
1034	**horrible** [hɔ́ːrəbl]	형 무서운 a horrible sight 무서운 광경	명 horror 공포 유 horrific
1035	**elicit** [ilísit]	동 도출하다 elicit a strong reaction 강한 반응을 도출하다	유 bring about
1036	**martial** [máːrʃəl]	형 군사의, 전쟁의, 호전적인 martial spirit 군기	유 military 군의
1037	**glorify** [glɔ́ːrəfài]	동 찬미하다, 찬송하다 glorify God 신을 찬양하다	명 glorification 찬미 유 adore
1038	**punishment** [pʌ́niʃmənt]	명 처벌	동 punish 벌하다 유 penalty
1039	**disillusion** [dìsilúːʒən]	동 환멸을 느끼게 하다 명 환멸 be disillusioned with ~에 환멸을 느끼다	형 disillusive 환멸하는
1040	**auditor** [ɔ́ːdətər]	명 회계 감사원 a job opening for an auditor 회계 감사원 공석	

✦ 주어진 우리말 문장에 맞도록 알맞은 단어를 넣어 문장을 완성하시오. 정답 p.207

Her behavior was   . 그녀의 행실은 모범적이었다.

The farmer was pushing a   with compost in it. 농부는 퇴비를 실은 손수레를 밀고 있었다.

I am   of watching TV programs. 나는 TV 프로그램 보는 것을 좋아한다.

Agriculture, which forms the   of the rural economy, is very important.
시골 경제의 중추를 이루는 농업은 아주 중요하다.

This region has   conditions for rafting. 이 지역은 래프팅 하기에 최적의 조건을 갖추었다.

His eyes had an adhesion between the iris and the   .
그의 눈은 홍채와 각막 사이에 유착이 있었다.

He put a   on her head like it was a crown. 그는 그녀의 머리 위에 왕관처럼 화관을 얹었다.

Her words were more   than her friend's. 그녀의 말은 그녀의 친구 말보다 더 진심이었다.

His   was to destroy my reputation. 그의 의도는 나의 명성을 망치는 것이었다.

The new legislation offers   to encourage childbirth.
새로운 법안은 출산을 장려하기 위해 장려금을 제공한다.

Every person is   for his own work. 모든 사람은 자기 일에 책임이 있다.

The man's joke was pretty   . 그 남자의 농담은 꽤나 우스웠다.

The numerical value shown in the report is   to that of the OECD countries.
보고서에 있는 수치는 OECD 국가들의 수치에 견줄 만하다.

The boy woke up in the middle of the night because of a   nightmare.
그 소년은 무서운 악몽 때문에 한밤중에 잠에서 깨었다.

His speech about the new policy   much criticism from many people.
새로운 정책에 대한 그의 연설이 많은 사람들에게 비난을 받았다.

The   spirit has been roused greatly. 군기가 크게 고취되었다.

They   the Creator. 그들은 창조주를 찬미했다.

The   that I received was unfair. 내가 받았던 처벌은 불공평했다.

If future actions destroy our environment, people will become   with the
government. 만약 미래의 방책들이 환경을 파괴한다면 사람들은 정부에 환멸을 느끼게 될 것이다.

We will ask some outsider   to review our company's accounting practices.
우리는 외부 회계 감사원들에게 회사의 회계 관행을 검토해 달라고 요청할 것이다.

A 우리말과 같은 뜻이 되도록 빈칸에 들어갈 알맞은 단어를 적으시오.

① an _____ surrender (무조건적인 항복)

② a laurel _____ (월계관)

③ be _____ with (~에 환멸을 느끼다)

④ an _____ wage system (장려 임금제)

⑤ be _____ to (~에 비유되다)

⑥ a _____ boy (장난꾸러기 소년)

⑦ be a _____ (약자를 못살게 굴다)

⑧ a steam _____ (증기 기관차)

⑨ _____ two companies (두 회사를 합병하다)

⑩ be _____ to (~에 필적하다, ~와 유사하다)

B 다음 괄호 안의 지시대로 주어진 단어를 변형시키고 그 뜻을 적으시오.

	변형	뜻
① accountable (동사형으로) →	_____	_____
② induce (명사형으로) →	_____	_____
③ revise (명사형으로) →	_____	_____
④ differentiate (명사형으로) →	_____	_____
⑤ transmit (명사형으로) →	_____	_____
⑥ proficient (명사형으로) →	_____	_____
⑦ facilitate (형용사형으로) →	_____	_____
⑧ scholastic (명사형으로) →	_____	_____
⑨ obstinate (명사형으로) →	_____	_____
⑩ minimal (명사형으로) →	_____	_____

C 다음 영영풀이에 해당하는 단어를 보기에서 골라 적으시오.

보기	resort	rebel	horrible	martial	plentiful
	peer	displease	laughable	intent	equate

❶ to be unpleasant; cause displeasure ➡ _____

❷ existing in great plenty ➡ _____

❸ to state the equality of or between ➡ _____

❹ causing or tending to cause horror; shockingly dreadful ➡ _____

❺ something that is intended; purpose; design; intention ➡ _____

❻ inclined or disposed to war; warlike ➡ _____

❼ causing laughter; funny; amusing ➡ _____

❽ something or someone turned to for assistance or security ➡ _____

❾ to reject, resist, or rise in arms against one's government or ruler ➡ _____

❿ a person who is equal to another in abilities, qualifications, age, background, and social status ➡ _____

D 우리말과 같은 뜻이 되도록 주어진 문장의 빈칸을 완성하시오.

❶ 그녀의 행동은 모범적이었다.

➡ Her behavior was _____.

❷ 최소한의 비용으로 그 일을 할 수 있다.

➡ It can be done at a _____ cost.

❸ 그 장비를 임차하는데 얼마나 들죠?

➡ How much is it to _____ the equipment?

❹ 우리는 선과 악을 구별하는 법을 알아야 한다.

➡ We should know how to _____ good from bad.

❺ 원자의 재배열은 물질의 속성을 바꿀 수 있다.

➡ Atomic _____ can change the property of matter.

⑥ 나는 큰 IT 회사의 인사부장을 만났다.

➡ I met the _____ manager of the big IT company.

⑦ 내가 받았던 처벌은 불공평했다.

➡ The _____ that I received was unfair.

⑧ 이 지역은 래프팅 하기에 최적의 조건을 갖추었다.

➡ This region has _____ conditions for rafting.

⑨ 그 컴퓨터는 파일을 전송하는 데 실패했다.

➡ The computer failed to _____ the files.

⑩ 고양이는 즉각적인 반응을 잘 보인다.

➡ Cats are good at showing _____ responses.

E 문장의 밑줄 친 부분에 해당하는 유의어 혹은 반의어를 보기에서 골라 적으시오.

보기				
Oriental	mortality	make up for	bring about	contrast
flexible	cruel	pure	chance	inaudible

❶ Their friendship is liken to a sturdy bridge. 반의어 ↔ _____

❷ Our school principal is unpopular due to the fact that he enforces rigid discipline.

반의어 ↔ _____

❸ She lowered her voice until it was barely audible. 반의어 ↔ _____

❹ Some people believe in the immortality of the soul. 반의어 ↔ _____

❺ With regards to culture, an Oriental mind works differently from that of an Occidental

one. 반의어 ↔ _____

❻ The impure water gave them stomachaches. 반의어 ↔ _____

❼ I had an opportunity to go abroad to study. 유의어 = _____

❽ They gave him a gift certificate to compensate him for his trouble.

유의어 = _____

❾ His speech elicited much criticism from many people. 유의어 = _____

❿ The cattle ranchers' inhumane treatment of the animals angered many people.

유의어 = _____

F 영어발음을 듣고 영어단어를 적은 후, 우리말 뜻을 적으시오.

영어단어
듣고 쓰기

	영어	우리말		영어	우리말
❶	_____	_____	❽	_____	_____
❷	_____	_____	❾	_____	_____
❸	_____	_____	❿	_____	_____
❹	_____	_____	⓫	_____	_____
❺	_____	_____	⓬	_____	_____
❻	_____	_____	⓭	_____	_____
❼	_____	_____	⓮	_____	_____

G 영어문장을 듣고 빈칸에 들어갈 단어를 채워 문장을 완성하시오.

영어문장
듣고 쓰기

❶ We should realize the fact that parents give us _____ love.

❷ He put a _____ on her head like it was a crown.

❸ If future actions destroy our environment, people will become _____ with the government.

❹ The new legislation offers _____ to encourage childbirth.

❺ It _____ our confidence in the government.

❻ My nephew is a _____ boy.

❼ _____ are actually big cowards.

❽ Steam _____ are not used any longer these days.

❾ They've started negotiations to _____ the two companies.

❿ The numerical value shown in the report is _____ to that of the OECD countries.

⓫ Every person is _____ for his own work.

⓬ They are drugs which _____ sleep.

⓭ The editor asked the author to _____ the paragraph he didn't like.

⓮ We should know how to _____ good from bad.

⓯ The computer failed to _____ the files.

⓰ There are many students in our class who are _____ in several languages.

DAY 27

DAY 27
표제어 듣기

1041	**corps** [kɔːr]	명 군단, 단체 the Marine Corps 해병대	유 team
1042	**fluid** [flúːid]	명 액체 a fluid state 액체 상태	유 liquid
1043	**ethics** [éθiks]	명 윤리학 study ethics 윤리학을 공부하다	형 ethical 윤리적인
1044	**voucher** [váutʃər]	명 상품권, 우대권, 쿠폰 a discount voucher 할인 쿠폰	유 coupon
1045	**reluctant** [rilʌ́ktənt]	형 마음이 내키지 않는 be reluctant to do ~하는 것을 달가워하지 않다	반 willing 기꺼이 ~하는
1046	**wear** [wɛər]	동 닳다 wear away 닳아 없어지다	*wear-wore-worn*
1047	**correspond** [kɔ̀ːrəspánd]	동 교신하다, 대응하다 correspond with ~와 교신하다	명 correspondence 교신, 대응, 일치
1048	**compassion** [kəmpǽʃən]	명 동정 have compassion for ~을 측은히 여기다	형 compassionate 인정 많은
1049	**relevant** [réləvənt]	형 관련된 a relevant question 관련된 질문	명 relevance 관련 반 irrelevant 관련되지 않은
1050	**optical** [áptikəl]	형 눈의, 시력의, 광학의 an optical defect 시력의 결함	명 optics 광학
1051	**traitor** [tréitər]	명 반역자 a hidden traitor 숨은 반역자	유 betrayer
1052	**rug** [rʌg]	명 양탄자 Oriental rugs 동양식 양탄자	
1053	**tow** [tou]	동 끌다, 견인하다 tow a car 차를 견인하다	유 pull
1054	**dampen** [dǽmpən]	동 기를 꺾다 dampen one's enthusiasm 열정을 꺾다	
1055	**inborn** [ínbɔ́ːrn]	형 타고난 have an inborn talent 타고난 재능이 있다	반 acquired 익힌, 습득한
1056	**presidency** [prézədənsi]	명 (대통령의) 지위, 통솔 run for the presidency 대통령 후보로 출마하다	
1057	**dental** [déntl]	형 치아의, 치과의 a dental office 치과의원	
1058	**hindrance** [híndrəns]	명 방해, 장애(물) without hindrance 장애 없이	동 hinder 방해하다 유 obstacle
1059	**nobility** [no(u)bíliti]	명 고결함	형 noble 고결한
1060	**sovereign** [sávərən]	형 최고의, 군주의 명 군주 a sovereign ruler of a country 국왕	참 sovereignty 통치권, 주권

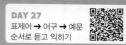

✦ 주어진 우리말 문장에 맞도록 알맞은 단어를 넣어 문장을 완성하시오. 정답 p.208

He is a member of a military medical _____. 그는 군 의료단의 일원이다.

Atoms in _____ are looser than ones in solids. 액체의 원자는 고체의 원자보다 더 자유롭다.

Studying _____ isn't as easy as we think. 윤리학을 공부하는 것은 우리가 생각하는 만큼 쉽지가 않다.

The person who wins the competition will receive a free travel _____ as a prize.
그 대회에서 우승한 사람은 상품으로 무료 여행 상품권을 받을 것이다.

Most people are _____ to do any work that brings them no profit.
대부분의 사람들은 그들에게 이익을 주지 않는 일을 하는 것을 꺼린다.

The sheets have _____ thin. 판이 닳아 얇아졌다.

He wanted to _____ with her. 그는 그녀와 교신하길 원했다.

We should have _____ for the poor. 우리는 가난한 자들을 측은히 여겨야 한다.

The trading company requires all the applicants to have _____ experience.
그 무역회사는 모든 지원자들에게 관련된 경력 보유를 요구한다.

We all know the excellence of the _____ industry in Korea.
우리는 모두 한국 광학 산업의 우수성을 안다.

The _____ was shot to death. 그 반역자는 총에 맞아 죽었다.

The floor was covered with a beautiful Persian _____.
마루에 아름다운 페르시아 양탄자가 깔려 있었다.

The cars in the no-parking zone will be _____ away. 주차 금지 구역에 있는 차들은 견인될 것이다.

She will not let anything _____ her enthusiasm for the project.
그녀는 어떤 것도 그 프로젝트에 대한 그녀의 열정을 꺾도록 내버려두지 않을 것이다.

My brother has an _____ talent for music. 내 남동생은 음악에 천부적인 재능이 있다.

He was nominated for the _____. 그는 대통령직 후보로 지명되었다.

Our health insurance doesn't cover _____ treatments.
우리 의료보험은 치과 치료는 포함하지 않고 있다.

The high oil price is a _____ to economic recovery. 높은 석유값이 경제 회복의 장애물이다.

I envy the _____ of his mind. 나는 그의 고결한 정신이 부럽다.

People have great respect for him as the _____ ruler of the country.
사람들은 국왕으로서 그를 크게 존경한다.

DAY 27

| 1061 | **fulfillment**
[fulfílmənt] | 몡 이행, 성취 | 통 fulfill 완수하다, 성취하다 |

| 1062 | **collide**
[kəláid] | 통 충돌하다
collide with ~와 충돌하다 | 몡 collision 충돌 윤 bump |

| 1063 | **clump**
[klʌmp] | 몡 덩어리 | |

| 1064 | **harness**
[háːrnis] | 몡 마구, 장치 통 (자연의 힘을) 이용하다
a double harness 쌍두마차용 마구 | |

| 1065 | **halve**
[hæv] | 통 둘로 나누다
halve an apple 사과를 반으로 나누다 | 몡 half 절반 윤 divide |

| 1066 | **cozy**
[kóuzi] | 형 기분 좋은, 아늑한
a cozy room 아늑한 방 | |

| 1067 | **switch**
[switʃ] | 통 바꾸다, 전환하다
switch into ~으로 변환하다 | 윤 change |

| 1068 | **covet**
[kʌ́vit] | 통 몹시 탐내다
covet one's money ~의 돈을 탐내다 | 형 covetous 몹시 탐내는 |

| 1069 | **customary**
[kʌ́stəmèri] | 형 관례적인
a customary practice 관습적인 관행 | 부 customarily 관례적으로 반 unusual 드문 |

| 1070 | **crisp**
[krisp] | 형 바삭바삭한, 빳빳한
a crisp bank note 빳빳한 은행권 | 몡 crispness 바삭거림 |

| 1071 | **adjourn**
[ədʒə́ːrn] | 통 연기하다, (일시) 휴회하다
adjourn a meeting 회의를 연기하다 | 몡 adjournment 연기 윤 postpone |

| 1072 | **renovation**
[rènəvéiʃən] | 몡 혁신
a renovation process 혁신 과정 | 통 renovate 혁신하다 |

| 1073 | **anguish**
[ǽŋgwiʃ] | 통 괴로워하다 몡 괴로움 | 몡 anguished 괴로워하는 |

| 1074 | **grazing**
[gréiziŋ] | 형 풀을 뜯고 있는, 방목하는 몡 방목, 목초지
livestock grazing 가축 방목 | |

| 1075 | **surge**
[səːrdʒ] | 통 쇄도하다
surging crowds 밀려오는 인파 | 윤 rush |

| 1076 | **rustle**
[rʌ́sl] | 통 살랑살랑 소리내다
rustle in the wind 바람에 살랑거리다 | |

| 1077 | **monopoly**
[mənápəli] | 몡 독점, 독점 사업
a government monopoly 정부 독점 사업 | |

| 1078 | **shortcoming**
[ʃɔ́ːrtkʌ̀miŋ] | 몡 결점
full of shortcomings 단점이 많은 | 윤 fault |

| 1079 | **corpse**
[kɔːrps] | 몡 시체
an unidentified corpse 신원 미상의 시체 | 윤 dead body |

| 1080 | **eminent**
[émənənt] | 형 높은, 저명한
an eminent writer 저명한 작가 | 윤 well-known |

✦ 주어진 우리말 문장에 맞도록 알맞은 단어를 넣어 문장을 완성하시오. 정답 p.208

He said that it was a _____ of all his dreams. 그는 그것이 그의 모든 꿈의 성취라고 말했다.

His car _____ with a big tree near the curb. 그의 차는 연석 가까이에 있는 커다란 나무와 부딪혔다.

The weight of a _____ of earth can vary from person to person.
흙 덩어리의 무게는 사람마다 다를 수 있다.

A _____ is put around a horse's head and body before it can be connected to a carriage.
말이 마차에 연결되기 전에 마구가 말의 머리와 몸 주위에 배치된다.

We will start using the strategies to _____ the cost.
우리는 비용을 절반으로 줄이는 전략 사용을 시작할 것이다.

I felt _____ watching the hearth fire. 나는 난로 불을 바라보며 아늑함을 느꼈다.

China is _____ to a market economy. 중국은 시장경제로 전환하고 있다.

It's unusual that she _____ his money. 그녀가 그의 돈을 탐내다니 이상하구나.

It is not _____ to tip hairdressers in this country. 이 나라에서 미용사에게 팁을 주는 것은 관례가 아니다.

I like to taste the _____ pie. 나는 바삭바삭한 파이를 맛보는 것을 좋아해요.

The court will _____ for lunch. 공관이 점심시간 동안 휴정될 것이다.

The priority of the new CEO was the _____ of the company's system.
신임 최고 경영자의 우선 사항은 회사 시스템의 혁신이었다.

The people were _____ because of the death of their leader.
사람들은 그들의 지도자의 죽음에 괴로워했다.

Shepherds were watching over their _____ sheep.
목동들은 풀을 뜯고 있는 양들을 바라보고 있었다.

During a sale period, people _____ into the department store as soon as the doors are opened. 세일 기간 동안에는 백화점에 사람들이 개장과 동시에 몰려든다.

Her silk dress _____ as she moved. 그녀가 움직일 때 그녀의 실크드레스가 살랑거렸다.

Since people have a right to know how the government operates, the governing party should not have a _____ over the media. 정부가 어떻게 운영되는지 국민은 알 권리를 가지기 때문에, 여당은 대중매체를 독점해서는 안 된다.

She is unaware of her _____. 그녀는 자신의 단점들을 모른다.

The _____ burned in the fire was barely recognizable.
화재에 타버린 시체는 거의 알아볼 수가 없었다.

Some _____ people from various circles will be attending the meeting.
각계의 저명인사들이 그 모임에 참석하고 있을 것이다.

1081	**derive** [diráiv]	图 끌어내다, 도출하다
		derive a conclusion 결론을 끌어내다

1082	**grieve** [griːv]	图 매우 슬퍼하다 ⋯⋯⋯⋯ 圀 grief 슬픔 ⋯⋯ 圀 mourn
		grieve for ～에 대하여 매우 슬퍼하다

1083	**paramount** [pǽrəmàunt]	圀 최고의 ⋯⋯⋯⋯ 圀 paramountcy 최고권

1084	**tremendous** [triméndəs]	圀 엄청나게 큰 ⋯⋯ 图 tremendously 엄청나게 ⋯ 圀 huge
		a tremendous difference 엄청난 차이

1085	**addictive** [ədíktiv]	圀 습관성의, 중독성의 ⋯⋯⋯ 图 addict 중독되게 하다
		an addictive drug 중독성이 있는 약

1086	**administration** [ædmìnəstréiʃən]	圀 행정, 경영, 관리, 통치 ⋯ 圀 administrative 관리의, 행정상의 ⋯ 圀 management
		the board of administration 이사회

1087	**Mercury** [mə́ːrkjuri]	圀 수성

1088	**hybrid** [háibrid]	圀 잡종의 ⋯⋯⋯ 图 hybridize 잡종을 만들다
		a hybrid animal 잡종 동물

1089	**principle** [prínsəpl]	圀 원리, 원칙

1090	**rational** [rǽʃənl]	圀 이성이 있는
		a rational decision 이성적인 결정

1091	**repetitious** [rèpətíʃəs]	圀 되풀이되는, 지루한 ⋯⋯ 图 repeat 반복하다
		tediously repetitious 지루하게 반복되는

1092	**expansion** [ikspǽnʃən]	圀 팽창, 신장 ⋯⋯ 图 expand 팽창하다 ⋯ 圀 inflation
		economic expansion 경제적 팽창

1093	**roost** [ruːst]	圀 보금자리

1094	**legislation** [lèdʒisléiʃən]	圀 법률 ⋯⋯⋯ 图 legislate 법률을 제정하다 ⋯ 圀 law

1095	**monotonous** [mənátənəs]	圀 단조로운
		monotonous work 단조로운 일

1096	**parasitic** [pæ̀rəsítik]	圀 기생적인
		a parasitic worm 기생충

1097	**renewable** [rinjúːəbl]	圀 회복할 수 있는
		renewable energy technology 에너지 재생 기술

1098	**rejoice** [ridʒɔ́is]	图 기뻐하다
		rejoice over a decision 결정에 기뻐하다

1099	**haze** [heiz]	圀 안개 图 안개가 끼다 ⋯⋯ 圀 hazy 희미한 ⋯ 圀 fog
		a thick haze 짙은 안개

1100	**sentimental** [sèntəméntl]	圀 감상적인 ⋯⋯⋯⋯ 圀 sentiment 감상
		a sentimental song 감상적인 노래

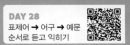

✦ 주어진 우리말 문장에 맞도록 알맞은 단어를 넣어 문장을 완성하시오. 정답 p.208

He _____ great pleasure from painting. 그는 그림 그리는 데서 큰 즐거움을 얻는다.

He is _____ his grandson's death. 그는 손자의 죽음으로 매우 슬퍼하고 있다.

This is a matter of _____ importance. 이것은 가장 중요한 일이다.

It is amazing that he managed such a _____ amount of work.
그가 그렇게 엄청난 양의 일을 해내다니 놀랍다.

Everybody knows that cigarettes are highly _____. 모두 담배가 중독성이 높다는 것을 안다.

The _____, legislation, and judicature systems complement one another.
행정, 입법, 사법 시스템은 서로를 보완한다.

_____ is the closest planet to the Sun. 수성은 태양에 가장 가까운 행성이다.

Researchers in the lab experimented on the _____ animals' behavior.
연구소의 연구원들은 잡종 동물들의 행동을 실험했다.

We should mention three fundamental _____ first before discussing all the details.
우리는 모든 세부 사항들을 논하기 전에 3가지 기본적인 원칙들을 먼저 언급해야 한다.

He asks you to come to a _____ decision. 그는 당신이 이성적인 결정을 내리기를 부탁한다.

Masters need _____ practice. 장인들은 반복적인 연습을 필요로 한다.

During the time of _____, problems didn't arise. 팽창의 시기에는 문제가 일어나지 않았다.

The highest branch is not the safest _____. 가장 높은 가지가 가장 안전한 보금자리는 아니다.

New _____ on the sale of drugs is needed to change the situation.
이 상황을 바꾸기 위해 약품 판매에 대한 새로운 법안이 필요하다.

Doing something _____ is what I hate the most. 단조로운 일을 하는 것이 내가 제일 싫어하는 것이다.

These _____ worms reside in the liver. 이 기생충은 간에서 서식한다.

Oil is not a _____ energy resource. 석유는 회복 가능한 에너지 자원이 아니다.

The people in the courtroom _____ over the judge's decision.
법정에 있는 사람들은 판사의 결정에 기뻐했다.

It was difficult for me to see through the air this morning due to the thick _____.
짙은 안개 때문에 오늘 아침 내가 공기를 통해 보는 것이 어려웠다.

I am getting _____ as time goes by. 시간이 흐를수록 나는 점점 감상적으로 되어 간다.

DAY 28

1101	**notify** [nóutəfài]	통 통지하다	명 notice 통지 유 inform
		notify the police 경찰에 신고하다	
1102	**radish** [rǽdiʃ]	명 무	
		a pickled radish 무 피클	
1103	**disguise** [disgáiz]	명 변장	
		in disguise 변장하여	
1104	**improper** [imprɑ́pər]	형 부적절한	명 impropriety 부적당 유 inadequate
		an improper way 부적절한 방식	
1105	**performance** [pərfɔ́ːrməns]	명 상연, 공연	통 perform 상연하다
		an evening performance 저녁 공연	
1106	**occupant** [ɑ́kjupənt]	명 입주자, 점유자	
		the most senior occupant 가장 오래된 입주자	
1107	**forthcoming** [fɔ̀ːrθkʌ́miŋ]	형 곧 닥쳐올, 준비된	유 approaching, provided
		the forthcoming week 다음 주	
1108	**urn** [əːrn]	명 항아리, 단지	유 jar
		a tea urn 차 단지	
1109	**immemorial** [ìməmɔ́ːriəl]	형 먼 옛날의	부 immemorially 태곳적에
		from time immemorial 태곳적부터	
1110	**downfall** [dáunfɔ̀ːl]	명 파멸, 멸망	형 downfallen 파멸한
		the downfall of the Roman Empire 로마제국의 멸망	
1111	**differential** [dìfərénʃəl]	명 (임금) 격차	
		a wage differential 임금의 격차	
1112	**applause** [əplɔ́ːz]	명 박수	통 applaud 박수치다 유 ovation
		a thunder of applause 우레와 같은 박수	
1113	**reconsider** [rìːkənsídər]	통 다시 생각하다	명 reconsideration 재고 유 review
		reconsider a decision 결정을 다시 생각하다	
1114	**zealous** [zéləs]	형 열심인	부 zealously 열심히
1115	**arid** [ǽrid]	형 마른, 건조한	명 aridness 마름 유 dry
		an arid desert 건조한 사막	
1116	**enrichment** [inrítʃmənt]	명 풍부하게 함, 비옥화, 농축	통 enrich 풍부하게 하다 유 enhance
1117	**undesirable** [ʌ̀ndizáiərəbl]	형 탐탁지 않은, 바람직하지 않은	반 desirable 바람직한
		undesirable behavior 탐탁지 않은 행동	
1118	**migration** [maigréiʃən]	명 이주	통 migrate 이주하다
		bird migration 철새의 이동	
1119	**rumble** [rʌ́mbl]	명 크게 울리는 소리 통 우르르 울리는 소리를 내다	
1120	**exhilarate** [igzílərèit]	통 기분을 북돋우다	형 exhilarated 유쾌한 유 thrill
		be exhilarated by ~에 의해 기분이 좋아지다	

✦ 주어진 우리말 문장에 맞도록 알맞은 단어를 넣어 문장을 완성하시오. 정답 p.208

The competition winners will be _____ by mail. 대회 승자들은 우편으로 통보 받을 것이다.

A _____ is a small white vegetable that is the root of a plant.
무는 식물의 뿌리인 작고 하얀 채소이다.

Celebrities often go around in _____. 유명인사들은 종종 변장하고 다닌다.

You cannot succeed by living in an _____ way. 부적절한 방식으로 살아서는 성공을 할 수 없다.

The theater is hosting a _____ of *Romeo and Juliet*, which is my favorite.
그 극장은 내가 제일 좋아하는 '로미오와 줄리엣'을 상연 중이다.

He would know who the most senior _____ is. 그는 누가 가장 오래된 입주자인지 알 것이다.

Financial support was not _____. 재정적인 지원은 준비되어 있지 않았다.

There is an old _____ in the backyard. 뒤뜰에 오래된 단지가 있다.

The ruins were here from time _____. 그 옛터는 태곳적부터 여기에 있었다.

The scandal led him to his _____, and he finally lost everything he had.
그 스캔들은 그를 몰락으로 이끌었으며 마침내 그가 가졌던 모든 것을 잃었다.

The report was about the regional wage _____. 그 보고서는 지역별 임금 격차에 대한 것이었다.

He drew some enthusiastic _____. 그는 열정적인 박수를 끌어냈다.

The boss told him to _____ his quitting the job. 상사는 그에게 사직을 다시 생각해 보라고 말했다.

The man was _____ in doing his work. 그 남자는 그 일을 하는 데 있어서 열심이었다.

It is hard for plants to grow in _____ deserts that have little rain.
거의 비가 오지 않는 건조한 사막에서 식물이 자라는 것은 어렵다.

The country was once criticized for its uranium _____ plan.
그 나라는 한때 우라늄 농축 계획으로 비난을 받은 적이 있었다.

Big cuts in education are very _____. 교육 예산의 대폭 삭감은 매우 바람직하지 않다.

_____ for work is accelerating in the Third World.
제3세계에서 직업을 구하기 위한 이주가 가속되고 있다.

I heard an earthshaking _____ just now. 나는 방금 전에 지축을 흔드는 듯한 소리를 들었다.

He enjoys car racing because he is _____ by speed.
그는 속도에 의해 기분이 좋아지기 때문에 자동차 경주를 즐긴다.

A 우리말과 같은 뜻이 되도록 빈칸에 들어갈 알맞은 단어를 적으시오.

❶ full of _____ (단점이 많은)

❷ an _____ way (부적절한 방식)

❸ _____ for (~에 대하여 매우 슬퍼하다)

❹ _____ a car (차를 견인하다)

❺ have _____ for (~을 측은히 여기다)

❻ run for the _____ (대통령 후보로 출마하다)

❼ a _____ room (아늑한 방)

❽ a government _____ (정부 독점 사업)

❾ _____ a conclusion (결론을 끌어내다)

❿ a _____ decision (이성적인 결정)

B 다음 괄호 안의 지시대로 주어진 단어를 변형시키고 그 뜻을 적으시오.

	변형	뜻
❶ haze (형용사형으로) →	_____	_____
❷ tremendous (부사형으로) →	_____	_____
❸ notify (명사형으로) →	_____	_____
❹ exhilarate (형용사형으로) →	_____	_____
❺ ethics (형용사형으로) →	_____	_____
❻ nobility (형용사형으로) →	_____	_____
❼ fulfillment (동사형으로) →	_____	_____
❽ halve (명사형으로) →	_____	_____
❾ covet (형용사형으로) →	_____	_____
❿ paramount (명사형으로) →	_____	_____

C 다음 영영풀이에 해당하는 단어를 보기에서 골라 적으시오.

보기	reconsider	parasitic	expansion	wear	corpse
	hindrance	hybrid	repetitious	anguish	adjourn

① a dead body, usually of a human being ⇒ _____

② the act or process of expanding ⇒ _____

③ something that stops, prevents, or the like ⇒ _____

④ to suspend the meeting to a future time, another place, or indefinitely

⇒ _____

⑤ to impair, deteriorate, or gradually consume by use or any continued process

⇒ _____

⑥ excruciating or acute distress, suffering, or pain ⇒ _____

⑦ An organism that is the offspring of two different species ⇒ _____

⑧ full of repetition, esp. unnecessary and tedious repetition ⇒ _____

⑨ living in or on another animal or plant and getting food from it ⇒ _____

⑩ to consider again, especially with a view to change of decision or action

⇒ _____

D 우리말과 같은 뜻이 되도록 주어진 문장의 빈칸을 완성하시오.

① 그는 열정적인 박수를 끌어냈다. ⇒ He drew some enthusiastic _____.

② 나는 바삭바삭한 파이를 맛보는 것을 좋아한다.

⇒ I like to taste the _____ pie.

③ 주차 금지 구역에 있는 차들은 견인될 것이다.

⇒ The cars in the no-parking zone will be _____ away.

④ 시간이 흐를수록 나는 점점 감상적으로 되어 간다.

⇒ I am getting _____ as time goes by.

⑤ 그녀가 그의 돈을 탐내다니 이상하구나.

⇒ It's unusual that she _____ his money.

⑥ 우리 의료보험은 치과 치료는 포함하지 않고 있다.

→ Our health insurance doesn't cover _____ treatment.

⑦ 목동들은 풀을 뜯고 있는 양들을 바라보고 있었다.

→ Shepherds were watching over their _____ sheep.

⑧ 무는 식물의 뿌리인 작고 하얀 채소이다.

→ A _____ is a small white vegetable that is the root of a plant.

⑨ 흙 덩어리의 무게는 사람마다 다를 수 있다.

→ The weight of a _____ of earth can vary from person to person.

⑩ 그 반역자는 총에 맞아 죽었다.

→ The _____ was shot to death.

E 문장의 밑줄 친 부분에 해당하는 유의어 혹은 반의어를 보기에서 골라 적으시오.

보기	provided	acquired	coupon	irrelevant	willing
	bump	dry	desirable	unusual	change

① My brother has an inborn talent for music. 반의어 ↔ _____

② Big cuts in education are very undesirable. 반의어 ↔ _____

③ The trading company requires all the applicants to have relevant experience.

반의어 ↔ _____

④ It is not customary to tip hairdressers in this country. 반의어 ↔ _____

⑤ Most people are reluctant to do any work that brings them no profit.

반의어 ↔ _____

⑥ Financial support was not forthcoming. 유의어 = _____

⑦ His car collided with a big tree near the curb. 유의어 = _____

⑧ China is switching to a market economy. 유의어 = _____

⑨ The person who wins the competition will receive a free travel voucher as a prize.

유의어 = _____

⑩ It is hard for plants to grow in arid deserts that have little rain.

유의어 = _____

F 영어발음을 듣고 영어단어를 적은 후, 우리말 뜻을 적으시오.

영어단어
듣고 쓰기

	영어	우리말		영어	우리말
❶			❽		
❷			❾		
❸			❿		
❹			⓫		
❺			⓬		
❻			⓭		
❼			⓮		

G 영어문장을 듣고 빈칸에 들어갈 단어를 채워 문장을 완성하시오.

영어문장
듣고 쓰기

❶ She is unaware of her _____.

❷ You cannot succeed by living in an _____ way.

❸ He is _____ his grandson's death.

❹ The cars in the no-parking zone will be _____ away.

❺ We should have _____ for the poor.

❻ He was nominated for the _____.

❼ I felt _____ watching the hearth fire.

❽ Since people have a right to know how the government operates, the governing party should not have a _____ over the media.

❾ He _____ great pleasure from painting.

❿ He asks you to come to a _____ decision.

⓫ It was difficult for me to see through the air this morning due to the thick _____.

⓬ It is amazing that he managed such a _____ amount of work.

⓭ The competition winners will be _____ by mail.

⓮ He enjoys car racing because he is _____ by speed.

⓯ Studying _____ isn't as easy as we think.

⓰ People have great respect for him as the _____ ruler of the country.

DAY 29

DAY 29
표제어 듣기

1121 **basin** [béisn]	명 대야, 세면기, 웅덩이 a goldfish basin 금붕어 어항	
1122 **prose** [prouz]	명 산문 poetry and prose 운문과 산문	
1123 **expire** [ikspáiər]	동 끝나다, 만료되다	명 expiration 만료
1124 **organize** [ɔ́ːrgənàiz]	동 조직하다 organize a team 팀을 조직하다	명 organization 조직
1125 **resistant** [rizístənt]	형 저항하는, 내성 있는	유 opposed
1126 **provoke** [prəvóuk]	동 화나게 하다, 유발시키다 provoke a riot 폭동을 선동하다	명 provocation 도발
1127 **epoch** [épək]	명 새 시대, 획기적인 사건 make an epoch 새 시대를 이루다	형 epochal 획기적인 유 era
1128 **multitude** [mʌ́lətjùːd]	명 수많음, 다수 a multitude of people 많은 사람들	형 multitudinous 다수의
1129 **situational** [sìtʃuéiʃənl]	형 상황에 따른 a situational analysis 상황 분석	명 situation 상황
1130 **charter** [tʃáːrtər]	명 면허장, 특허장 the Charter of the United Nations 국제 연합 헌장	
1131 **ironic** [airánik]	형 반어적인, 아이러니한 an ironic smile 냉소	명 irony 풍자, 반어법 유 paradoxical
1132 **myriad** [míriəd]	명 무수함 a myriad of stars 무수히 많은 별들	유 multitude
1133 **forsake** [fərséik]	동 저버리다 forsake one's friend 친구를 저버리다	명 forsaker 저버리는 사람
1134 **passive** [pǽsiv]	형 수동적인, 간접적인 passive smoking 간접 흡연	부 passively 수동적으로 반 active 활동적인
1135 **suspense** [səspéns]	명 불안, 긴장 in breathless suspense 숨막히는 긴장 속에서	
1136 **passionate** [pǽʃənət]	형 열렬한, 갈망하는 a passionate woman 정열적인 여인	명 passion 열정
1137 **bankrupt** [bǽŋkrʌpt]	형 파산한 go bankrupt 파산하다	명 bankruptcy 파산 유 broke
1138 **phenomenal** [finámənl]	형 놀랄 만한, 현상의 phenomenal growth 놀랄 만한 성장	명 phenomenon 현상
1139 **florist** [flɔ́(ː)rist]	명 꽃장수, 화초 재배자, 꽃집 a decent florist 괜찮은 꽃집	
1140 **independent** [ìndipéndənt]	형 독립적인 an independent country 독립국	명 independence 독립 반 dependent 의존적인

◆ 주어진 우리말 문장에 맞도록 알맞은 단어를 넣어 문장을 완성하시오. 정답 p.209

Do you know what this big brass _____ is for? 이 큰 놋쇠 대야의 용도를 아세요?

She is a famous _____ writer. 그녀는 유명한 산문 작가이다.

My visa will _____ this month. 내 비자는 이번 달에 만료될 것이다.

To work efficiently, we must _____ a team. 효율적으로 일하기 위해 팀을 조직해야 한다.

Developing a new drug that works against the _____ virus is the challenge they face right now. 내성 있는 바이러스에 효력 있는 신약을 개발하는 것이 그들이 바로 지금 직면한 도전 과제이다.

His speech _____ an angry reaction from the crowd.
그의 연설은 군중들로부터 성난 반응을 불러일으켰다.

Many people think that the Internet is an _____-making technology.
많은 사람들이 인터넷이 새로운 시대를 여는 기술이라고 생각한다.

A _____ of people gathered at the park to see the concert.
많은 사람들이 콘서트를 보기 위해 공원에 모였다.

He is a _____ leader since he adopts different leadership styles depending on the situation. 그는 상황에 따라 다른 지도 스타일을 채택하기 때문에 상황별 지도자이다.

She said that the seven resolutions of the U.N. _____ could allow for sanctions against Iran. 그녀는 U.N. 헌장의 7개의 결의안이 이란에 대한 제재를 허용할 수 있다고 말했다.

It's _____ that she became a teacher. 그녀가 선생이 되다니 아이러니하다.

Parents face a _____ of problems when they raise their children.
부모들은 아이들을 기를 때 수많은 문제에 직면한다.

It would be sad to _____ one's friend. 친구를 저버리는 것은 슬플 일이다.

He played a _____ role in the relationship without trying to change anything.
그는 어떤 것도 바꾸려고 하지 않은 채 그 관계에서 수동적인 역할을 했다.

With the tension of _____, he listened to the story carefully.
그는 긴장감을 갖고 그 이야기를 주의 깊게 들었다.

He always makes _____ speeches. 그는 항상 열정에 찬 연설을 한다.

If he can't pay the bank loan by next week, he will go _____.
만일 다음 주까지 은행 대출을 갚지 못하면 그는 파산할 것이다.

The growth of China's economy is _____. 중국의 경제 성장은 놀랄 만하다.

I bought a bunch of flowers from the _____ living next door.
나는 옆집에 사는 꽃장수에게 꽃 한 다발을 샀다.

He has never been _____ in his entire life. 그는 평생 독립적인 적이 없었다.

1141	**legendary** [lédʒəndèri]	형 전설상의, 믿기 어려운 a legendary hero 전설적인 영웅	명 legend 전설 유 famous
1142	**evaluate** [ivǽljuèit]	동 평가하다 evaluate students' achievement 학업 성취도를 평가하다	명 evaluation 평가 유 assess
1143	**notation** [noutéiʃən]	명 표시법 chemical notation 화학 기호법	동 note 적어두다
1144	**digestive** [didʒéstiv|dai-]	형 소화의 the digestive organ 소화 기관	
1145	**vicious** [víʃəs]	형 악덕의, 잔인한 a vicious companion 나쁜 친구	부 viciously 악하게 유 brutal
1146	**specification** [spèsifikéiʃən]	형 상세, 내역서 purchase specification 구입 내역서	동 specify 구체화하다
1147	**practicable** [prǽktikəbl]	형 실행 가능한, 실용적인 a practicable gift 실용적인 선물	유 feasible
1148	**braille** [breil]	명 브라유식 점자(법) braille keyboards 점자식 자판	
1149	**eclipse** [iklíps]	명 일식 in eclipse 일식이 되어	
1150	**miscarriage** [mìskǽridʒ]	명 실패, 실책 a miscarriage of justice 오심	동 miscarry 실패하다 유 failure
1151	**infirm** [infə́ːrm]	형 약한, 허약한 infirm of purpose 의지가 약한	유 weak
1152	**cultivate** [kʌ́ltəvèit]	동 경작하다, 양성하다 cultivate manners 예의범절을 익히다	명 cultivation 경작 유 farm
1153	**restrain** [ristréin]	동 억제하다 restrain oneself 자제하다, 참다	명 restraint 제지 유 bar
1154	**dormitory** [dɔ́ːrmətɔ̀ːri]	명 기숙사 live in a dormitory 기숙사에서 살다	
1155	**impose** [impóuz]	동 부과하다 be imposed on ~에 부과되다	명 imposition 부과 유 levy
1156	**negotiate** [nigóuʃièit]	동 협상하다 negotiate a sale successfully 성공적으로 판매를 협상하다	명 negotiation 협상
1157	**entrust** [intrʌ́st|en-]	동 맡기다 entrust with a great task 위대한 임무를 맡기다	명 trust 신뢰 유 confide
1158	**perfume** [pə́ːrfjuːm]	명 향수 a bottle of perfume 향수병	
1159	**barbaric** [bɑːrbǽrik]	형 야만인의, 야만적인 barbaric behavior 야만인 같은 행동	명 barbarian 야만인
1160	**deception** [disépʃən]	명 사기, 속임 practice deception 속이다	동 deceive 속이다 유 deceit

◆ 주어진 우리말 문장에 맞도록 알맞은 단어를 넣어 문장을 완성하시오. 정답 p.209

Odysseus was a _____ Greek hero. 오디세우스는 전설상의 그리스 영웅이다.

The government tried to make the standard to _____ teachers.
정부는 교사를 평가하기 위한 기준을 마련하기 위해 애썼다.

The chemical _____ in this book is hard to remember.
이 책에 있는 화학 기호법은 기억하기가 어렵다.

Effective chewing can prevent _____ problems. 효과적으로 씹는 것이 소화 문제를 예방할 수 있다.

His _____ attacks on the elderly were reported and shocked the society.
노인에 대한 그의 잔혹한 공격이 보도되었고 사회에 충격을 주었다.

That information can be checked from the attached _____.
그 정보는 첨부된 내역서를 통해 확인될 수 있습니다.

What if those principles are not _____? 그와 같은 원칙이 실행 불가능하면 어쩌죠?

The blind girl was reading in _____. 그 맹인 소녀는 브라유식 점자로 읽고 있었다.

Today, the Sun will be in _____. 오늘 일식이 있을 것이다.

It was an obvious _____ of justice. 그것은 명백한 오심이었다.

You know he is old and _____. 너는 그가 늙고 허약한 것을 알잖니.

The farmers are _____ the crops on their farms. 농부들은 그들의 농장에서 곡식을 경작하고 있다.

He couldn't _____ his anger. 그는 분노를 억제할 수 없었다.

It is fun to live in a _____. 기숙사에서 사는 것은 재미있다.

The government will _____ new taxes on all non-renewable forms of energy.
정부는 재생할 수 없는 형태의 모든 에너지에 새로운 세금을 부과할 것이다.

There is the possibility that the price could be _____. 가격이 협상될 가능성이 있다.

He _____ the task to his nephew. 그는 그 일을 조카에게 맡겼다.

He could smell Jane's flowery _____ in the room.
그는 방에서 제인의 꽃 내음이 나는 향수 냄새를 맡을 수 있었다.

Killing innocent people is _____ behavior. 무고한 사람들을 죽이는 것은 야만인 같은 행동이다.

The court found that he had obtained property by _____.
법원은 그가 사기로 재산을 획득했다는 것을 알아냈다.

DAY 30
표제어 듣기

1161	**fad** [fæd]	명 변덕, 일시적 유행 the latest fads 최신 유행	유 craze
1162	**artery** [áːrtəri]	명 동맥 the main artery 대동맥	반 vein 정맥
1163	**irreparable** [irépərəbl]	형 돌이킬 수 없는 an irreparable error 돌이킬 수 없는 실수	반 reparable 고칠 수 있는
1164	**sanitary** [sǽnətèri]	형 위생의	명 sanitarian 위생학자
1165	**telepathy** [təlépəθi]	명 텔레파시 the help of telepathy 텔레파시의 도움	
1166	**constrict** [kənstríkt]	동 죄다, 수축하다	명 constriction 수축
1167	**defy** [difái]	동 무시하다, 반항하다 defy description 이루 다 말할 수 없다	
1168	**hierarchy** [háiəràːrki]	명 계급제도 social hierarchy 사회 계급제도	형 hierarchical 계급의
1169	**tactical** [tǽktikəl]	형 전술적인 tactical missile 전술 미사일	
1170	**confront** [kənfrʌ́nt]	동 직면하다 be confronted by ~에 직면하다	명 confrontation 직면 반 avoid 피하다
1171	**spawn** [spɔːn]	명 알 동 알을 낳다 frog spawn 개구리 알	유 roe
1172	**self-esteem** [sélfistíːm]	명 자존심, 자부심 healthy self-esteem 건강한 자존심	참 esteem 존경하다; 존경
1173	**disgrace** [disgréis]	명 망신거리, 불명예 in disgrace 불명예스럽게	형 disgraceful 불명예스러운 유 dishonor
1174	**postpone** [poustpóun]	동 연기하다 postpone an event 이벤트를 연기하다	유 put off
1175	**unfold** [ʌnfóuld]	동 펼치다 unfold a map 지도를 펼치다	명 unfoldment 펼침 반 fold 접다
1176	**preach** [priːtʃ]	동 설교하다, 전도하다	
1177	**resentment** [rizéntmənt]	명 분개, 분노 bear a resentment against ~에게 원한을 품다	동 resent 분개하다 유 indignation
1178	**immune** [imjúːn]	형 면역성의 an immune system 면역 체계	명 immunity 면역
1179	**inflation** [infléiʃən]	명 인플레이션	동 inflate 부풀게 하다
1180	**prosper** [prɑ́spər]	동 번영하다, 번창하다 prosper rapidly 빠르게 번창하다	형 prosperous 번영하는 유 thrive

◆ 주어진 우리말 문장에 맞도록 알맞은 단어를 넣어 문장을 완성하시오. 정답 p.209

The _____ of jazz dancing sweeps across Korea. 한국에서는 재즈 댄스가 유행이다.

Blood was spouting from the _____. 피가 동맥에서 뿜어져 나오고 있었다.

The tornado left _____ damage to the town. 토네이도가 마을에 돌이킬 수 없는 피해를 남겼다.

The _____ workers are working at the street. 환경 미화원들이 길거리에서 일하고 있다.

We believe that we can use _____ to communicate with each other without using speech.
우리는 텔레파시를 사용해서 말을 하지 않고 서로 의사소통할 수 있다고 믿는다.

If blood vessels _____, blood flow reduces. 혈관이 수축하면 혈류량이 감소한다.

It will be the first time to _____ my dad. 아빠에게 반항하는 것은 처음일 것이다.

There is no sense of _____ in the ideals of communism. 공산주의 이상에는 계급 의식이 없다.

The United States has a lot of _____ missiles. 미국은 많은 전술 미사일을 가지고 있다.

The government that plans to produce a nuclear weapon was _____ by massive opposition. 핵 무기를 생산하려고 계획하는 정부는 엄청난 반대에 부딪혔다.

We collected frog _____ from the pond. 우리는 그 연못에서 개구리알을 채집했다.

Building _____ is a key to success. 자존감을 구축하는 것이 성공의 핵심이다.

The president had to resign in _____. 대통령은 불명예스럽게 사임해야만 했다.

The committee decided to _____ the meeting until next Friday.
위원회는 회의를 다음 금요일까지 연기하기로 결정했다.

My father _____ the newspaper to read the editorial article.
우리 아빠는 사설을 읽기 위해 신문을 펼쳤다.

He has been _____ a doctrine over an hour. 그는 한 시간이 넘게 교리를 설교하고 있다.

There was _____ in his voice. 그의 목소리에는 분개함이 있었다.

The _____ system is our main defense against disease.
면역체계는 병에 대항하는 우리의 주된 방어이다.

Brazil is suffering from high _____. 브라질은 높은 인플레이션 때문에 고통을 겪고 있다.

The wicked fall and the good _____. 《속담》 악한 사람은 망하고 선한 사람은 흥한다.

DAY 30

1181	**soar** [sɔːr]	통 높이 치솟다		

| 1182 | **mummy** [mʌ́mi] | 명 미라
an Egyptian mummy 이집트의 미라 | | |

| 1183 | **diminish** [dimíniʃ] | 통 줄이다
diminish one's strength 힘을 쇠약하게 하다 | 반 increase 증가하다 | |

| 1184 | **lieutenant** [luːténənt] | 명 (군대의) 대위 | | |

| 1185 | **disturber** [distə́ːrbər] | 명 방해자
the disturber of the traffic 교통의 방해꾼 | | |

| 1186 | **emigrant** [émigrənt] | 명 (다른 나라로 가는) 이민, 이주자
an emigrant company 이민 회사 | 참 immigrant (들어오는) 이민자 | |

| 1187 | **gratitude** [grǽtətjùːd] | 명 감사
out of gratitude 감사한 마음에서 | 유 thankfulness | |

| 1188 | **merciful** [mə́ːrsifəl] | 형 자비로운
merciful God 자비로운 신 | 명 mercy 자비 유 lenient | |

| 1189 | **evident** [évədənt] | 형 명백한
evident proof 명백한 증거 | 명 evidence 증거 | |

| 1190 | **paradox** [pǽrədàks] | 명 역설
a curious paradox 이상한 역설 | 형 paradoxical 독설의 유 contradiction | |

| 1191 | **organ** [ɔ́ːrgən] | 명 장기
internal organs 내장 | 형 organic 기관의 유 body part | |

| 1192 | **rectangular** [rektǽŋgjulər] | 형 직사각형의
a rectangular area 직사각형 면적 | | |

| 1193 | **pest** [pest] | 명 해충
a garden pest 식물의 기생충 | 명 pesticide 해충제 | |

| 1194 | **eternal** [itə́ːrnəl] | 형 영원한
eternal life 영원한 생명 | 명 eternity 영원 반 temporal 일시적인 | |

| 1195 | **side effect** [sáidifèkt] | 명 부작용
a drug's side effect 약물 부작용 | | |

| 1196 | **accommodations** [əkàmədéiʃənz] | 명 숙박 시설
insufficient accommodations 불충분한 숙박 시설 | 통 accommodate 숙박시키다 | |

| 1197 | **abandonment** [əbǽndənmənt] | 명 포기
the abandonment of citizenship 시민권 포기 | 통 abandon 버리다 | |

| 1198 | **monologue** [mánəlɔ̀ːg] | 명 독백
a dramatic monologue 극적 독백 | | |

| 1199 | **pluck** [plʌk] | 통 잡아뜯다
pluck an apple 사과를 따다 | 유 pick | |

| 1200 | **swish** [swiʃ] | 통 휘두르다, 휙 소리내다
swish by 휙 지나가다 | | |

◆ 주어진 우리말 문장에 맞도록 알맞은 단어를 넣어 문장을 완성하시오. 정답 p.209

The world's economy has _____ over the past twenty years.
세계의 경제가 지난 20년 동안 크게 성장했다.

It was dried up like a _____. 그것은 미라처럼 말라버렸다.

The threat of economic decline has _____. 경제 쇠퇴 위협이 줄었다.

The _____ ordered his soldiers to help the wounded.
그 대위는 그의 부하들에게 부상자들을 도우라고 명령했다.

My friend is a _____ who always disturbs me in my work.
내 친구는 일하는 나를 항상 방해하는 방해꾼이다.

The number of _____ has been declining since 1980. 1980년 이래로 이민자의 수가 감소하고 있다.

She expressed her _____ to all those who had supported her.
그녀는 그녀를 지지해준 모든 사람들에게 감사를 표했다.

God is _____. 신은 자비로우시다.

It is _____ that she will take the job. 그녀가 그 일을 맡을 거라는 것은 분명하다.

It is a _____ that he, as a comedian, rarely makes funny jokes at home.
코미디언인 그가 집에서는 거의 농담을 하지 않는다는 것은 하나의 역설이다.

_____ transplanting would be the only way. 장기 이식만이 유일한 방법이 될 것이다.

It was a small _____ room. 그것은 작은 직사각형 방이었다.

Prevalence of _____ forced people to make innovative pest control system.
해충의 창궐로 인하여 사람들은 혁신적인 해충 관리 체제를 만들지 않으면 안 되었다.

It is the nature of men to seek _____ life. 영원한 생명을 찾는 것은 사람의 본성이다.

He is suffering from the drug's _____. 그는 약물 부작용으로 고통 받고 있다.

The city must solve the insufficient _____ problem as soon as possible.
그 도시는 가능한 빨리 불충분한 숙박 시설 문제를 해결해야 한다.

The announcement of her _____ of Korean citizenship shocked everyone.
그녀의 한국 시민권 포기 발표는 모든 사람들에게 충격을 주었다.

The actress began a long _____ about how horrible her life is.
그 여배우는 그녀의 삶이 얼마나 끔찍한지에 관한 긴 독백을 시작했다.

The children _____ some apples without permission. 아이들이 허락 없이 사과를 땄다.

The cruel man _____ the whip about in the air and hit the animals.
그 잔인한 남자는 허공에서 채찍을 휘둘러 동물들을 때렸다.

A 우리말과 같은 뜻이 되도록 빈칸에 들어갈 알맞은 단어를 적으시오.

① be _____ by （～에 직면하다）

② a _____ hero （전설적인 영웅）

③ an _____ company （이민 회사）

④ poetry and _____ （운문과 산문）

⑤ a _____ of people （많은 사람들）

⑥ live in a _____ （기숙사에서 살다）

⑦ insufficient _____ （불충분한 숙박시설）

⑧ _____ behavior （야만인 같은 행동）

⑨ an _____ system （면역 체계）

⑩ the _____ of citizenship （시민권 포기）

B 다음 괄호 안의 지시대로 주어진 단어를 변형시키고 그 뜻을 적으시오.

	변형	뜻
① organ （형용사형으로）	_____	_____
② merciful （명사형으로）	_____	_____
③ ironic （명사형으로）	_____	_____
④ prosper （형용사형으로）	_____	_____
⑤ expire （명사형으로）	_____	_____
⑥ phenomenal （명사형으로）	_____	_____
⑦ digestive （명사형으로）	_____	_____
⑧ specification （동사형으로）	_____	_____
⑨ sanitary （명사형으로）	_____	_____
⑩ evident （명사형으로）	_____	_____

정답 p.209

C 다음 영영풀이에 해당하는 단어를 보기에서 골라 적으시오.

> 보기   vicious   myriad   situational   passionate   fad
>   deception   diminish   postpone   cultivate   infirm

❶ to make something seem smaller or less important; reduce ➔ _____

❷ addicted to or characterized by vice; grossly immoral; depraved ➔ _____

❸ a temporary fashion, notion, manner of conduct, etc. ➔ _____

❹ the act of deceiving; the state of being deceived ➔ _____

❺ to prepare and work on land in order to raise crops ➔ _____

❻ a very great or indefinitely great number of persons or things ➔ _____

❼ to put off to a later time; defer ➔ _____

❽ feeble or weak in body or health, especially because of age ➔ _____

❾ of, relating to, or appropriate to a situation ➔ _____

❿ having or expressing intense emotion or strong feeling; fervid ➔ _____

D 우리말과 같은 뜻이 되도록 주어진 문장의 빈칸을 완성하시오.

❶ 그의 목소리에는 분노가 있었다.

➔ There was _____ in his voice.

❷ 그것은 작은 직사각형 방이었다.

➔ It was a small _____ room.

❸ 가격이 협상될 가능성이 있다.

➔ There is the possibility that the price could be _____.

❹ 우리는 그 연못에서 개구리알을 채집했다.

➔ We collected frog _____ from the pond.

❺ 그녀가 그 일을 맡을 거라는 것은 분명하다.

➔ It is _____ that she will take the job.

⑥ 효과적으로 씹는 것이 소화 문제를 예방할 수 있다.

→ Effective chewing can prevent _____ problems.

⑦ 그는 그 일을 조카에게 맡겼다.

→ He _____ the task to his nephew.

⑧ 그 아이들은 허락 없이 사과를 조금 땄다.

→ The children _____ some apples without permission.

⑨ 효율적으로 일하기 위해 팀을 조직해야 한다.

→ To work efficiently, we must _____ a team.

⑩ 만일 다음 주까지 은행 대출을 갚지 못하면 그는 파산할 것이다.

→ If he can't pay the bank loan by next week, he will go _____.

E 문장의 밑줄 친 부분에 해당하는 유의어 혹은 반의어를 보기에서 골라 적으시오.

보기	dishonor	fold	contradiction	temporal	active
	dependent	bar	feasible	era	reparable

① He played a passive role in the relationship without trying to change anything.

반의어 ↔ _____

② He has never been independent in his entire life. 반의어 ↔ _____

③ My father unfolded the newspaper. 반의어 ↔ _____

④ The tornado left irreparable damage to the town. 반의어 ↔ _____

⑤ It is the nature of men to seek eternal life. 반의어 ↔ _____

⑥ He couldn't restrain his anger. 유의어 = _____

⑦ What if those principles are not practicable? 유의어 = _____

⑧ It is a paradox that he, as a comedian, rarely makes funny jokes at home.

유의어 = _____

⑨ The president had to resign in disgrace. 유의어 = _____

⑩ Many people think that the Internet is an epoch-making technology.

유의어 = _____

F 영어발음을 듣고 영어단어를 적은 후, 우리말 뜻을 적으시오.

	영어	우리말		영어	우리말
❶			❽		
❷			❾		
❸			❿		
❹			⓫		
❺			⓬		
❻			⓭		
❼			⓮		

G 영어문장을 듣고 빈칸에 들어갈 단어를 채워 문장을 완성하시오.

❶ The government that plans to produce a nuclear weapon was _____ by massive opposition.

❷ Odysseus was a _____ Greek hero.

❸ The number of _____ has been declined since 1980.

❹ She is a famous _____ writer.

❺ A _____ of people gathered at the park to see the concert.

❻ It is fun to live in a _____.

❼ The city must solve the insufficient _____ problem as soon as possible.

❽ Killing innocent people is a _____ behavior.

❾ The _____ system is our main defense against disease.

❿ The announcement of her _____ of Korean citizenship shocked everyone.

⓫ _____ transplanting would be the only way.

⓬ God is _____.

⓭ It's _____ that she became a teacher.

⓮ The wicked fall and the good _____.

⓯ My visa will _____ this month.

⓰ The growth of China's economy is _____.

3rd Edition

절대어휘 5100

④ 수능 필수 1200

*ANSWER KEY

ANSWER KEY

DAY 01
P. 11

001 volumes	002 alleged
003 abhorred	004 captivated
005 tenant	006 unreasonable
007 workmanship	008 Variety
009 skillful	010 subscribes
011 trailed	012 subject
013 undue	014 reckon
015 roamed	016 shorthand
017 scheme	018 stretch
019 limber	020 pedestrian
021 prosecute	022 pervaded
023 savor	024 foul
025 inconsistent	026 lame
027 ineffective	028 pendulum
029 critical	030 embody
031 flocks	032 entity
033 imminent	034 alliance
035 comply	036 crippled
037 commended	038 distinction
039 disconcerted	040 era

DAY 02
P. 15

041 heroic	042 innate
043 inconstant	044 attentive
045 component	046 discipline
047 fasted	048 endure
049 adorned	050 assorted
051 countenance	052 concurred
053 tricks	054 vibrated
055 acquaintance	056 accidental
057 sneers	058 surplus
059 unequaled	060 vigor
061 unsettled	062 revenue
063 sensational	064 sluggish
065 surpass	066 subsidy
067 minute	068 plea
069 rehearse	070 scribe
071 hostility	072 inflexible
073 lawful	074 property

075 peril	076 observance
077 prosperous	078 revengeful
079 Soothe	080 sensibility

REVIEW TEST 01
P. 18

A
❶ trick	❷ lame
❸ acquaintances	❹ innate
❺ sneer	❻ tenant
❼ minute	❽ subscribe
❾ subject	❿ fast

B
❶ ally 동맹시키다	❷ hostile 적대적인
❸ attention 주의	❹ commendation 칭찬
❺ concurrence 의견의 일치	
❻ adornment 장식	❼ distinct 다른
❽ observe 준수하다	❾ rehearsal 예행연습
❿ savory 맛 좋은	

C
❶ abhor	❷ pedestrian
❸ era	❹ heroic
❺ surpass	❻ pervade
❼ ineffective	❽ comply
❾ endure	❿ vigor

D
❶ trailed	❷ limber
❸ ineffective	❹ distinction
❺ inconsistent	❻ tricks
❼ prosperous	❽ imminent
❾ revengeful	❿ subsidy

E
❶ complimentary	❷ consistent
❸ flexible	❹ reasonable
❺ unlawful	❻ appeal
❼ attract	❽ book
❾ danger	❿ energetic

F
❶ variety 변화, 다양성	❷ allege 강력히 주장하다
❸ foul 더러운; 더럽히다	❹ roam 돌아다니다
❺ prosperous 번영하는, 번창하는	
❻ shorthand 속기; 속기의	
❼ stretch 잡아당기다, 잡아 늘이다	
❽ imminent 임박한	❾ inconstant 변덕스러운

⑩ **disconcert** 당황케 하다

⑪ **critical** 비판적인

⑫ **inconsistent** 불일치하는

⑬ **inflexible** 유연하지 않은, 완고한

⑭ **unreasonable** 이성적이 아닌, 터무니없는

G ❶ tricks   ❷ lame

❸ acquaintance   ❹ innate

❺ sneers   ❻ tenant

❼ minute   ❽ subscribes

❾ subject   ❿ fasted

⓫ alliance   ⓬ hostility

⓭ attentive   ⓮ commended

⓯ concurred   ⓰ adorned

DAY 03   P. 23

081 hypothesis   082 irrigation

083 noble   084 refrain

085 prodigy   086 Donating

087 foresight   088 hypocrisy

089 lodged   090 inquiries

091 Cleanse   092 counterpart

093 dodge   094 fragrant

095 feat   096 announced

097 brisk   098 deceit

099 condense   100 unlawful

101 vogue   102 alternative

103 adversary   104 static

105 tempted   106 uproar

107 wakeful   108 Virgin

109 reviewed   110 skeptical

111 startled   112 thriving

113 surrendered   114 scandal

115 splendid   116 strife

117 tyrants   118 wholesale

119 perplexed   120 refuted

DAY 04   P. 27

121 scanned   122 status

123 Tolerance   124 inanimate

125 mute   126 penetrated

127 revert   128 slender

129 enlivened   130 habitual

131 inaccurate   132 negated

133 references   134 colossal

135 defect   136 enlighten

137 humane   138 irritation

139 abase / abasing   140 barter

141 captivity   142 disloyal

143 grave   144 uproot

145 ware   146 bidding

147 devise   148 strive

149 token   150 upset

151 archaic   152 variable

153 accommodate   154 commemorates

155 discern   156 supplements

157 umpire   158 vista

159 bestow   160 shrug

REVIEW TEST 02   P. 30

A ❶ refute   ❷ archaic

❸ condense   ❹ uproot

❺ vogue   ❻ hypocrisy

❼ penetrate   ❽ vistas

❾ irrigation   ❿ skeptical

B ❶ donation 기부   ❷ strive 노력하다, 투쟁하다

❸ nobility 귀족, 고결함   ❹ discernment 식별

❺ perplexity 당황케 함   ❻ tolerable 참을 수 있는

❼ scandalize 분개하게 하다

❽ inquire 질문하다   ❾ foresee 앞을 내다보다

❿ supplementary 보충의

C ❶ wakeful   ❷ cleanse

❸ splendid   ❹ prodigy

❺ bestow   ❻ unlawful

❼ brisk   ❽ adversary

❾ thrive   ❿ revert

D ❶ dodge   ❷ defect

❸ wholesale   ❹ colossal

❺ lodged   ❻ thriving

❼ captivity   ❽ inanimate

⑨ supplements ⑩ references

E ❶ accurate ❷ affirm
❸ dynamic ❹ inhumane
❺ loyal ❻ abstain
❼ achievement ❽ aromatic
❾ commotion ❿ demean

F ❶ tempt 유혹하다, 꾀다 ❷ variable 변덕스러운; 변수
❸ colossal 거대한 ❹ inanimate 무생물의
❺ grave 엄숙한 ❻ slender 가느다란
❼ bid 입찰하다; 입찰 ❽ lodge 숙박하다
❾ alternative 대신의, 양자택일의; 대안
❿ habitual 습관적인, 상습적인
⓫ inaccurate 부정확한
⓬ negate 부정하다, 무효화하다
⓭ static 움직임이 없는
⓮ humane 자비로운, 인도적인

G ❶ refuted ❷ archaic
❸ condense ❹ uproot
❺ vogue ❻ hypocrisy
❼ penetrated ❽ vista
❾ irrigation ❿ skeptical
⓫ Donating ⓬ strife
⓭ noble ⓮ discern
⓯ perplexed ⓰ Tolerance

DAY 05   P. 35

161 stream   162 syndrome
163 unmindful   164 pierced
165 revoked   166 shameful
167 stroking   168 unaccountable
169 indifference   170 partitions
171 picturesque   172 rigorous
173 spontaneous   174 entitled
175 illustration   176 indefinite
177 operative   178 reminiscent
179 confined   180 displaced
181 gleaming / gleam 182 dispensed
183 landscape   184 flattened
185 Jealousy   186 compelled
187 wardrobe   188 complicate

189 Excessive   190 egoistic
191 transactions   192 raid
193 treaty   194 caricature
195 astronomical   196 radiation
197 numb   198 sergeant
199 probable   200 stereotypes

DAY 06   P. 39

201 Collectible   202 flattering
203 perspiration   204 strengthen
205 fuzzy   206 misdeed
207 secondary   208 portfolio
209 inferred   210 bias
211 behavioral   212 fortify
213 formation   214 conceal
215 sneaked   216 celebrities
217 confounded   218 concrete
219 ultimate   220 rationed
221 fluffy   222 skeptics
223 repel   224 liability
225 rod   226 compliment
227 detects   228 peasants
229 patch   230 monument
231 subside   232 wreck
233 ultimately   234 intolerable
235 gross   236 phobia
237 probe   238 removal
239 triggered   240 remindful

REVIEW TEST 03   P. 42

A ❶ treaty   ❷ conceal
  ❸ confine   ❹ gross
  ❺ stroke   ❻ entitled
  ❼ radiation   ❽ probable
  ❾ behavioral   ❿ intolerable

B ❶ concealment 은폐 ❷ remove 제거하다
  ❸ ultimatum 최후의 말 ❹ compulsion 강요
  ❺ piercing 꿰뚫는   ❻ rigorously 엄격하게
  ❼ illustrate 삽화를 그리다

⑧ operation 가동   ⑨ jealous 질투가 많은

⑩ ultimate 최후의, 궁극적인

C ① sneak   ② bias
③ displace   ④ skeptic
⑤ subside   ⑥ unmindful
⑦ spontaneous   ⑧ indefinite
⑨ stereotype   ⑩ repel

D ① syndrome   ② indefinite
③ flattened   ④ compliment
⑤ spontaneous   ⑥ wardrobe
⑦ numb   ⑧ flattering
⑨ bias   ⑩ patch

E ① abstract   ② moderate
③ primary   ④ simplify
⑤ tolerable   ⑥ weaken
⑦ amazed   ⑧ attack
⑨ deal   ⑩ disgraceful

F ① perspiration 발한, 땀
② picturesque 그림 같은, 생생한
③ indifference 무관심
④ astronomical 천문학적인
⑤ numb (추위로) 감각을 잃은
⑥ misdeed 악행
⑦ fortify 요새화하다, 강화하다
⑧ compliment 칭찬, 찬사
⑨ detect 발견하다, 간파하다, 감지하다
⑩ monument 기념비, 기념물
⑪ concrete 구체적인   ⑫ excessive 과도한
⑬ secondary 제2의, 부차적인, 종속적인
⑭ complicate 복잡하게 하다

G ① treaty   ② conceal
③ confined   ④ gross
⑤ stroking   ⑥ entitled
⑦ radiation   ⑧ probable
⑨ behavioral   ⑩ phobia
⑪ rationed   ⑫ removal
⑬ ultimate   ⑭ compelled
⑮ pierced   ⑯ rigorous

DAY 07   P. 47

241 intensified   242 mechanism
243 nutritional   244 random
245 quoted   246 envious
247 isolation   248 Mobility
249 novel   250 deliberate
251 heir   252 overstate
253 myths   254 experimentation
255 temperament   256 hampered
257 irrelevant   258 hastened
259 chivalry   260 protective
261 ulcer   262 Affective
263 dramatized   264 swell
265 longing   266 renowned
267 employability   268 aromatherapy
269 plumes   270 prone
271 obligate   272 ballistic
273 reconstruction   274 postscript
275 dwindled   276 Literal
277 saddle   278 banquet
279 inflicted   280 milestone

DAY 08   P. 51

281 expend   282 orphanage
283 skepticism   284 orientation
285 aquatic   286 nutrition
287 transformation   288 hurled
289 intelligence   290 dispel
291 mob   292 forgetful
293 squealing   294 segregate
295 peninsula   296 astonished
297 discharged   298 magnify
299 impatience   300 conform
301 regarding   302 diffusion
303 fraudulent   304 majesty
305 disappearance   306 overtake
307 archives   308 coincided
309 eroded   310 agricultural
311 inhibit   312 resented
313 respondent   314 bizarre
315 blushed   316 futile

³¹⁷ soften   ³¹⁸ circuit

³¹⁹ Seemingly   ³²⁰ revenge

REVIEW TEST 04   P. 54

A ❶ nutrition ❷ dispel
❸ overstate ❹ milestone
❺ prone ❻ novel
❼ chivalry ❽ forgetful
❾ peninsula ❿ discharge

B ❶ transform 변형시키다 ❷ renown 명성
❸ conformable 일치된, 적합한
❹ bizarrely 괴상하게 ❺ envy 부러움
❻ intelligent 총명한 ❼ isolate 분리하다
❽ long 갈망하다
❾ coincident 동시에 일어나는
❿ resentful 분개한

C ❶ fraudulent ❷ obligate
❸ intensify ❹ inhibit
❺ revenge ❻ affective
❼ swell ❽ literal
❾ regarding ❿ aquatic

D ❶ isolation ❷ heir
❸ swell ❹ postscript
❺ banquet ❻ agricultural
❼ hurled ❽ impatience
❾ majesty ❿ revenge

E ❶ accidental ❷ demagnify
❸ increase ❹ relevant
❺ useful ❻ apparently
❼ arbitrary ❽ astounded
❾ bother ❿ caring

F ❶ erode 침식하다, 부식시키다
❷ agricultural 농사의, 농업의
❸ hasten 재촉하다
❹ archive 기록, 보관소, (인터넷) 파일 모음
❺ nutritional 영양상의
❻ aromatherapy 방향 요법, 아로마테라피
❼ disappearance 사라짐

❽ blush 얼굴을 붉히다
❾ experimentation 실험
❿ inflict (벌을) 주다, 가하다
⓫ deliberate 신중한, 고의적인
⓬ magnify 확대하다
⓭ dwindle 줄다, 쇠하다
⓮ irrelevant 관계없는

G ❶ nutrition ❷ dispel
❸ overstate ❹ milestone
❺ prone ❻ novel
❼ chivalry ❽ forgetful
❾ peninsula ❿ discharged
⓫ transformation ⓬ renowned
⓭ conform ⓮ bizarre
⓯ envious ⓰ intelligence

DAY 09   P. 59

³²¹ contempt   ³²² occupations
³²³ Smallpox   ³²⁴ overturned
³²⁵ recollect   ³²⁶ harsh
³²⁷ crutches   ³²⁸ intimate
³²⁹ pronounced   ³³⁰ identical
³³¹ prominence   ³³² intellects
³³³ reliance   ³³⁴ outfit
³³⁵ Gills   ³³⁶ ancestry
³³⁷ inadequate   ³³⁸ cargo
³³⁹ quest   ³⁴⁰ precipitate
³⁴¹ irrational   ³⁴² staggered
³⁴³ assented   ³⁴⁴ opponents
³⁴⁵ embassy   ³⁴⁶ misinformed
³⁴⁷ questionnaire   ³⁴⁸ extent
³⁴⁹ hibernate   ³⁵⁰ honorable
³⁵¹ hesitation   ³⁵² Nonexistent
³⁵³ console   ³⁵⁴ degrade
³⁵⁵ ejected   ³⁵⁶ burdensome
³⁵⁷ mood   ³⁵⁸ deficient
³⁵⁹ versus   ³⁶⁰ ample

DAY 10
P. 63

361 fossil	362 budget
363 vegetation	364 queer
365 revolves	366 persists
367 imprecise	368 persevere
369 airborne	370 palate
371 jot	372 earnest
373 diplomats	374 invaluable
375 intolerance	376 empathize
377 armor	378 Execution
379 appreciation	380 nurtured
381 complexity	382 troupe
383 complement	384 excess
385 saline	386 participants
387 intercourse	388 remembrance
389 anticipate	390 corrupted
391 outnumbered	392 outdated
393 medieval	394 siblings
395 simultaneous	396 supple
397 inefficient	398 wary
399 parental	400 physical

REVIEW TEST 05
P. 66

A ❶ imprecise ❷ identical
❸ appreciation ❹ remembrance
❺ burdensome ❻ earnest
❼ questionnaire ❽ extent
❾ jot ❿ empathize

B ❶ complex 복잡한 ❷ anticipation 예상
❸ occupy 차지하다
❹ vegetate 식물처럼 생장하다, 무기력하게 지내다
❺ exceed 초과하다 ❻ intellectual 지적인
❼ ancestral 조상의, 조상 대대로의
❽ deficiency 부족 ❾ persistent 고집하는
❿ diplomatic 외교의

C ❶ assent ❷ corrupt
❸ pronounced ❹ outdate
❺ harsh ❻ queer
❼ physical ❽ hesitation

❾ nonexistent ❿ supple

D ❶ harsh ❷ outfit
❸ staggered ❹ hesitation
❺ deficient ❻ budget
❼ revolves ❽ armor
❾ complement ❿ outdated

E ❶ adequate ❷ informed
❸ rational ❹ supporter
❺ tolerance ❻ demean
❼ dependence ❽ disdain
❾ eminence ❿ familiar

F ❶ ample 충분한, 넓은 ❷ cargo 화물
❸ eject 축출하다, 뿜어내다 ❹ fossil 화석
❺ outnumber 수적으로 우세하다
❻ supple 유연한, 나긋나긋한
❼ inefficient 비효율적인 ❽ precipitate 촉진시키다
❾ quest 탐색, 탐구; 탐구하다
❿ hibernate 동면하다 ⑪ inadequate 부적절한
⑫ misinformed 오보를 전해 들은
⑬ irrational 이성을 잃은, 불합리한
⑭ opponent 반대하는; 적대자, 상대

G ❶ imprecise ❷ identical
❸ appreciation ❹ remembrance
❺ burdensome ❻ earnest
❼ questionnaire ❽ extent
❾ jot ❿ empathize
⑪ complexity ⑫ anticipate
⑬ occupations ⑭ vegetation
⑮ excess ⑯ intellects

DAY 11
P. 71

401 rammed	402 substantial
403 rally	404 Humanism
405 liberal	406 monarchy
407 phonograph	408 presentation
409 obvious	410 bough
411 Marital	412 reed
413 continuity	414 fruitful
415 offensive	416 luncheon

417 endeavor
418 spank
419 fort
420 inhaled
421 fraction
422 barometer
423 occasional
424 Sulfur
425 undisputed
426 diplomacy
427 Satire
428 invasive
429 ravages
430 divert
431 unjust
432 soles
433 headlong
434 propagate
435 prototype
436 penetration
437 disapprove
438 intonation
439 replenish
440 archaeology

DAY 12 P. 75

441 Realtors
442 empower
443 encumbered
444 moral
445 sane
446 likelihood
447 admiration
448 monarch
449 strayed
450 groaning
451 incidence
452 conversing
453 marshes
454 supportive
455 sensationalize
456 résumé
457 overpass
458 altitude
459 deficiency
460 personality
461 overwhelmed
462 fragrance
463 publicity
464 cubic
465 extracts
466 injected
467 deceitful
468 necessity
469 adversity
470 arthritis
471 earthen
472 telegraph
473 impoverished
474 rebellion
475 engaged
476 aspired
477 allied
478 federal
479 scorning
480 barren

REVIEW TEST 06 P. 78

A ❶ admiration ❷ engaged
❸ undisputed ❹ deficiency
❺ divert ❻ unjust
❼ prototype ❽ publicity
❾ extract ❿ allied

B ❶ personal 인격의, 개인의
❷ fortify 요새화하다 ❸ satiric 풍자하는
❹ rebel 반역하다 ❺ morality 도덕
❻ continual 연속되는
❼ sensational 선정적인
❽ overwhelming 압도시키는
❾ deceit 사기, 기만 ❿ necessary 필수적인

C ❶ supportive ❷ ravage
❸ rally ❹ unjust
❺ marital ❻ endeavor
❼ headlong ❽ penetration
❾ incidence ❿ adversity

D ❶ luncheon ❷ fraction
❸ fragrance ❹ intonation
❺ strayed ❻ incidence
❼ monarchy ❽ overwhelmed
❾ deceitful ❿ impoverished

E ❶ approve ❷ empty
❸ exhale ❹ insane
❺ obscure ❻ considerable
❼ despise ❽ infertile
❾ insulting ❿ probability

F ❶ converse 담화하다 ❷ monarch 군주
❸ groan 신음하다 ❹ monarchy 군주제
❺ presentation 발표 ❻ invasive 침략적인
❼ propagate 보급시키다 ❽ encumber 방해하다
❾ marsh 늪, 습지 ❿ aspire 열망하다
⓫ disapprove 찬성하지 않다
⓬ replenish 채우다 ⓭ inhale 숨을 들이마시다
⓮ sane 제정신의

G ❶ admiration ❷ engaged
❸ undisputed ❹ deficiency
❺ divert ❻ diplomacy
❼ prototype ❽ publicity
❾ extracts ❿ allied
⓫ personality ⓬ fort
⓭ Satire ⓮ rebellion
⓯ moral ⓰ continuity

ANSWER KEY

DAY 13
P. 83

481 restricted
482 registration
483 commission
484 naive
485 scarcity
486 old-fashioned
487 prospective
488 foster
489 Oriental
490 ignited
491 patience
492 grumble
493 outbreak
494 howl
495 radical
496 mow
497 fetus
498 accelerated
499 hive
500 pressure
501 prehistoric
502 permanent
503 inhabit
504 Sensory
505 allocate
506 misplaces
507 accused
508 manuscript
509 Premature
510 enterprise
511 fury
512 labor
513 furnish
514 mist
515 behold
516 combustion
517 dishonesty
518 attributed
519 indifferent
520 contagion

DAY 14
P. 87

521 theology
522 absolute
523 sizable
524 opposite
525 textile
526 pregnant
527 reinforce
528 onset
529 heartened
530 hatred
531 polishes
532 scope
533 meteorological
534 dangled
535 intervene
536 diagnose
537 destined
538 floppy
539 limitations
540 elimination
541 oppressive
542 excluded
543 overnight
544 opt
545 effortless
546 lashed
547 grant
548 oppression
549 insufficient
550 brute
551 flapped
552 Dependence
553 instability
554 evaded
555 consultant
556 attire

557 transition
558 capabilities
559 emergence
560 disharmony

REVIEW TEST 07
P. 90

A
❶ opposite
❷ mow
❸ grant
❹ commission
❺ outbreak
❻ limitation
❼ pressure
❽ manuscript
❾ pregnant
❿ diagnosed

B
❶ acceleration 가속
❷ depend 의존하다
❸ transit 변천하다
❹ prospect 가망
❺ misty 안개 낀
❻ oppressive 압제적인
❼ furious 격노한
❽ option 선택
❾ register 등록하다
❿ laborious 힘든

C
❶ insufficient
❷ evade
❸ effortless
❹ intervene
❺ commission
❻ Oriental
❼ patience
❽ permanent
❾ inhabit
❿ furnish

D
❶ registration
❷ permanent
❸ accused
❹ combustion
❺ indifferent
❻ furnish
❼ textile
❽ reinforce
❾ meteorological
❿ floppy

E
❶ abundance
❷ conservative
❸ harmony
❹ honesty
❺ include
❻ relative
❼ ability
❽ blame
❾ complaint
❿ considerable

F
❶ flap 펄럭이다, 퍼덕거리다; 펄럭임
❷ ignite 불붙다, 불을 붙이다
❸ misplace 잘못 놓다
❹ restrict 제한하다, 한정하다
❺ sensory 지각의
❻ hatred 증오
❼ destine 예정해 두다, 운명으로 정해지다
❽ brute 짐승
❾ behold (바라)보다
❿ attribute ~의 탓으로 하다, ~에게 돌리다
⓫ scarcity 부족, 결핍
⓬ radical 급진적인

⑬ disharmony 부조화 ⑭ dishonesty 부정직

G ❶ heartened ❷ mow
  ❸ grant ❹ naive
  ❺ outbreak ❻ limitation
  ❼ pressure ❽ manuscript
  ❾ pregnant ❿ diagnose
  ⑪ accelerated ⑫ Dependence
  ⑬ transition ⑭ prospective
  ⑮ mist ⑯ oppression

DAY 15 P. 95

561 strait 562 presume
563 subordinate 564 availability
565 amendment 566 persuade
567 moist 568 rigging
569 ordinary 570 sequential
571 publication 572 governs
573 panoramic 574 sheer
575 ferry 576 mandatory
577 restore 578 penalized
579 immense 580 ascribed
581 livelihood 582 expiration
583 expelled 584 celestial
585 scenic 586 Aviation
587 swirl 588 darted
589 resentful 590 inferiority
591 productivity 592 diagnosis
593 snicker 594 scramble
595 freight 596 patriot
597 admirable 598 porch
599 occurrence 600 oval

DAY 16 P. 99

601 infamous 602 rear
603 advent 604 proficiency
605 concise 606 dominate
607 merchandise 608 repute
609 intervention 610 reproduce
611 maxim 612 sewage
613 recreated 614 marshal

615 competence 616 knowledgeable
617 employ 618 revive
619 regime 620 offense
621 Vinegar 622 colonial
623 pain 624 ominous
625 exterior 626 Prairies
627 confide 628 dribbled
629 imprisoned 630 cognitive
631 mischief 632 underway
633 ailment 634 Discard
635 escort 636 insane
637 agility 638 draft
639 allergic 640 verse

REVIEW TEST 08 P. 102

A ❶ ordinary ❷ infamous
  ❸ employed ❹ mandatory
  ❺ pain ❻ panoramic
  ❼ penalized ❽ allergic
  ❾ expiration ❿ draft

B ❶ reproduction 재현, 복사
  ❷ immensity 거대 ❸ persuasive 설득력 있는
  ❹ sequence 연속 ❺ aviate 비행하다
  ❻ swirly 소용돌이 치는 ❼ diagnose 진단하다
  ❽ patriotic 애국의 ❾ agile 민첩한
  ❿ amend 고치다

C ❶ discard ❷ ailment
  ❸ occurrence ❹ sheer
  ❺ restore ❻ dominate
  ❼ ominous ❽ concise
  ❾ expel ❿ celestial

D ❶ amendment ❷ governs
  ❸ ferry ❹ celestial
  ❺ scramble ❻ porch
  ❼ sewage ❽ regime
  ❾ Vinegar ❿ mischief

E ❶ defense ❷ incompetence
  ❸ interior ❹ sane

ANSWER KEY

⑤ superiority　　⑥ unavailability
⑦ attribute　　⑧ cargo
⑨ commendable　　⑩ confined

F ❶ livelihood 생계　　❷ regime 정권
❸ subordinate 하급의, 종속의
❹ presume 가정하다, 추정하다
❺ publication 출판, 출간
❻ resentful 분개한　　❼ productivity 생산성
❽ intervention 중재, 개입
❾ concise 간결한　　❿ advent 출현, 도래
⓫ offense 위반, 공격　　⓬ competence 능력, 자격
⓭ exterior 외부의; 외부　　⓮ insane 미친

G ❶ ordinary　　❷ infamous
❸ employ　　❹ mandatory
❺ pain　　❻ panoramic
❼ penalized　　❽ allergic
❾ expiration　　❿ draft
⓫ reproduce　　⓬ immense
⓭ persuade　　⓮ sequential
⓯ Aviation　　⓰ swirl

DAY 17　　P. 107

641 estate　　642 recruited
643 armament　　644 Regardless
645 sly　　646 inventive
647 mimic　　648 resided
649 negligence　　650 poisonous
651 exploit　　652 obligation
653 foresee　　654 Obstacles
655 forefathers　　656 obscure
657 grasped　　658 prestige
659 cavities　　660 Pacific
661 relocates　　662 garment
663 modernize　　664 anecdotal
665 obtained　　666 persistence
667 revolt　　668 margins
669 optional　　670 justify
671 personalized　　672 dreadful
673 fatalities　　674 inspected
675 fatal　　676 keen

677 arson　　678 botanist
679 controversial　　680 anarchy

DAY 18　　P. 111

681 paraphrased　　682 blot
683 sprained　　684 vocal
685 ignorant　　686 disgust
687 specimen　　688 constitute
689 queue　　690 nodded
691 frightful　　692 fragile
693 peeked　　694 resolutions
695 liver　　696 congestion
697 Idealistic　　698 conceived
699 Correspondent　　700 excavation
701 intimidate　　702 disperse
703 nourished　　704 compound
705 digestion　　706 modification
707 delicacy　　708 instructions
709 fleeing　　710 notorious
711 in-between　　712 astounded
713 evacuation　　714 compiled
715 inaudible　　716 elegant
717 penalty　　718 analytical
719 stump　　720 autobiography

REVIEW TEST 09　　P. 114

A ❶ regardless　　❷ revolt
❸ estate　　❹ persistence
❺ reside　　❻ nourish
❼ conceive　　❽ optional
❾ resolution　　❿ congestion

B ❶ obligate 강요하다　　❷ recruitment 채용
❸ obtainable 입수 가능한
❹ foresight 예견　　❺ penal 형벌의
❻ evacuate 철수하다　　❼ arm 무장시키다
❽ justification 정당화　　❾ fatality 사망(자), 재난
❿ arsonous 방화의

C ❶ obstacle　　❷ sly
❸ flee　　❹ dreadful

⑤ astound
⑦ ignorant
⑨ disgust

⑥ negligence
⑧ inspect
⑩ controversial

D ❶ cavities
❸ fatal
❺ controversial
❼ liver
❾ stump

❷ justify
❹ arson
❻ sprained
❽ digestion
❿ Idealistic

E ❶ audible
❸ eager
❺ ambiguous
❼ death
❾ harness

❷ descendant
❹ alteration
❻ uninventive
❽ direction
❿ imitate

F ❶ compound 혼합물, 합성의, 혼합의
❷ Pacific 태평양의; 태평양
❸ analytical 분석적인
❹ anecdotal 일화의, 일화적인
❺ nod 끄덕이다　❻ fragile 부서지기 쉬운
❼ notorious 악명 높은　❽ autobiography 자서전
❾ intimidate 위협하다, 협박하다
❿ blot 얼룩　⓫ inaudible 들을 수 없는
⓬ forefather 조상
⓭ keen 열심인, 강렬한, 날카로운
⓮ modification 수정, 변경

G ❶ Regardless
❸ estate
❺ resided
❼ conceived
❾ resolutions
⓫ obligation
⓭ obtained
⓯ penalty

❷ revolt
❹ persistence
❻ nourished
❽ optional
❿ congestion
⓬ recruited
⓮ foresee
⓯ evacuation

DAY 19
P. 119

721 dispute
723 setback
725 shrill
727 abort
729 lawsuit

722 delighted
724 pesticide
726 antipollution
728 paradigm
730 relevance

731 measure
733 ownership
735 opposed
737 decorative
739 inferences
741 distracted
743 emit
745 maturity
747 suffix
749 incorporated
751 summoned
753 warrant
755 reputation
757 Incorruptibility
759 achievement

732 insecure
734 uphold
736 improvised
738 dashed
740 inescapable
742 affordable
744 obedient
746 candidates
748 bygone
750 banner
752 parliament
754 disproved
756 exceed
758 rake / raking
760 compromise

DAY 20
P. 123

761 mumbled
763 liberate
765 rugged
767 Hail
769 nutritious
771 primeval
773 preventive
775 interior
777 Parentheses
779 muscles
781 kindle
783 Communism
785 necessitate
787 dose
789 expenses
791 heightened
793 mainstream
795 unveil
797 ecology
799 unlock

762 observation
764 rotate
766 sipping
768 treatise
770 parlor
772 signifies
774 Gravitation
776 mean
778 perspective
780 asthma
782 prudent
784 familiarize
786 inventory
788 secretion
790 disapproval
792 benefactors
794 skimmed
796 deems
798 inaccessible
800 dilemma

REVIEW TEST 10 P. 126

A ❶ candidate   ❷ incorporate
❸ bygone   ❹ unveil
❺ delighted   ❻ relevance
❼ measure   ❽ compromise
❾ preventive   ❿ gravitation

B ❶ unlockable 열 수 있는 ❷ insecurity 불안정
❸ signification 표시   ❹ infer 추론하다
❺ improvise 즉석에서 하다
❻ emission 내뿜음   ❼ disproof 반증
❽ opposition 반대   ❾ dilemmatic 딜레마의
❿ excess 초과

C ❶ familiarize   ❷ inaccessible
❸ shrill   ❹ distract
❺ summon   ❻ warrant
❼ primeval   ❽ mean
❾ necessitate   ❿ uphold

D ❶ affordable   ❷ summoned
❸ exceed   ❹ compromise
❺ mumbled   ❻ rugged
❼ perspective   ❽ primeval
❾ skimmed   ❿ Hail

E ❶ approval   ❷ breakthrough
❸ capitalism   ❹ disobedient
❺ exterior   ❻ accomplishment
❼ argument   ❽ cautious
❾ nourishing   ❿ ornamental

F ❶ dose 복용량   ❷ expense 지출
❸ benefactor 기부자, 후원자
❹ paradigm 모범, 본보기 ❺ reputation 평판, 명성
❻ antipollution 오염 방지
❼ lawsuit 소송   ❽ rake 긁어모으다; 갈퀴
❾ observation 관찰, 관찰 결과
❿ parlor ~점, 영업실
⓫ disapproval 반대, 불승인
⓬ setback 퇴보, 좌절   ⓭ communism 공산주의
⓮ obedient 순종하는

G ❶ candidates   ❷ incorporated

❸ bygone   ❹ unveil
❺ delighted   ❻ relevance
❼ measure   ❽ compromise
❾ preventive   ❿ Gravitation
⓫ unlock   ⓬ insecure
⓭ signifies   ⓮ inferences
⓯ improvised   ⓯ emit

DAY 21 P. 131

801 temptation   802 theatrical
803 edible   804 provisions
805 afflicted   806 punctual
807 savage   808 infinite
809 inverted   810 recommendation
811 arouse   812 outstanding
813 Drain   814 Mediterranean
815 exhaled   816 flustered
817 hue   818 motive
819 flexibly   820 pessimist
821 tutor   822 innovative
823 prestigious   824 fertility
825 marveled   826 risky
827 moody   828 operate
829 reins   830 fragments
831 juvenile   832 elsewhere
833 innumerable   834 painless
835 diplomatic   836 essentiality
837 finale   838 convention
839 encyclopedia   840 ecologist

DAY 22 P. 135

841 assure   842 compatible
843 abstraction   844 optimistic
845 assert   846 selfless
847 violation   848 pursuit
849 irritability   850 retreat
851 betrayed   852 preoccupied
853 Misfortune   854 faculty
855 exquisite   856 outstayed
857 providence   858 intruded
859 clung   860 groundless

861 census
862 casualties
863 deprived
864 inefficiency
865 deplored
866 legislative
867 intake
868 anonymity
869 masterful
870 contradict
871 inaugurated
872 evergreen
873 modernists
874 hospitable
875 ambiguous
876 elegant
877 butt
878 glare
879 denounced
880 imperial

REVIEW TEST 11
P. 138

A ❶ misfortune ❷ marvel
❸ prestigious ❹ deprived
❺ recommendation ❻ reins
❼ afflicted ❽ fertility
❾ operate ❿ groundless

B ❶ infinity 무한 ❷ hospitability 호의
❸ contradiction 부정 ❹ tempt 유혹하다
❺ inefficient 비효율적인 ❻ ambiguity 모호
❼ drainage 배수 ❽ ecological 생태학적인
❾ legislate 법률을 제정하다
❿ anonymous 익명의

C ❶ painless ❷ violation
❸ risky ❹ assure
❺ innovative ❻ cling
❼ elsewhere ❽ innumerable
❾ optimistic ❿ betray

D ❶ savage ❷ innovative
❸ elsewhere ❹ ecologist
❺ assure ❻ anonymity
❼ hospitable ❽ exquisite
❾ retreat ❿ risky

E ❶ remarkable ❷ cheerful
❸ incompatible ❹ inedible
❺ inelegant ❻ optimist
❼ color ❽ condemn
❾ declare ❿ fatality

F ❶ masterful 노련한, 능숙한
❷ fragment 파편 ❸ tutor 가정교사, 과외교사
❹ invert 거꾸로 하다 ❺ flexibly 융통성 있게
❻ diplomatic 외교의 ❼ providence 섭리, 신
❽ census 인구 조사
❾ deplore 비탄하다, 애도하다
❿ inaugurate 취임시키다 ⓫ outstanding 눈에 띄는
⓬ moody 침울한, 변덕스러운
⓭ compatible 양립할 수 있는, 호환되는
⓮ edible 식용의

G ❶ Misfortune ❷ marveled
❸ prestigious ❹ deprived
❺ recommendation ❻ reins
❼ afflicted ❽ fertility
❾ operate ❿ groundless
⓫ infinite ⓬ hospitable
⓭ contradict ⓮ temptation
⓯ inefficiency ⓰ ambiguous

DAY 23
P. 143

881 abstain
882 shield
883 Antibody
884 despise
885 contrivances
886 righteous
887 paralyzed
888 rot
889 acidity
890 visionary
891 inorganic
892 intact
893 radiate
894 elementary
895 inactive
896 omit
897 telethon
898 nostalgic
899 hemisphere
900 constraint
901 consistency
902 immoral
903 imitations
904 dividend
905 unintelligible
906 distinctive
907 measles
908 leaky
909 authoritarian
910 simplification
911 authentic
912 humidity
913 underlying
914 singular
915 obesity
916 sturdy
917 descent
918 executed
919 disposability
920 Humility

DAY 24
P. 147

921 Phantom	922 wilderness
923 avenge	924 metaphor
925 mournfully	926 interpret
927 rendered	928 renown
929 rusty	930 formalized
931 shreds	932 means
933 objectivity	934 phenomenon
935 royalty	936 ridicule
937 practice	938 standard
939 opposition	940 ripen
941 esteem	942 Innovation
943 reestablish	944 overactive
945 harmonious	946 akin
947 infected	948 enforce
949 dominant	950 avid
951 resign	952 appealing
953 chock	954 exploration
955 advocated	956 mutual
957 simultaneously	958 habitation
959 cloak	960 recipients

REVIEW TEST 12
P. 150

A ❶ akin ❷ imitation
❸ render ❹ abstain
❺ renown ❻ wilderness
❼ intact ❽ hemisphere
❾ standards ❿ avid

B ❶ acid 산, 산성의 ❷ oppose 반대하다
❸ resignation 사임 ❹ measly 홍역의
❺ simplify 단순화하다 ❻ humid 습한
❼ obese 비만의 ❽ ripe 익은
❾ humiliate 창피를 주다 ❿ shredlike 조각 같은

C ❶ ridicule ❷ despise
❸ execute ❹ interpret
❺ authentic ❻ distinctive
❼ visionary ❽ constraint
❾ righteous ❿ omit

D ❶ rusty ❷ shield
❸ radiate ❹ appealing
❺ simultaneously ❻ Innovation
❼ metaphor ❽ phenomenon
❾ mournfully ❿ leaky

E ❶ active ❷ advanced
❸ ascent ❹ inconsistency
❺ moral ❻ subjectivity
❼ custom ❽ decay
❾ fundamental ❿ incomprehensible

F ❶ contrivance 계획, 고안물, 계략
❷ mutual 서로의, 공동의
❸ singular 남다른, 단수형의; 단수형
❹ paralyze 마비시키다
❺ nostalgic 고향을 그리는
❻ dividend 배당(금)
❼ authoritarian 권위주의의; 권위주의자
❽ disposability 일회성, 처분 가능성
❾ esteem 존중, 존경 ❿ infect 전염시키다
⓫ inactive 활발하지 않은, 활동하지 않는
⓬ elementary 기초의, 초보의
⓭ descent 하강 ⓮ consistency 일관성

G ❶ akin ❷ imitations
❸ rendered ❹ abstain
❺ renown ❻ wilderness
❼ intact ❽ hemisphere
❾ standard ❿ avid
⓫ acidity ⓬ opposition
⓭ resign ⓮ measles
⓯ simplification ⓰ humidity

DAY 25
P. 155

961 immortality	962 physiologist
963 conception	964 scholastic
965 resort	966 facilitated
967 obstinate	968 unconditional
969 peer	970 naughty
971 Occidental	972 immediate
973 proficient	974 undermined
975 pinpoint	976 chariot

977 differentiate
978 likened
979 rebel
980 induce
981 rearrangement
982 lease
983 rigid
984 plentiful
985 hollow
986 audible
987 insignificant
988 craves
989 regulatory
990 punctuated
991 minimal
992 torch
993 bliss
994 impure
995 displeases
996 impulsive
997 opportunity
998 daze
999 discourse
1000 ethos

DAY 26

P. 159

1001 compensate
1002 Outgoing
1003 disciples
1004 alteration
1005 Bullies
1006 peeling
1007 transmit
1008 allotted
1009 revise
1010 torrents
1011 preface
1012 inhumane
1013 regional
1014 artisans
1015 personnel
1016 manipulated
1017 equate
1018 drastic
1019 locomotives
1020 merge
1021 exemplary
1022 barrow
1023 fond
1024 backbone
1025 optimal
1026 cornea
1027 wreath
1028 cordial
1029 intent
1030 incentives
1031 accountable
1032 laughable
1033 comparable
1034 horrible
1035 elicited
1036 martial
1037 glorified
1038 punishment
1039 disillusioned
1040 auditors

REVIEW TEST 13

P. 162

A ❶ unconditional ❷ wreath
❸ disillusioned ❹ incentive
❺ likened ❻ naughty
❼ bully ❽ locomotive

❾ merge ❿ comparable

B ❶ account 설명하다 ❷ inducement 권유
❸ revision 수정 ❹ difference 차이
❺ transmission 전달 ❻ proficiency 능숙
❼ facilitative 촉진하는 ❽ scholar 학자
❾ obstinacy 완고함 ❿ minimum 최소

C ❶ displease ❷ plentiful
❸ equate ❹ horrible
❺ intent ❻ martial
❼ laughable ❽ resort
❾ rebel ❿ peer

D ❶ exemplary ❷ minimal
❸ lease ❹ differentiate
❺ rearrangement ❻ personnel
❼ punishment ❽ optimal
❾ transmit ❿ immediate

E ❶ contrast ❷ flexible
❸ inaudible ❹ mortality
❺ Oriental ❻ pure
❼ chance ❽ make up for
❾ bring about ❿ cruel

F ❶ allot 분배하다 ❷ immediate 즉각의
❸ pinpoint 위치를 정확하게 나타내다; 핀 끝
❹ insignificant 대수롭지 않은
❺ punctuate 강조하다, 중단시키다
❻ outgoing 외향성의 ❼ torrent 급류, 억수
❽ fond 좋아하는 ❾ backbone 중추
❿ cordial 진심의 ⓫ liken 비유하다
⓬ rigid 엄격한 ⓭ audible 들리는
⓮ immortality 불멸

G ❶ unconditional ❷ wreath
❸ disillusioned ❹ incentives
❺ undermined ❻ naughty
❼ Bullies ❽ locomotives
❾ merge ❿ comparable
⓫ accountable ⓬ induce
⓭ revise ⓮ differentiate
⓯ transmit ⓯ proficient

DAY 27
P. 167

1041	corps	1042	fluids
1043	ethics	1044	voucher
1045	reluctant	1046	worn
1047	correspond	1048	compassion
1049	relevant	1050	optical
1051	traitor	1052	rug
1053	towed	1054	dampen
1055	inborn	1056	presidency
1057	dental	1058	hindrance
1059	nobility	1060	sovereign
1061	fulfillment	1062	collided
1063	clump	1064	harness
1065	halve	1066	cozy
1067	switching	1068	covets
1069	customary	1070	crisp
1071	adjourn	1072	renovation
1073	anguished	1074	grazing
1075	surge	1076	rustled
1077	monopoly	1078	shortcomings
1079	corpse	1080	eminent

DAY 28
P. 171

1081	derives	1082	grieving
1083	paramount	1084	tremendous
1085	addictive	1086	administration
1087	Mercury	1088	hybrid
1089	principles	1090	rational
1091	repetitious	1092	expansion
1093	roost	1094	legislation
1095	monotonous	1096	parasitic
1097	renewable	1098	rejoiced
1099	haze	1100	sentimental
1101	notified	1102	radish
1103	disguise	1104	improper
1105	performance	1106	occupant
1107	forthcoming	1108	urn
1109	immemorial	1110	downfall
1111	differentials	1112	applause
1113	reconsider	1114	zealous
1115	arid	1116	enrichment

1117	undesirable	1118	Migration
1119	rumble / rumbling	1120	exhilarated

REVIEW TEST 14
P. 174

A
❶ shortcomings ❷ improper
❸ grieve ❹ tow
❺ compassion ❻ presidency
❼ cozy ❽ monopoly
❾ derive ❿ rational

B
❶ hazy 희미한
❷ tremendously 엄청나게
❸ notice 통지 ❹ exhilarated 유쾌한
❺ ethical 윤리적인 ❻ noble 고결한
❼ fulfill 성취하다 ❽ half 절반
❾ covetous 몹시 탐내는 ❿ paramountcy 최고권

C
❶ corpse ❷ expansion
❸ hindrance ❹ adjourn
❺ wear ❻ anguish
❼ hybrid ❽ repetitious
❾ parasitic ❿ reconsider

D
❶ applause ❷ crispy
❸ towed ❹ sentimental
❺ covets ❻ dental
❼ grazing ❽ radish
❾ clump ❿ traitor

E
❶ acquired ❷ desirable
❸ irrelevant ❹ unusual
❺ willing ❻ provided
❼ bump ❽ change
❾ coupon ❿ dry

F
❶ urn 항아리, 단지 ❷ fluid 액체
❸ eminent 높은, 저명한 ❹ dampen 기를 꺾다
❺ crisp 바삭바삭한, 빳빳한 ❻ sentimental 감상적인
❼ disguise 변장 ❽ immemorial 먼 옛날의
❾ differential (임금) 격차 ❿ migration 이주
⓫ inborn 타고난
⓬ undesirable 탐탁지 않은, 바람직하지 않은
⓭ relevant 관련된 ⓮ customary 관례적인

G ❶ shortcomings ❷ improper
❸ grieving ❹ towed
❺ compassion ❻ presidency
❼ cozy ❽ monopoly
❾ derives ❿ rational
⓫ haze ⓬ tremendous
⓭ notified ⓮ exhilarated
⓯ ethics ⓰ sovereign

DAY 29
P. 179

1121 basin		1122 prose	
1123 expire		1124 organize	
1125 resistant		1126 provoked	
1127 epoch		1128 multitude	
1129 situational		1130 charter	
1131 ironic		1132 myriad	
1133 forsake		1134 passive	
1135 suspense		1136 passionate	
1137 bankrupt		1138 phenomenal	
1139 florist		1140 independent	
1141 legendary		1142 evaluate	
1143 notation		1144 digestive	
1145 vicious		1146 specification	
1147 practicable		1148 braille	
1149 eclipse		1150 miscarriage	
1151 infirm		1152 cultivating	
1153 restrain		1154 dormitory	
1155 impose		1156 negotiated	
1157 entrusted		1158 perfume	
1159 barbaric		1160 deception	

DAY 30
P. 183

1161 fad	1162 artery
1163 irreparable	1164 sanitary
1165 telepathy	1166 constrict
1167 defy	1168 hierarchy
1169 tactical	1170 confronted
1171 spawn	1172 self-esteem
1173 disgrace	1174 postpone
1175 unfolded	1176 preaching
1177 resentment	1178 immune

1179 inflation	1180 prosper
1181 soared	1182 mummy
1183 diminished	1184 lieutenant
1185 disturber	1186 emigrants
1187 gratitude	1188 merciful
1189 evident	1190 paradox
1191 Organ	1192 rectangular
1193 pests	1194 eternal
1195 side effect	1196 accommodations
1197 abandonment	1198 monologue
1199 plucked	1200 swished

REVIEW TEST 15
P. 186

A ❶ confronted ❷ legendary
❸ emigrant ❹ prose
❺ multitude ❻ dormitory
❼ accommodations ❽ barbaric
❾ immune ❿ abandonment

B ❶ organic 기관의 ❷ mercy 자비
❸ irony 풍자, 모순 ❹ prosperous 번영하는
❺ expiration 만료 ❻ phenomenon 현상
❼ digestion 소화 ❽ specify 구체화하다
❾ sanitarian 위생학자 ❿ evidence 증거

C ❶ diminish ❷ vicious
❸ fad ❹ deception
❺ cultivate ❻ myriad
❼ postpone ❽ infirm
❾ situational ❿ passionate

D ❶ resentment ❷ rectangular
❸ negotiated ❹ spawn
❺ evident ❻ digestive
❼ entrusted ❽ plucked
❾ organize ❿ bankrupt

E ❶ active ❷ dependent
❸ fold ❹ reparable
❺ temporal ❻ bar
❼ feasible ❽ contradiction
❾ dishonor ❿ era

F   ❶ evaluate 평가하다
　　❷ practicable 실행 가능한, 실용적인
　　❸ impose 부과하다
　　❹ self-esteem 자존심, 자부심
　　❺ provoke 화나게 하다, 유발시키다
　　❻ braille 브라유식 점자(법)
　　❼ eclipse 일식
　　❽ defy 무시하다, 반항하다
　　❾ tactical 전술적인
　　❿ soar 높이 치솟다
　　⓫ passive 수동적인, 간접적인
　　⓬ independent 독립적인
　　⓭ unfold 펼치다
　　⓮ irreparable 돌이킬 수 없는

G   ❶ confronted　　❷ legendary
　　❸ emigrants　　❹ prose
　　❺ multitude　　❻ dormitory
　　❼ accommodations　　❽ barbaric
　　❾ immune　　❿ abandonment
　　⓫ Organ　　⓬ merciful
　　⓭ ironic　　⓮ prosper
　　⓯ expire　　⓰ phenomenal

MEMO

MEMO

MEMO

내신 · 수능 · 토플이 가벼워지는
Vocabulary master
5단계 시리즈

절대어휘
5100

김호성, 전진완, 백영실, 고미선, 이나영, 박영은

4

수능 필수
1200

WORKBOOK

DARAKWON

WORKBOOK

01	떼, 무리; 떼 짓다	**flock**	떼, 무리; 떼 짓다	떼, 무리; 떼 짓다
02	당황케 하다	**disconcert**	당황케 하다	당황케 하다
03	불일치하는	**inconsistent**	불일치하는	불일치하는
04	강력히 주장하다	**allege**	강력히 주장하다	강력히 주장하다
05	돌아다니다	**roam**	돌아다니다	돌아다니다
06	계획, 책략; 책략을 꾸미다	**scheme**	계획, 책략; 책략을 꾸미다	계획, 책략; 책략을 꾸미다
07	구체화하다	**embody**	구체화하다	구체화하다
08	기량, 솜씨	**workmanship**	기량, 솜씨	기량, 솜씨
09	기소하다, 수행하다	**prosecute**	기소하다, 수행하다	기소하다, 수행하다
10	끌다, 끌리다; 지나간 자국	**trail**	끌다, 끌리다; 지나간 자국	끌다, 끌리다; 지나간 자국
11	널리 퍼지다	**pervade**	널리 퍼지다	널리 퍼지다
12	더러운; 더럽히다	**foul**	더러운; 더럽히다	더러운: 더럽히다
13	동맹	**alliance**	동맹	동맹
14	맛보다	**savor**	맛보다	맛보다
15	매혹하다	**captivate**	매혹하다	매혹하다
16	변화, 다양성	**variety**	변화, 다양성	변화, 다양성
17	보행자	**pedestrian**	보행자	보행자
18	부적절한	**undue**	부적절한	부적절한
19	비판적인	**critical**	비판적인	비판적인
20	비효율적인	**ineffective**	비효율적인	비효율적인
21	생각하다	**reckon**	생각하다	생각하다
22	속기; 속기의	**shorthand**	속기; 속기의	속기; 속기의
23	숙련된, 솜씨 좋은	**skillful**	숙련된, 솜씨 좋은	숙련된, 솜씨 좋은
24	식별, 차별성, 개성	**distinction**	식별, 차별성, 개성	식별, 차별성, 개성
25	불구가 되게 하다, 손상시키다	**cripple**	불구가 되게 하다, 손상시키다	불구가 되게 하다, 손상시키다
26	실재, 실체	**entity**	실재, 실체	실재, 실체
27	연대, 시대	**era**	연대, 시대	연대, 시대
28	유연한	**limber**	유연한	유연한
29	응하다, 따르다	**comply**	응하다, 따르다	응하다, 따르다
30	이성적이 아닌	**unreasonable**	이성적이 아닌	이성적이 아닌
31	임박한	**imminent**	임박한	임박한
32	임차인, 차용자	**tenant**	임차인, 차용자	임차인, 차용자
33	잡아당기다	**stretch**	잡아당기다	잡아당기다
34	절름발이의	**lame**	절름발이의	절름발이의
35	정기 구독하다	**subscribe**	정기 구독하다	정기 구독하다
36	지배를 받는, 복종하는	**subject**	지배를 받는, 복종하는	지배를 받는, 복종하는
37	추, 진자	**pendulum**	추, 진자	추, 진자
38	책, 부피, 음량	**volume**	책, 부피, 음량	책, 부피, 음량
39	칭찬하다	**commend**	칭찬하다	칭찬하다
40	혐오하다	**abhor**	혐오하다	혐오하다

✦ 다음을 영어는 한국어로 한국어는 영어로 적으시오.   정답 p.65

01	abhor		01	통 당황케 하다
02	allege		02	통 강력히 주장하다
03	alliance		03	통 돌아다니다
04	captivate		04	통 구체화하다
05	commend		05	통 기소하다, 수행하다
06	comply		06	통 끌다, 끌리다 명 지나간 자국
07	cripple		07	통 널리 퍼지다
08	critical		08	통 맛보다
09	disconcert		09	통 매혹하다
10	distinction		10	통 생각하다
11	embody		11	통 응하다, 따르다
12	entity		12	통 잡아당기다
13	era		13	통 정기 구독하다
14	flock		14	통 칭찬하다
15	foul		15	통 혐오하다
16	imminent		16	명 떼, 무리 통 떼 짓다
17	inconsistent		17	명 계획, 책략 통 책략을 꾸미다
18	ineffective		18	명 기량, 솜씨
19	lame		19	명 동맹
20	limber		20	명 변화, 다양성
21	pedestrian		21	명 보행자
22	pendulum		22	명 속기 형 속기의
23	pervade		23	명 식별, 차별성, 개성
24	prosecute		24	통 불구가 되게 하다, 손상시키다
25	reckon		25	명 실재, 실체
26	roam		26	명 연대, 시대
27	savor		27	명 임차인, 차용자
28	scheme		28	명 추, 진자
29	shorthand		29	명 책, 부피, 음량
30	skillful		30	형 불일치하는
31	stretch		31	형 더러운 통 더럽히다
32	subject		32	형 부적절한
33	subscribe		33	형 비판적인
34	tenant		34	형 비효율적인
35	trail		35	형 숙련된, 솜씨 좋은
36	undue		36	형 유연한
37	unreasonable		37	형 이성적이 아닌
38	variety		38	형 임박한
39	volume		39	형 절름발이의
40	workmanship		40	형 지배를 받는, 복종하는

✦ 해당 영어의 한국어 의미를 생각하면서 2번씩 적으시오.

01	견디다	**endure**	견디다	견디다
02	구성요소	**component**	구성요소	구성요소
03	굼뜬, 불경기의	**sluggish**	굼뜬, 불경기의	굼뜬, 불경기의
04	꾸미다	**adorn**	꾸미다	꾸미다
05	나머지, 흑자; 과잉의	**surplus**	나머지, 흑자; 과잉의	나머지, 흑자; 과잉의
06	능가하다	**surpass**	능가하다	능가하다
07	단식하다; 단식	**fast**	단식하다; 단식	단식하다; 단식
08	달래다, 진정시키다	**soothe**	달래다, 진정시키다	달래다, 진정시키다
09	면식, 아는 사람	**acquaintance**	면식, 아는 사람	면식, 아는 사람
10	미세한	**minute**	미세한	미세한
11	번영하는	**prosperous**	번영하는	번영하는
12	변덕스러운	**inconstant**	변덕스러운	변덕스러운
13	보조금	**subsidy**	보조금	보조금
14	복수심에 불타는	**revengeful**	복수심에 불타는	복수심에 불타는
15	감수성	**sensibility**	감수성	감수성
16	비웃다; 비웃음	**sneer**	비웃다; 비웃음	비웃다; 비웃음
17	서기	**scribe**	서기	서기
18	선풍적 인기의	**sensational**	선풍적 인기의	선풍적 인기의
19	세입, 수익	**revenue**	세입, 수익	세입, 수익
20	속임수; 속이다	**trick**	속임수; 속이다	속임수; 속이다
21	구색을 맞추다, 분류하다	**assort**	구색을 맞추다, 분류하다	구색을 맞추다, 분류하다
22	연습하다	**rehearse**	연습하다	연습하다
23	영웅의	**heroic**	영웅의	영웅의
24	우연한	**accidental**	우연한	우연한
25	위험	**peril**	위험	위험
26	유연하지 않은	**inflexible**	유연하지 않은	유연하지 않은
27	일치하다	**concur**	일치하다	일치하다
28	자산, 재산	**property**	자산, 재산	자산, 재산
29	적의, 적개심	**hostility**	적의, 적개심	적의, 적개심
30	정착 주민이 없는	**unsettled**	정착 주민이 없는	정착 주민이 없는
31	주의를 기울이는	**attentive**	주의를 기울이는	주의를 기울이는
32	준수, 따르기	**observance**	준수, 따르기	준수, 따르기
33	진동하다	**vibrate**	진동하다	진동하다
34	타고난	**innate**	타고난	타고난
35	탄원	**plea**	탄원	탄원
36	표정, 안색	**countenance**	표정, 안색	표정, 안색
37	필적할 것이 없는	**unequaled**	필적할 것이 없는	필적할 것이 없는
38	합법의	**lawful**	합법의	합법의
39	활력	**vigor**	활력	활력
40	훈련, 규율; 훈련하다	**discipline**	훈련, 규율; 훈련하다	훈련, 규율; 훈련하다

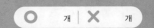
✦ 다음을 영어는 한국어로 한국어는 영어로 적으시오.   정답 p.65

01	**accidental**		01	통 견디다
02	**acquaintance**		02	통 꾸미다
03	**adorn**		03	통 능가하다
04	**assort**		04	통 단식하다 명 단식
05	**attentive**		05	통 달래다, 진정시키다
06	**component**		06	통 비웃다 명 비웃음
07	**concur**		07	통 구색을 맞추다, 분류하다
08	**countenance**		08	통 연습하다
09	**discipline**		09	통 일치하다
10	**endure**		10	통 진동하다
11	**fast**		11	명 구성요소
12	**heroic**		12	명 나머지, 흑자 형 과잉의
13	**hostility**		13	명 면식, 아는 사람
14	**inconstant**		14	명 보조금
15	**inflexible**		15	명 감수성
16	**innate**		16	명 서기
17	**lawful**		17	명 세입, 수익
18	**minute**		18	명 속임수 통 속이다
19	**observance**		19	명 위험
20	**peril**		20	명 자산, 재산
21	**plea**		21	명 적의, 적개심
22	**property**		22	명 준수, 따르기
23	**prosperous**		23	명 탄원
24	**rehearse**		24	명 표정, 안색
25	**revengeful**		25	명 활력
26	**revenue**		26	명 훈련, 규율 통 훈련하다
27	**scribe**		27	형 굼뜬, 불경기의
28	**sensational**		28	형 미세한
29	**sensibility**		29	형 번영하는
30	**sluggish**		30	형 변덕스러운
31	**sneer**		31	형 복수심에 불타는
32	**soothe**		32	형 선풍적 인기의
33	**subsidy**		33	형 영웅의
34	**surpass**		34	형 우연한
35	**surplus**		35	형 유연하지 않은
36	**trick**		36	형 정착 주민이 없는
37	**unequaled**		37	형 주의를 기울이는
38	**unsettled**		38	형 타고난
39	**vibrate**		39	형 필적할 것이 없는
40	**vigor**		40	형 합법의

✦ 해당 영어의 한국어 의미를 생각하면서 2번씩 적으시오.

01	가설	**hypothesis**	가설	가설
02	반박하다	**refute**	반박하다	반박하다
03	관개, 물을 끌어들임	**irrigation**	관개, 물을 끌어들임	관개, 물을 끌어들임
04	귀족의, 고귀한	**noble**	귀족의, 고귀한	귀족의, 고귀한
05	기부하다	**donate**	기부하다	기부하다
06	깜짝 놀라게 하다	**startle**	깜짝 놀라게 하다	깜짝 놀라게 하다
07	깨끗이 하다	**cleanse**	깨끗이 하다	깨끗이 하다
08	당황하게 하다	**perplex**	당황하게 하다	당황하게 하다
09	대규모의	**wholesale**	대규모의	대규모의
10	대안; 대신의	**alternative**	대안; 대신의	대안; 대신의
11	유행	**vogue**	유행	유행
12	독재자	**tyrant**	독재자	독재자
13	번영하다	**thrive**	번영하다	번영하다
14	불법의	**unlawful**	불법의	불법의
15	삼가다	**refrain**	삼가다	삼가다
16	상대편, 적수	**adversary**	상대편, 적수	상대편, 적수
17	선견지명	**foresight**	선견지명	선견지명
18	소란	**uproar**	소란	소란
19	속임, 사기	**deceit**	속임, 사기	속임, 사기
20	숙박하다	**lodge**	숙박하다	숙박하다
21	스캔들, 추문	**scandal**	스캔들, 추문	스캔들, 추문
22	상대, 상응하는 것	**counterpart**	상대, 상응하는 것	상대, 상응하는 것
23	알리다	**announce**	알리다	알리다
24	압축하다	**condense**	압축하다	압축하다
25	움직임이 없는	**static**	움직임이 없는	움직임이 없는
26	위선	**hypocrisy**	위선	위선
27	위업	**feat**	위업	위업
28	유혹하다	**tempt**	유혹하다	유혹하다
29	회의적인	**skeptical**	회의적인	회의적인
30	잠을 못 자는, 불면의	**wakeful**	잠을 못 자는, 불면의	잠을 못 자는, 불면의
31	재검토하다; 재검토	**review**	재검토하다; 재검토	재검토하다; 재검토
32	재빨리 피하다	**dodge**	재빨리 피하다	재빨리 피하다
33	질문	**inquiry**	질문	질문
34	처녀, 아가씨	**virgin**	처녀, 아가씨	처녀, 아가씨
35	천재	**prodigy**	천재	천재
36	투쟁, 다툼	**strife**	투쟁, 다툼	투쟁, 다툼
37	항복하다	**surrender**	항복하다	항복하다
38	향기로운	**fragrant**	향기로운	향기로운
39	화려한	**splendid**	화려한	화려한
40	활발한, 번창하는	**brisk**	활발한, 번창하는	활발한, 번창하는

✦ 다음을 영어는 한국어로 한국어는 영어로 적으시오.

정답 p.66

01	adversary		01	통 기부하다	
02	alternative		02	통 깜짝 놀라게 하다	
03	announce		03	통 깨끗이 하다	
04	brisk		04	통 당황하게 하다	
05	cleanse		05	통 번영하다	
06	condense		06	통 삼가다	
07	counterpart		07	통 숙박하다	
08	deceit		08	통 알리다	
09	dodge		09	통 압축하다	
10	donate		10	통 유혹하다	
11	feat		11	통 재검토하다 명 재검토	
12	foresight		12	통 재빨리 피하다	
13	fragrant		13	통 항복하다	
14	hypocrisy		14	명 가설	
15	hypothesis		15	통 반박하다	
16	inquiry		16	명 관개, 물을 끌어들임	
17	irrigation		17	명 유행	
18	lodge		18	명 독재자	
19	noble		19	명 상대편, 적수	
20	perplex		20	명 선견지명	
21	prodigy		21	명 소란	
22	refrain		22	명 속임, 사기	
23	review		23	명 스캔들, 추문	
24	scandal		24	명 상대, 상응하는 것	
25	refute		25	명 위선	
26	skeptical		26	명 위업	
27	splendid		27	명 질문	
28	startle		28	명 처녀, 아가씨	
29	static		29	명 천재	
30	strife		30	명 투쟁, 다툼	
31	surrender		31	형 귀족의, 고귀한	
32	tempt		32	형 대규모의	
33	thrive		33	명 대안 형 대신의	
34	tyrant		34	형 불법의	
35	unlawful		35	형 움직임이 없는	
36	uproar		36	형 회의적인	
37	virgin		37	형 잠을 못 자는, 불면의	
38	vogue		38	형 향기로운	
39	wakeful		39	형 화려한	
40	wholesale		40	형 활발한, 번창하는	

✦ 해당 영어의 한국어 의미를 생각하면서 2번씩 적으시오.

01	근절하다	**uproot**	근절하다	근절하다
02	가느다란	**slender**	가느다란	가느다란
03	거대한	**colossal**	거대한	거대한
04	격하하다	**abase**	격하하다	격하하다
05	결점, 약점	**defect**	결점, 약점	결점, 약점
06	계몽하다	**enlighten**	계몽하다	계몽하다
07	고안하다	**devise**	고안하다	고안하다
08	고풍의	**archaic**	고풍의	고풍의
09	관용	**tolerance**	관용	관용
10	관통하다, 스며들다	**penetrate**	관통하다, 스며들다	관통하다, 스며들다
11	기념하다	**commemorate**	기념하다	기념하다
12	뒤엎다; 전복	**upset**	뒤엎다; 전복	뒤엎다; 전복
13	무생물의	**inanimate**	무생물의	무생물의
14	무언의, 침묵하는	**mute**	무언의, 침묵하는	무언의, 침묵하는
15	물물교환하다; 물물교환	**barter**	물물교환하다; 물물교환	물물교환하다; 물물교환
16	으쓱하다	**shrug**	으쓱하다	으쓱하다
17	변덕스러운; 변수	**variable**	변덕스러운; 변수	변덕스러운; 변수
18	보충물; 보충하다	**supplement**	보충물; 보충하다	보충물; 보충하다
19	되돌아가다	**revert**	되돌아가다	되돌아가다
20	부정하다	**negate**	부정하다	부정하다
21	부정확한	**inaccurate**	부정확한	부정확한
22	불충한, 불충실한	**disloyal**	불충한, 불충실한	불충한, 불충실한
23	상태, 지위	**status**	상태, 지위	상태, 지위
24	수용하다, 숙박시키다	**accommodate**	수용하다, 숙박시키다	수용하다, 숙박시키다
25	습관적인	**habitual**	습관적인	습관적인
26	식별하다	**discern**	식별하다	식별하다
27	심판원	**umpire**	심판원	심판원
28	싸우다	**strive**	싸우다	싸우다
29	엄숙한	**grave**	엄숙한	엄숙한
30	입찰하다; 입찰	**bid**	입찰하다; 입찰	입찰하다; 입찰
31	자비로운, 인도적인	**humane**	자비로운, 인도적인	자비로운, 인도적인
32	자세히 조사하다	**scan**	자세히 조사하다	자세히 조사하다
33	도자기, 제품	**ware**	도자기, 제품	도자기, 제품
34	조망, 경치	**vista**	조망, 경치	조망, 경치
35	주다	**bestow**	주다	주다
36	짜증	**irritation**	짜증	짜증
37	참조	**reference**	참조	참조
38	포로	**captivity**	포로	포로
39	표, 증거	**token**	표, 증거	표, 증거
40	활기를 띠게 하다	**enliven**	활기를 띠게 하다	활기를 띠게 하다

◆ 다음을 영어는 한국어로 한국어는 영어로 적으시오.   정답 p.66

01	abase		01	통 근절하다
02	accommodate		02	통 격하다
03	archaic		03	통 계몽하다
04	barter		04	통 고안하다
05	bestow		05	통 관통하다, 스며들다
06	bid		06	통 기념하다
07	captivity		07	통 뒤엎다 명 전복
08	colossal		08	통 물물교환하다 명 물물교환
09	commemorate		09	통 으쓱하다
10	defect		10	통 되돌아가다
11	devise		11	통 부정하다
12	discern		12	통 수용하다, 숙박시키다
13	disloyal		13	통 식별하다
14	enlighten		14	통 싸우다
15	enliven		15	통 입찰하다 명 입찰
16	grave		16	통 자세히 조사하다
17	habitual		17	통 주다
18	humane		18	통 활기를 띠게 하다
19	inaccurate		19	명 결점, 약점
20	inanimate		20	명 관용
21	irritation		21	명 보충물 통 보충하다
22	mute		22	명 상태, 지위
23	negate		23	명 심판원
24	penetrate		24	명 도자기, 제품
25	reference		25	명 조망, 경치
26	shrug		26	명 짜증
27	revert		27	명 참조
28	scan		28	명 포로
29	slender		29	명 표, 증거
30	status		30	형 가느다란
31	strive		31	형 거대한
32	supplement		32	형 고풍의
33	token		33	형 무생물의
34	tolerance		34	형 무언의, 침묵하는
35	umpire		35	형 변덕스러운 명 변수
36	uproot		36	형 부정확한
37	upset		37	형 불충한, 불충실한
38	variable		38	형 습관적인
39	vista		39	형 엄숙한
40	ware		40	형 자비로운, 인도적인

DAY 05 🙂 STEP 1
한국어 뜻 생각하며 외우기

월   일

✦ 해당 영어의 한국어 의미를 생각하면서 2번씩 적으시오.

01	꿰뚫다	**pierce**	꿰뚫다	꿰뚫다
02	고정관념	**stereotype**	고정관념	고정관념
03	권리를 부여하다	**entitle**	권리를 부여하다	권리를 부여하다
04	강요하다	**compel**	강요하다	강요하다
05	한정하다	**confine**	한정하다	한정하다
06	시내, 개울, 흐름	**stream**	시내, 개울, 흐름	시내, 개울, 흐름
07	거래	**transaction**	거래	거래
08	(추위로) 감각을 잃은	**numb**	(추위로) 감각을 잃은	(추위로) 감각을 잃은
09	과도한	**excessive**	과도한	과도한
10	그림 같은	**picturesque**	그림 같은	그림 같은
11	명확하지 않은	**indefinite**	명확하지 않은	명확하지 않은
12	무관심	**indifference**	무관심	무관심
13	바꾸어 놓다	**displace**	바꾸어 놓다	바꾸어 놓다
14	(빛, 열 등의) 방사	**radiation**	(빛, 열 등의) 방사	(빛, 열 등의) 방사
15	복잡하게 하다	**complicate**	복잡하게 하다	복잡하게 하다
16	부끄러운	**shameful**	부끄러운	부끄러운
17	부주의한	**unmindful**	부주의한	부주의한
18	분배하다	**dispense**	분배하다	분배하다
19	삽화	**illustration**	삽화	삽화
20	생각나게 하는	**reminiscent**	생각나게 하는	생각나게 하는
21	설명할 수 없는	**unaccountable**	설명할 수 없는	설명할 수 없는
22	습격, 급습	**raid**	습격, 급습	습격, 급습
23	쓰다듬다	**stroke**	쓰다듬다	쓰다듬다
24	엄격한	**rigorous**	엄격한	엄격한
25	옷장	**wardrobe**	옷장	옷장
26	있음직한	**probable**	있음직한	있음직한
27	자기 본위의, 이기적인	**egoistic**	자기 본위의, 이기적인	자기 본위의, 이기적인
28	자발적인	**spontaneous**	자발적인	자발적인
29	작동하는	**operative**	작동하는	작동하는
30	조약	**treaty**	조약	조약
31	증후군	**syndrome**	증후군	증후군
32	질투	**jealousy**	질투	질투
33	천문학적인	**astronomical**	천문학적인	천문학적인
34	취소하다, 폐지하다	**revoke**	취소하다, 폐지하다	취소하다, 폐지하다
35	칸막이, 구획	**partition**	칸막이, 구획	칸막이, 구획
36	평평하게 하다	**flatten**	평평하게 하다	평평하게 하다
37	풍경	**landscape**	풍경	풍경
38	풍자 만화, 캐리커처	**caricature**	풍자 만화, 캐리커처	풍자 만화, 캐리커처
39	하사관	**sergeant**	하사관	하사관
40	빛나다; 어렴풋한 빛	**gleam**	빛나다; 어렴풋한 빛	빛나다; 어렴풋한 빛

✦ 다음을 영어는 한국어로 한국어는 영어로 적으시오.   정답 p.67

01	astronomical		01	동 꿰뚫다	
02	caricature		02	명 고정관념	
03	compel		03	동 권리를 부여하다	
04	complicate		04	동 강요하다	
05	confine		05	동 한정하다	
06	dispense		06	동 바꾸어 놓다	
07	displace		07	동 복잡하게 하다	
08	egoistic		08	동 분배하다	
09	entitle		09	동 쓰다듬다	
10	excessive		10	동 취소하다, 폐지하다	
11	flatten		11	동 평평하게 하다	
12	gleam		12	동 빛나다 명 어렴풋한 빛	
13	illustration		13	명 시내, 개울, 흐름	
14	indefinite		14	명 거래	
15	indifference		15	명 무관심	
16	jealousy		16	명 (빛, 열 등의) 방사	
17	landscape		17	명 삽화	
18	numb		18	명 습격, 급습	
19	operative		19	명 옷장	
20	partition		20	명 조약	
21	picturesque		21	명 증후군	
22	pierce		22	명 질투	
23	probable		23	명 칸막이, 구획	
24	radiation		24	명 풍경	
25	raid		25	명 풍자 만화, 캐리커처	
26	reminiscent		26	명 하사관	
27	revoke		27	형 (추위로) 감각을 잃은	
28	rigorous		28	형 과도한	
29	sergeant		29	형 그림 같은	
30	shameful		30	형 명확하지 않은	
31	stereotype		31	형 부끄러운	
32	spontaneous		32	형 부주의한	
33	stream		33	형 생각나게 하는	
34	stroke		34	형 설명할 수 없는	
35	syndrome		35	형 엄격한	
36	transaction		36	형 있음직한	
37	treaty		37	형 자기 본위의, 이기적인	
38	unaccountable		38	형 자발적인	
39	unmindful		39	형 작동하는	
40	wardrobe		40	형 천문학적인	

✦ 해당 영어의 한국어 의미를 생각하면서 2번씩 적으시오.

01	최후로, 결국	**ultimately**	최후로, 결국	최후로, 결국
02	책임	**liability**	책임	책임
03	요새화하다	**fortify**	요새화하다	요새화하다
04	강화하다	**strengthen**	강화하다	강화하다
05	유발하다; 방아쇠	**trigger**	유발하다; 방아쇠	유발하다; 방아쇠
06	공포증	**phobia**	공포증	공포증
07	구체적인	**concrete**	구체적인	구체적인
08	기념비	**monument**	기념비	기념비
09	난파; 난파시키다	**wreck**	난파; 난파시키다	난파; 난파시키다
10	내려앉다, 가라앉다	**subside**	내려앉다, 가라앉다	내려앉다, 가라앉다
11	농부, 소작농	**peasant**	농부, 소작농	농부, 소작농
12	당황케 하다	**confound**	당황케하다	당황케하다
13	막대, 매, 회초리	**rod**	막대, 매, 회초리	막대, 매, 회초리
14	모을 수 있는	**collectible**	모을 수 있는	모을 수 있는
15	몰래 움직이다	**sneak**	몰래 움직이다	몰래 움직이다
16	발견하다, 간파하다	**detect**	발견하다, 간파하다	발견하다, 간파하다
17	발한, 땀	**perspiration**	발한, 땀	발한, 땀
18	배급제로 하다; 배급, 할당량	**ration**	배급제로 하다; 배급, 할당량	배급제로 하다; 배급, 할당량
19	솜털로 덮인	**fluffy**	솜털로 덮인	솜털로 덮인
20	제2의, 부차적인	**secondary**	제2의, 부차적인	제2의, 부차적인
21	서류첩, 포트폴리오	**portfolio**	서류첩, 포트폴리오	서류첩, 포트폴리오
22	선입관, 편견	**bias**	선입관, 편견	선입관, 편견
23	솜털이 보송보송한	**fuzzy**	솜털이 보송보송한	솜털이 보송보송한
24	기억하고 있는	**remindful**	기억하고 있는	기억하고 있는
25	숨기다	**conceal**	숨기다	숨기다
26	~에게 아첨하다	**flatter**	~에게 아첨하다	~에게 아첨하다
27	악행	**misdeed**	악행	악행
28	유명인	**celebrity**	유명인	유명인
29	이동, 제거	**removal**	이동, 제거	이동, 제거
30	작은 조각	**patch**	작은 조각	작은 조각
31	쫓아내다, ~에게 혐오감을 주다	**repel**	쫓아내다, ~에게 혐오감을 주다	쫓아내다, ~에게 혐오감을 주다
32	칭찬, 찬사	**compliment**	칭찬, 찬사	칭찬, 찬사
33	참을 수 없는	**intolerable**	참을 수 없는	참을 수 없는
34	총계의	**gross**	총계의	총계의
35	최후의, 궁극적인	**ultimate**	최후의, 궁극적인	최후의, 궁극적인
36	추론하다	**infer**	추론하다	추론하다
37	탐사, 탐사기; 캐묻다	**probe**	탐사, 탐사기; 캐묻다	탐사, 탐사기; 캐묻다
38	행동의	**behavioral**	행동의	행동의
39	형성	**formation**	형성	형성
40	회의론자	**skeptic**	회의론자	회의론자

✦ 다음을 영어는 한국어로 한국어는 영어로 적으시오.   정답 p.67

01	trigger		01	통 요새화하다
02	behavioral		02	통 강화하다
03	bias		03	통 내려앉다, 가라앉다
04	celebrity		04	통 당황케 하다
05	collectible		05	통 몰래 움직이다
06	compliment		06	통 발견하다, 간파하다
07	conceal		07	통 숨기다
08	concrete		08	통 ~에게 아첨하다
09	confound		09	통 쫓아내다, ~에게 혐오감을 주다
10	detect		10	통 추론하다
11	flatter		11	명 책임
12	fluffy		12	통 유발하다 명 방아쇠
13	formation		13	명 공포증
14	fortify		14	명 기념비
15	fuzzy		15	명 난파 통 난파시키다
16	gross		16	명 농부, 소작농
17	infer		17	명 막대, 매, 회초리
18	intolerable		18	명 발한, 땀
19	liability		19	통 배급제로 하다 명 배급, 할당량
20	misdeed		20	명 서류첩, 포트폴리오
21	monument		21	명 선입관, 편견
22	patch		22	형 기억하고 있는
23	peasant		23	명 악행
24	perspiration		24	명 유명인
25	phobia		25	명 이동, 제거
26	portfolio		26	명 작은 조각
27	probe		27	명 칭찬, 찬사
28	ration		28	명 탐사, 탐사기 통 캐묻다
29	removal		29	명 형성
30	repel		30	명 회의론자
31	rod		31	부 최후로, 결국
32	secondary		32	형 구체적인
33	skeptic		33	형 모을 수 있는
34	sneak		34	형 솜털로 덮인
35	remindful		35	형 제2의, 부차적인
36	strengthen		36	형 솜털이 보송보송한
37	subside		37	형 참을 수 없는
38	ultimate		38	형 총계의
39	ultimately		39	형 최후의, 궁극적인
40	wreck		40	형 행동의

✦ 해당 영어의 한국어 의미를 생각하면서 2번씩 적으시오.

01	강화하다, 심해지다	**intensify**	강화하다, 심해지다	강화하다, 심해지다
02	과장해서 말하다	**overstate**	과장해서 말하다	과장해서 말하다
03	~하기 쉬운	**prone**	~하기 쉬운	~하기 쉬운
04	극화하다, 각색하다	**dramatize**	극화하다, 각색하다	극화하다, 각색하다
05	감정적인, 정서적인	**affective**	감정적인, 정서적인	감정적인, 정서적인
06	강요하다	**obligate**	강요하다	강요하다
07	고립, 격리	**isolation**	고립, 격리	고립, 격리
08	취직 능력	**employability**	취직 능력	취직 능력
09	관계없는	**irrelevant**	관계없는	관계없는
10	궤양	**ulcer**	궤양	궤양
11	글자 그대로의	**literal**	글자 그대로의	글자 그대로의
12	기계, 구조	**mechanism**	기계, 구조	기계, 구조
13	기사도	**chivalry**	기사도	기사도
14	성질, 성미	**temperament**	성질, 성미	성질, 성미
15	깃털, (연기·구름의) 기둥	**plume**	깃털, (연기·구름의) 기둥	깃털, (연기·구름의) 기둥
16	동경, 갈망	**longing**	동경, 갈망	동경, 갈망
17	방해하다	**hamper**	방해하다	방해하다
18	방향 요법	**aromatherapy**	방향 요법	방향 요법
19	보호하는	**protective**	보호하는	보호하는
20	부러워하는	**envious**	부러워하는	부러워하는
21	부풀다; 팽창	**swell**	부풀다; 팽창	부풀다; 팽창
22	상속인	**heir**	상속인	상속인
23	신기한, 새로운; 소설	**novel**	신기한, 새로운; 소설	신기한, 새로운; 소설
24	신중한, 고의적인	**deliberate**	신중한, 고의적인	신중한, 고의적인
25	신화	**myth**	신화	신화
26	실험	**experimentation**	실험	실험
27	안장; 안장을 얹다	**saddle**	안장; 안장을 얹다	안장; 안장을 얹다
28	연회, 축하연	**banquet**	연회, 축하연	연회, 축하연
29	영양상의	**nutritional**	영양상의	영양상의
30	유명한	**renowned**	유명한	유명한
31	(벌을) 주다, 가하다	**inflict**	(벌을) 주다, 가하다	(벌을) 주다, 가하다
32	이동성	**mobility**	이동성	이동성
33	인용하다	**quote**	인용하다	인용하다
34	임의의, 무작위의	**random**	임의의, 무작위의	임의의, 무작위의
35	이정표, 중대 사건	**milestone**	이정표, 중대 사건	이정표, 중대 사건
36	줄다, 쇠하다	**dwindle**	줄다, 쇠하다	줄다, 쇠하다
37	재건	**reconstruction**	재건	재건
38	재촉하다	**hasten**	재촉하다	재촉하다
39	추신, 후기	**postscript**	추신, 후기	추신, 후기
40	탄도의, 탄도학의	**ballistic**	탄도의, 탄도학의	탄도의, 탄도학의

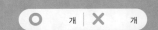
✦ 다음을 영어는 한국어로 한국어는 영어로 적으시오. 정답 p.68

01	**affective**		01	통 강화하다, 심해지다
02	**aromatherapy**		02	통 과장해서 말하다
03	**ballistic**		03	통 극화하다, 각색하다
04	**banquet**		04	통 강요하다
05	**chivalry**		05	통 방해하다
06	**deliberate**		06	통 부풀다 명 팽창
07	**dramatize**		07	통 (벌을) 주다, 가하다
08	**dwindle**		08	통 인용하다
09	**employability**		09	통 줄다, 쇠하다
10	**envious**		10	통 재촉하다
11	**experimentation**		11	명 고립, 격리
12	**hamper**		12	명 취직 능력
13	**hasten**		13	명 궤양
14	**heir**		14	명 기계, 구조
15	**intensify**		15	명 기사도
16	**irrelevant**		16	명 성질, 성미
17	**isolation**		17	명 깃털, (연기·구름의) 기둥
18	**literal**		18	명 동경, 갈망
19	**longing**		19	명 방향 요법
20	**mechanism**		20	명 상속인
21	**mobility**		21	명 신화
22	**myth**		22	명 실험
23	**novel**		23	명 안장 통 안장을 얹다
24	**nutritional**		24	명 연회, 축하연
25	**obligate**		25	명 이동성
26	**overstate**		26	명 재건
27	**plume**		27	명 추신, 후기
28	**postscript**		28	형 ~하기 쉬운
29	**prone**		29	형 감정적인, 정서적인
30	**protective**		30	형 관계없는
31	**quote**		31	형 글자 그대로의
32	**random**		32	형 보호하는
33	**reconstruction**		33	형 부러워하는
34	**inflict**		34	형 신기한, 새로운 명 소설
35	**renowned**		35	형 신중한, 고의적인
36	**saddle**		36	형 영양상의
37	**swell**		37	형 유명한
38	**temperament**		38	형 임의의, 무작위의
39	**milestone**		39	명 이정표, 중대 사건
40	**ulcer**		40	형 탄도의, 탄도학의

😊 **STEP 1**
한국어 뜻 생각하며 외우기

✦ 해당 영어의 한국어 의미를 생각하면서 2번씩 적으시오.

01	겉으로는	**seemingly**	겉으로는	겉으로는
02	~에 관하여	**regarding**	~에 관하여	~에 관하여
03	따라잡다	**overtake**	따라잡다	따라잡다
04	확대하다	**magnify**	확대하다	확대하다
05	고아원	**orphanage**	고아원	고아원
06	금하다, 억제하다	**inhibit**	금하다, 억제하다	금하다, 억제하다
07	기괴한	**bizarre**	기괴한	기괴한
08	내리다, 방출하다	**discharge**	내리다, 방출하다	내리다, 방출하다
09	놀라게 하다	**astonish**	놀라게 하다	놀라게 하다
10	농사의, 농업의	**agricultural**	농사의, 농업의	농사의, 농업의
11	동시에 일어나다	**coincide**	동시에 일어나다	동시에 일어나다
12	따르다	**conform**	따르다	따르다
13	무익한, 쓸데없는	**futile**	무익한, 쓸데없는	무익한, 쓸데없는
14	물의	**aquatic**	물의	물의
15	반도	**peninsula**	반도	반도
16	반응하는; 응답자	**respondent**	반응하는; 응답자	반응하는; 응답자
17	변형	**transformation**	변형	변형
18	기록, 보관소	**archive**	기록, 보관소	기록, 보관소
19	부드럽게 하다	**soften**	부드럽게 하다	부드럽게 하다
20	분개하다	**resent**	분개하다	분개하다
21	분리하다, 차별하다	**segregate**	분리하다, 차별하다	분리하다, 차별하다
22	비명을 지르다; 비명	**squeal**	비명을 지르다; 비명	비명을 지르다; 비명
23	사기의	**fraudulent**	사기의	사기의
24	사라짐	**disappearance**	사라짐	사라짐
25	성급함, 조급함	**impatience**	성급함, 조급함	성급함, 조급함
26	세게 내던지다	**hurl**	세게 내던지다	세게 내던지다
27	소비하다	**expend**	소비하다	소비하다
28	순회; 순회하다	**circuit**	순회; 순회하다	순회; 순회하다
29	얼굴을 붉히다	**blush**	얼굴을 붉히다	얼굴을 붉히다
30	없애다	**dispel**	없애다	없애다
31	영양	**nutrition**	영양	영양
32	위엄, 존엄성	**majesty**	위엄, 존엄성	위엄, 존엄성
33	복수	**revenge**	복수	복수
34	잊기 잘하는	**forgetful**	잊기 잘하는	잊기 잘하는
35	예비지도, 오리엔테이션	**orientation**	예비지도, 오리엔테이션	예비지도, 오리엔테이션
36	지능	**intelligence**	지능	지능
37	침식하다	**erode**	침식하다	침식하다
38	군중, 폭도	**mob**	군중, 폭도	군중, 폭도
39	확산	**diffusion**	확산	확산
40	회의론	**skepticism**	회의론	회의론

✦ 다음을 영어는 한국어로 한국어는 영어로 적으시오.   정답 p.68

01	agricultural		01	부 겉으로는
02	aquatic		02	동 따라잡다
03	archive		03	동 확대하다
04	astonish		04	동 금하다, 억제하다
05	bizarre		05	동 내리다, 방출하다
06	blush		06	동 놀라다
07	circuit		07	동 동시에 일어나다
08	coincide		08	동 따르다
09	conform		09	동 부드럽게 하다
10	diffusion		10	동 분개하다
11	disappearance		11	동 분리하다, 차별하다
12	discharge		12	동 비명을 지르다 명 비명
13	dispel		13	동 세게 내던지다
14	erode		14	동 소비하다
15	expend		15	동 얼굴을 붉히다
16	forgetful		16	동 없애다
17	fraudulent		17	동 침식하다
18	futile		18	명 고아원
19	hurl		19	명 반도
20	impatience		20	명 변형
21	seemingly		21	명 기록, 보관소
22	inhibit		22	명 사라짐
23	intelligence		23	명 성급함, 조급함
24	magnify		24	명 순회 동 순회하다
25	majesty		25	명 영양
26	revenge		26	명 위엄, 존엄성
27	mob		27	명 복수
28	nutrition		28	명 예비지도, 오리엔테이션
29	orientation		29	명 지능
30	orphanage		30	명 폭도
31	overtake		31	명 확산
32	peninsula		32	명 회의론
33	regarding		33	전 ~에 관하여
34	resent		34	형 기괴한
35	respondent		35	형 농사의, 농업의
36	segregate		36	형 무익한, 쓸데없는
37	skepticism		37	형 물의
38	soften		38	형 반응하는 명 응답자
39	squeal		39	형 사기의
40	transformation		40	형 잊기 잘하는

✦ 해당 영어의 한국어 의미를 생각하면서 2번씩 적으시오.

01	~대	**versus**	~대	~대
02	품위를 떨어뜨리다	**degrade**	품위를 떨어뜨리다	품위를 떨어뜨리다
03	경멸	**contempt**	경멸	경멸
04	기분	**mood**	기분	기분
05	넓이, 범위	**extent**	넓이, 범위	넓이, 범위
06	대사관	**embassy**	대사관	대사관
07	두드러짐	**prominence**	두드러짐	두드러짐
08	동면하다	**hibernate**	동면하다	동면하다
09	동의하다	**assent**	동의하다	동의하다
10	동일한	**identical**	동일한	동일한
11	뒤집다	**overturn**	뒤집다	뒤집다
12	확고한, 명백한	**pronounced**	확고한, 명백한	확고한, 명백한
13	명예로운	**honorable**	명예로운	명예로운
14	목발	**crutch**	목발	목발
15	충분한, 넓은	**ample**	충분한, 넓은	충분한, 넓은
16	부적절한	**inadequate**	부적절한	부적절한
17	부족한	**deficient**	부족한	부족한
18	비틀거리다	**stagger**	비틀거리다	비틀거리다
19	생각해내다	**recollect**	생각해내다	생각해내다
20	신뢰, 의지	**reliance**	신뢰, 의지	신뢰, 의지
21	아가미	**gill**	아가미	아가미
22	오보를 전해 들은	**misinformed**	오보를 전해 들은	오보를 전해 들은
23	의상 한 벌	**outfit**	의상 한 벌	의상 한 벌
24	이성을 잃은	**irrational**	이성을 잃은	이성을 잃은
25	반대하는; 적대자	**opponent**	반대하는; 적대자	반대하는; 적대자
26	조상	**ancestry**	조상	조상
27	존재하지 않는	**nonexistent**	존재하지 않는	존재하지 않는
28	주저, 망설임	**hesitation**	주저, 망설임	주저, 망설임
29	지식인, 지력	**intellect**	지식인, 지력	지식인, 지력
30	직업	**occupation**	직업	직업
31	질문지	**questionnaire**	질문지	질문지
32	짐이 되는	**burdensome**	짐이 되는	짐이 되는
33	천연두	**smallpox**	천연두	천연두
34	촉진시키다	**precipitate**	촉진시키다	촉진시키다
35	축출하다, 뿜어내다	**eject**	축출하다, 뿜어내다	축출하다, 뿜어내다
36	친밀한	**intimate**	친밀한	친밀한
37	위로하다	**console**	위로하다	위로하다
38	탐색, 탐구; 탐구하다	**quest**	탐색, 탐구; 탐구하다	탐색, 탐구; 탐구하다
39	혹독한, 엄격한	**harsh**	혹독한, 엄격한	혹독한, 엄격한
40	화물	**cargo**	화물	화물

✦ 다음을 영어는 한국어로 한국어는 영어로 적으시오.　　　　　　　　　정답 p.69

01	ancestry		01	통 품위를 떨어뜨리다
02	assent		02	통 동면하다
03	burdensome		03	통 동의하다
04	cargo		04	통 뒤집다
05	console		05	통 비틀거리다
06	contempt		06	통 생각해내다
07	crutch		07	통 촉진시키다
08	deficient		08	통 추출하다, 뿜어내다
09	degrade		09	형 혹독한, 엄격한
10	eject		10	명 경멸
11	embassy		11	명 기분
12	extent		12	명 넓이, 범위
13	gill		13	명 대사관
14	harsh		14	명 두드러짐
15	hesitation		15	명 목발
16	hibernate		16	전 ~대
17	honorable		17	명 신뢰, 의지
18	identical		18	명 아가미
19	inadequate		19	명 의상 한 벌
20	intellect		20	형 반대하는 명 적대자
21	intimate		21	명 조상
22	irrational		22	명 주저, 망설임
23	misinformed		23	명 지식인, 지력
24	mood		24	명 직업
25	nonexistent		25	명 질문지
26	occupation		26	명 천연두
27	opponent		27	통 위로하다
28	outfit		28	명 탐색, 탐구 통 탐구하다
29	overturn		29	명 화물
30	precipitate		30	형 충분한, 넓은
31	prominence		31	형 동일한
32	pronounced		32	형 확고한, 명백한
33	quest		33	형 명예로운
34	questionnaire		34	형 부적절한
35	recollect		35	형 부족한
36	reliance		36	형 오보를 전해 들은
37	versus		37	형 이성을 잃은
38	ample		38	형 존재하지 않는
39	smallpox		39	형 짐이 되는
40	stagger		40	형 친밀한

✦ 해당 영어의 한국어 의미를 생각하면서 2번씩 적으시오.

01	어버이의	**parental**	어버이의	어버이의
02	간단히 적다	**jot**	간단히 적다	간단히 적다
03	감사	**appreciation**	감사	감사
04	감정이입하다	**empathize**	감정이입하다	감정이입하다
05	갑옷	**armor**	갑옷	갑옷
06	고집하다	**persist**	고집하다	고집하다
07	교제, 왕래	**intercourse**	교제, 왕래	교제, 왕래
08	미각, 입맛, 입천장	**palate**	미각, 입맛, 입천장	미각, 입맛, 입천장
09	유연한, 나긋나긋한	**supple**	유연한, 나긋나긋한	유연한, 나긋나긋한
10	동시에 일어나는	**simultaneous**	동시에 일어나는	동시에 일어나는
11	매우 귀중한	**invaluable**	매우 귀중한	매우 귀중한
12	별난, 기묘한	**queer**	별난, 기묘한	별난, 기묘한
13	보완하는 것	**complement**	보완하는 것	보완하는 것
14	복잡성	**complexity**	복잡성	복잡성
15	부정확한	**imprecise**	부정확한	부정확한
16	비효율적인	**inefficient**	비효율적인	비효율적인
17	사형 집행	**execution**	사형 집행	사형 집행
18	성실한, 진지한	**earnest**	성실한, 진지한	성실한, 진지한
19	수적으로 우세하다	**outnumber**	수적으로 우세하다	수적으로 우세하다
20	시대에 뒤지게 하다	**outdate**	시대에 뒤지게 하다	시대에 뒤지게 하다
21	식물, 초목	**vegetation**	식물, 초목	식물, 초목
22	양육하다; 양육	**nurture**	양육하다; 양육	양육하다; 양육
23	염분기가 있는	**saline**	염분기가 있는	염분기가 있는
24	예산	**budget**	예산	예산
25	예상하다	**anticipate**	예상하다	예상하다
26	외교관	**diplomat**	외교관	외교관
27	이륙한	**airborne**	이륙한	이륙한
28	지속하다, 참다	**persevere**	지속하다, 참다	지속하다, 참다
29	조심성 있는	**wary**	조심성 있는	조심성 있는
30	중세의	**medieval**	중세의	중세의
31	관여하는; 참가자	**participant**	관여하는; 참가자	관여하는; 참가자
32	참을 수 없음	**intolerance**	참을 수 없음	참을 수 없음
33	초과, 과잉	**excess**	초과, 과잉	초과, 과잉
34	추억	**remembrance**	추억	추억
35	육체의, 신체의	**physical**	육체의, 신체의	육체의, 신체의
36	망가뜨리다	**corrupt**	망가뜨리다	망가뜨리다
37	공연단, 극단	**troupe**	공연단, 극단	공연단, 극단
38	형제	**sibling**	형제	형제
39	화석	**fossil**	화석	화석
40	회전하다	**revolve**	회전하다	회전하다

✦ 다음을 영어는 한국어로 한국어는 영어로 적으시오.　　　　　　　　　정답 p.69

01	**airborne**		01	동 간단히 적다
02	**parental**		02	동 감정이입하다
03	**anticipate**		03	동 고집하다
04	**appreciation**		04	동 수적으로 우세하다
05	**armor**		05	동 시대에 뒤지게 하다
06	**budget**		06	동 양육하다　명 양육
07	**complement**		07	동 예상하다
08	**complexity**		08	동 지속하다, 참다
09	**corrupt**		09	동 망가뜨리다
10	**diplomat**		10	동 회전하다
11	**earnest**		11	명 감사
12	**empathize**		12	명 갑옷
13	**excess**		13	명 교제, 왕래
14	**execution**		14	명 미각, 입맛, 입천장
15	**fossil**		15	명 보완하는 것
16	**imprecise**		16	명 복잡성
17	**inefficient**		17	명 사형 집행
18	**intercourse**		18	명 식물, 초목
19	**intolerance**		19	명 예산
20	**invaluable**		20	명 외교관
21	**jot**		21	명 참을 수 없음
22	**medieval**		22	명 초과, 과잉
23	**nurture**		23	명 추억
24	**outdate**		24	명 공연단, 극단
25	**outnumber**		25	명 형제
26	**palate**		26	명 화석
27	**participant**		27	형 어버이의
28	**persevere**		28	형 유연한, 나긋나긋한
29	**persist**		29	형 동시에 일어나는
30	**queer**		30	형 매우 귀중한
31	**remembrance**		31	형 별난, 기묘한
32	**revolve**		32	형 부정확한
33	**saline**		33	형 비효율적인
34	**sibling**		34	형 성실한, 진지한
35	**simultaneous**		35	형 염분기가 있는
36	**supple**		36	형 이륙한
37	**troupe**		37	형 조심성 있는
38	**vegetation**		38	형 중세의
39	**physical**		39	형 관여하는　명 참가자
40	**wary**		40	형 육체의, 신체의

✦ 해당 영어의 한국어 의미를 생각하면서 2번씩 적으시오.

01	찰싹 때리다	**spank**	찰싹 때리다	찰싹 때리다
02	숨을 들이마시다	**inhale**	숨을 들이마시다	숨을 들이마시다
03	갈대	**reed**	갈대	갈대
04	견본	**prototype**	견본	견본
05	결혼의	**marital**	결혼의	결혼의
06	경솔한	**headlong**	경솔한	경솔한
07	관통, 투과	**penetration**	관통, 투과	관통, 투과
08	군주제	**monarchy**	군주제	군주제
09	규합하다	**rally**	규합하다	규합하다
10	기압계	**barometer**	기압계	기압계
11	노력; 노력하다	**endeavor**	노력; 노력하다	노력; 노력하다
12	단 하나의; 발바닥	**sole**	단 하나의; 발바닥	단 하나의; 발바닥
13	뚜렷한, 명백한	**obvious**	뚜렷한, 명백한	뚜렷한, 명백한
14	불쾌한, 모욕적인	**offensive**	불쾌한, 모욕적인	불쾌한, 모욕적인
15	발표	**presentation**	발표	발표
16	보급시키다	**propagate**	보급시키다	보급시키다
17	불공평한	**unjust**	불공평한	불공평한
18	상당한	**substantial**	상당한	상당한
19	유익한, 수확이 많은	**fruitful**	유익한, 수확이 많은	유익한, 수확이 많은
20	심하게 부딪치다	**ram**	심하게 부딪치다	심하게 부딪치다
21	억양	**intonation**	억양	억양
22	연속성	**continuity**	연속성	연속성
23	외교	**diplomacy**	외교	외교
24	요새	**fort**	요새	요새
25	유황	**sulfur**	유황	유황
26	채우다	**replenish**	채우다	채우다
27	의심할 바 없는	**undisputed**	의심할 바 없는	의심할 바 없는
28	이따금씩의	**occasional**	이따금씩의	이따금씩의
29	인도주의	**humanism**	인도주의	인도주의
30	자유주의자; 자유주의의	**liberal**	자유주의자; 자유주의의	자유주의자; 자유주의의
31	전환하다	**divert**	전환하다	전환하다
32	점심, 오찬 모임	**luncheon**	점심, 오찬 모임	점심, 오찬 모임
33	찬성하지 않다	**disapprove**	찬성하지 않다	찬성하지 않다
34	축음기	**phonograph**	축음기	축음기
35	침략적인	**invasive**	침략적인	침략적인
36	큰 가지	**bough**	큰 가지	큰 가지
37	파괴, 황폐; 파괴하다	**ravage**	파괴, 황폐; 파괴하다	파괴, 황폐; 파괴하다
38	파편, 분수	**fraction**	파편, 분수	파편, 분수
39	고고학	**archaeology**	고고학	고고학
40	풍자	**satire**	풍자	풍자

✦ 다음을 영어는 한국어로 한국어는 영어로 적으시오.   정답 p.70

01	archaeology		01	통 찰싹 때리다
02	barometer		02	통 숨을 들이마시다
03	bough		03	통 규합하다
04	continuity		04	통 보급시키다
05	diplomacy		05	통 전환하다
06	disapprove		06	통 찬성하지 않다
07	divert		07	명 갈대
08	endeavor		08	명 견본
09	fort		09	명 관통, 투과
10	fraction		10	명 군주제
11	fruitful		11	명 기압계
12	headlong		12	명 노력 통 노력하다
13	humanism		13	명 발표
14	inhale		14	통 심하게 부딪치다
15	invasive		15	명 연속성
16	liberal		16	명 외교
17	luncheon		17	명 요새
18	marital		18	명 유황
19	monarchy		19	명 인도주의
20	obvious		20	명 점심, 오찬 모임
21	occasional		21	명 축음기
22	offensive		22	명 큰 가지
23	intonation		23	명 파괴, 황폐 통 파괴하다
24	penetration		24	명 파편, 분수
25	phonograph		25	명 고고학
26	replenish		26	명 풍자
27	presentation		27	형 결혼의
28	propagate		28	형 경솔한
29	prototype		29	형 단 하나의 명 발바닥
30	rally		30	형 뚜렷한, 명백한
31	ram		31	형 불쾌한, 모욕적인
32	ravage		32	형 불공평한
33	reed		33	형 상당한
34	satire		34	형 유익한, 수확이 많은
35	sole		35	명 억양
36	spank		36	통 채우다
37	substantial		37	형 의심할 바 없는
38	sulfur		38	형 이따금씩의
39	undisputed		39	명 자유주의자 형 자유주의의
40	unjust		40	형 침략적인

✦ 해당 영어의 한국어 의미를 생각하면서 2번씩 적으시오.

01	연방의	**federal**	연방의	연방의
02	종사시키다	**engage**	종사시키다	종사시키다
03	권한을 주다	**empower**	권한을 주다	권한을 주다
04	추출하다	**extract**	추출하다	추출하다
05	가난하게 만들다	**impoverish**	가난하게 만들다	가난하게 만들다
06	감탄, 칭찬	**admiration**	감탄, 칭찬	감탄, 칭찬
07	고가도로, 육교	**overpass**	고가도로, 육교	고가도로, 육교
08	경멸하다	**scorn**	경멸하다	경멸하다
09	관절염	**arthritis**	관절염	관절염
10	군주	**monarch**	군주	군주
11	기만적인	**deceitful**	기만적인	기만적인
12	길을 잃다; 길 잃은	**stray**	길을 잃다; 길 잃은	길을 잃다; 길 잃은
13	널리 알려짐	**publicity**	널리 알려짐	널리 알려짐
14	높이, 고도	**altitude**	높이, 고도	높이, 고도
15	늪, 습지	**marsh**	늪, 습지	늪, 습지
16	담화하다	**converse**	담화하다	담화하다
17	도덕의	**moral**	도덕의	도덕의
18	동맹시키다; 동맹국	**ally**	동맹시키다; 동맹국	동맹시키다; 동맹국
19	반항, 반역	**rebellion**	반항, 반역	반항, 반역
20	발생률, 발병률	**incidence**	발생률, 발병률	발생률, 발병률
21	방해하다	**encumber**	방해하다	방해하다
22	부동산업자	**realtor**	부동산업자	부동산업자
23	부족, 결핍	**deficiency**	부족, 결핍	부족, 결핍
24	선정적으로 다루다	**sensationalize**	선정적으로 다루다	선정적으로 다루다
25	성격, 개성	**personality**	성격, 개성	성격, 개성
26	신음하다	**groan**	신음하다	신음하다
27	압도시키다	**overwhelm**	압도시키다	압도시키다
28	불모의	**barren**	불모의	불모의
29	역경	**adversity**	역경	역경
30	열망하다	**aspire**	열망하다	열망하다
31	용기를 돋우는	**supportive**	용기를 돋우는	용기를 돋우는
32	이력서	**résumé**	이력서	이력서
33	입방의, 세제곱의	**cubic**	입방의, 세제곱의	입방의, 세제곱의
34	있음직함, 가능성	**likelihood**	있음직함, 가능성	있음직함, 가능성
35	전신, 전보; 전보를 치다	**telegraph**	전신, 전보; 전보를 치다	전신, 전보; 전보를 치다
36	제정신의	**sane**	제정신의	제정신의
37	주사하다	**inject**	주사하다	주사하다
38	필요, 필요성	**necessity**	필요, 필요성	필요, 필요성
39	향기로움	**fragrance**	향기로움	향기로움
40	흙으로 만든	**earthen**	흙으로 만든	흙으로 만든

✦ 다음을 영어는 한국어로 한국어는 영어로 적으시오.   정답 p.70

01	**admiration**	01	형 연방의
02	**adversity**	02	통 종사시키다
03	**ally**	03	통 권한을 주다
04	**altitude**	04	통 추출하다
05	**federal**	05	통 가난하게 만들다
06	**arthritis**	06	통 길을 잃다 형 길 잃은
07	**aspire**	07	통 담화하다
08	**converse**	08	통 동맹시키다 명 동맹국
09	**cubic**	09	통 방해하다
10	**deceitful**	10	통 선정적으로 다루다
11	**deficiency**	11	통 신음하다
12	**earthen**	12	통 압도시키다
13	**empower**	13	통 열망하다
14	**encumber**	14	통 주사하다
15	**engage**	15	명 감탄, 칭찬
16	**extract**	16	명 고가도로, 육교
17	**fragrance**	17	통 경멸하다
18	**groan**	18	명 관절염
19	**impoverish**	19	명 군주
20	**incidence**	20	명 널리 알려짐
21	**inject**	21	명 높이, 고도
22	**scorn**	22	명 늪, 습지
23	**likelihood**	23	명 반항, 반역
24	**marsh**	24	명 발생률, 발병률
25	**monarch**	25	명 부동산업자
26	**moral**	26	명 부족, 결핍
27	**necessity**	27	명 성격, 개성
28	**overpass**	28	형 불모의
29	**overwhelm**	29	명 역경
30	**personality**	30	명 이력서
31	**publicity**	31	명 있음직함, 가능성
32	**realtor**	32	명 전신, 전보 통 전보를 치다
33	**rebellion**	33	명 필요, 필요성
34	**barren**	34	명 향기로움
35	**résumé**	35	형 기만적인
36	**sane**	36	형 도덕의
37	**sensationalize**	37	형 용기를 돋우는
38	**stray**	38	형 입방의, 세제곱의
39	**supportive**	39	형 제정신의
40	**telegraph**	40	형 흙으로 만든

DAY 13 🎧 STEP 1
한국어 뜻 생각하며 외우기

월   일

✦ 해당 영어의 한국어 의미를 생각하면서 2번씩 적으시오.

01	(풀 등을) 베다	**mow**	(풀 등을) 베다	(풀 등을) 베다
02	불붙다	**ignite**	불붙다	불붙다
03	살다, 거주하다	**inhabit**	살다, 거주하다	살다, 거주하다
04	가속하다	**accelerate**	가속하다	가속하다
05	격노	**fury**	격노	격노
06	~의 탓으로 하다	**attribute**	~의 탓으로 하다	~의 탓으로 하다
07	고발하다	**accuse**	고발하다	고발하다
08	공급하다, 가구를 비치하다	**furnish**	공급하다, 가구를 비치하다	공급하다, 가구를 비치하다
09	구식의	**old-fashioned**	구식의,	구식의
10	급진적인	**radical**	급진적인	급진적인
11	기르다, 양육하다	**foster**	기르다, 양육하다	기르다, 양육하다
12	기업	**enterprise**	기업	기업
13	노동; 노동하다	**labor**	노동; 노동하다	노동; 노동하다
14	동양의	**Oriental**	동양의	동양의
15	등록	**registration**	등록	등록
16	발발, 창궐	**outbreak**	발발, 창궐	발발, 창궐
17	보다, 바라보다	**behold**	보다, 바라보다	보다, 바라보다
18	부정직	**dishonesty**	부정직	부정직
19	부족, 결핍	**scarcity**	부족, 결핍	부족, 결핍
20	부탁, 임무	**commission**	부탁, 임무	부탁, 임무
21	무관심한	**indifferent**	무관심한	무관심한
22	선사 시대의	**prehistoric**	선사 시대의	선사 시대의
23	순진한	**naive**	순진한	순진한
24	안개	**mist**	안개	안개
25	압력	**pressure**	압력	압력
26	전염	**contagion**	전염	전염
27	연소	**combustion**	연소	연소
28	영구적인	**permanent**	영구적인	영구적인
29	예상되는, 기대되는	**prospective**	예상되는, 기대되는	예상되는, 기대되는
30	울부짖다	**howl**	울부짖다	울부짖다
31	원고	**manuscript**	원고	원고
32	인내심	**patience**	인내심	인내심
33	잘못 놓다	**misplace**	잘못 놓다	잘못 놓다
34	제한하다	**restrict**	제한하다	제한하다
35	조숙한	**premature**	조숙한	조숙한
36	중심지	**hive**	중심지	중심지
37	지각의	**sensory**	지각의	지각의
38	태아	**fetus**	태아	태아
39	투덜거리다; 투덜댐	**grumble**	투덜거리다; 투덜댐	투덜거리다; 투덜댐
40	할당하다	**allocate**	할당하다	할당하다

✦ 다음을 영어는 한국어로 한국어는 영어로 적으시오.   정답 p.71

#	영어		#	한국어	
01	accelerate		01	통 (풀 등을) 베다	
02	accuse		02	통 불붙다	
03	allocate		03	통 살다, 거주하다	
04	attribute		04	통 가속하다	
05	behold		05	통 ~의 탓으로 하다	
06	combustion		06	통 고발하다	
07	commission		07	통 공급하다, 가구를 비치하다	
08	dishonesty		08	통 기르다, 양육하다	
09	enterprise		09	통 보다, 바라보다	
10	indifferent		10	통 울부짖다	
11	fetus		11	통 잘못 놓다	
12	foster		12	통 제한하다	
13	furnish		13	통 투덜거리다 명 투덜댐	
14	fury		14	통 할당하다	
15	grumble		15	명 격노	
16	hive		16	명 기업	
17	howl		17	명 노동 통 노동하다	
18	ignite		18	명 등록	
19	inhabit		19	명 발발, 창궐	
20	labor		20	명 부정직	
21	manuscript		21	명 부족, 결핍	
22	misplace		22	명 부탁, 임무	
23	mist		23	명 안개	
24	mow		24	명 압력	
25	naive		25	명 연소	
26	old-fashioned		26	명 원고	
27	Oriental		27	명 인내심	
28	outbreak		28	명 중심지	
29	patience		29	명 태아	
30	permanent		30	형 구식의	
31	prehistoric		31	형 급진적인	
32	premature		32	형 동양의	
33	pressure		33	형 무관심한	
34	prospective		34	형 선사 시대의	
35	radical		35	형 순진한	
36	registration		36	명 전염	
37	restrict		37	형 영구적인	
38	scarcity		38	형 예상되는, 기대되는	
39	contagion		39	형 조숙한	
40	sensory		40	형 지각의	

◆ 해당 영어의 한국어 의미를 생각하면서 2번씩 적으시오.

01	닦다; 윤내기	**polish**	닦다; 윤내기	닦다; 윤내기
02	때리다	**lash**	때리다	때리다
03	능력	**capability**	능력	능력
04	간섭하다	**intervene**	간섭하다	간섭하다
05	강화하다, 북돋우다	**reinforce**	강화하다, 북돋우다	강화하다, 북돋우다
06	격려하다	**hearten**	격려하다	격려하다
07	개시, 시작	**onset**	개시, 시작	개시, 시작
08	기상학적인	**meteorological**	기상학적인	기상학적인
09	꽤 큰	**sizable**	꽤 큰	꽤 큰
10	매달리다	**dangle**	매달리다	매달리다
11	출현, 발생	**emergence**	출현, 발생	출현, 발생
12	밤을 새는; 밤사이에	**overnight**	밤을 새는; 밤사이에	밤을 새는; 밤사이에
13	범위	**scope**	범위	범위
14	변천, 이행	**transition**	변천, 이행	변천, 이행
15	복장; 치장시키다	**attire**	복장; 치장시키다	복장; 치장시키다
16	부족한	**insufficient**	부족한	부족한
17	불안	**instability**	불안	불안
18	선택하다	**opt**	선택하다	선택하다
19	쉬운	**effortless**	쉬운	쉬운
20	신학	**theology**	신학	신학
21	압박	**oppression**	압박	압박
22	압박하는, 엄한	**oppressive**	압박하는, 엄한	압박하는, 엄한
23	예정해 두다	**destine**	예정해 두다	예정해 두다
24	진단하다	**diagnose**	진단하다	진단하다
25	의존	**dependence**	의존	의존
26	임신한	**pregnant**	임신한	임신한
27	절대적인	**absolute**	절대적인	절대적인
28	부조화	**disharmony**	부조화	부조화
29	정반대의	**opposite**	정반대의	정반대의
30	제거	**elimination**	제거	제거
31	제외시키다	**exclude**	제외시키다	제외시키다
32	제한, 한정	**limitation**	제한, 한정	제한, 한정
33	주다, 수여하다, 승인하다	**grant**	주다, 수여하다, 승인하다	주다, 수여하다, 승인하다
34	증오	**hatred**	증오	증오
35	직물의	**textile**	직물의	직물의
36	짐승	**brute**	짐승	짐승
37	컨설턴트, 상담가	**consultant**	컨설턴트, 상담가	컨설턴트, 상담가
38	펄럭이는, 늘어진	**floppy**	펄럭이는, 늘어진	펄럭이는, 늘어진
39	펄럭이다; 펄럭임	**flap**	펄럭이다; 펄럭임	펄럭이다; 펄럭임
40	피하다	**evade**	피하다	피하다

STEP 2
최종실력 점검하기

O [ ]개 | X [ ]개

✦ 다음을 영어는 한국어로 한국어는 영어로 적으시오.

정답 p.71

01	absolute		01	통 닦다 명 윤내기	
02	attire		02	통 때리다	
03	emergence		03	명 출현, 발생	
04	brute		04	통 간섭하다	
05	consultant		05	통 강화하다, 북돋우다	
06	capability		06	통 격려하다	
07	dangle		07	통 매달리다	
08	dependence		08	통 선택하다	
09	destine		09	통 예정해 두다	
10	diagnose		10	통 진단하다	
11	effortless		11	통 제외시키다	
12	elimination		12	통 주다, 수여하다, 승인하다	
13	evade		13	통 펄럭이다 명 펄럭임	
14	exclude		14	통 피하다	
15	flap		15	명 개시, 시작	
16	floppy		16	명 범위	
17	grant		17	명 변천, 이행	
18	hatred		18	명 복장 통 치장시키다	
19	hearten		19	명 불안	
20	disharmony		20	명 신학	
21	instability		21	명 압박	
22	insufficient		22	명 의존	
23	intervene		23	명 능력	
24	lash		24	명 제거	
25	limitation		25	명 제한, 한정	
26	meteorological		26	명 증오	
27	onset		27	명 짐승	
28	opposite		28	명 컨설턴트, 상담가	
29	oppression		29	형 기상학적인	
30	oppressive		30	형 꽤 큰	
31	opt		31	명 부조화	
32	overnight		32	형 밤을 새는 부 밤사이에	
33	polish		33	형 부족한	
34	pregnant		34	형 쉬운	
35	reinforce		35	형 압박하는, 엄한	
36	scope		36	형 임신한	
37	sizable		37	형 절대적인	
38	textile		38	형 정반대의	
39	theology		39	형 직물의	
40	transition		40	형 펄럭이는, 늘어진	

✦ 해당 영어의 한국어 의미를 생각하면서 2번씩 적으시오.

01	~에 돌리다	**ascribe**	~에 돌리다	~에 돌리다
02	복구하다	**restore**	복구하다	복구하다
03	가정하다	**presume**	가정하다	가정하다
04	강제의	**mandatory**	강제의	강제의
05	개정(안)	**amendment**	개정(안)	개정(안)
06	거대한	**immense**	거대한	거대한
07	경치가 좋은	**scenic**	경치가 좋은	경치가 좋은
08	기어오르다, 뒤섞다	**scramble**	기어오르다, 뒤섞다	기어오르다, 뒤섞다
09	낄낄 웃다	**snicker**	낄낄 웃다	낄낄 웃다
10	나룻배, 나루터	**ferry**	나룻배, 나루터	나룻배, 나루터
11	내쫓다	**expel**	내쫓다	내쫓다
12	(지붕 딸린) 현관	**porch**	(지붕 딸린) 현관	(지붕 딸린) 현관
13	다스리다	**govern**	다스리다	다스리다
14	돌진하다	**dart**	돌진하다	돌진하다
15	만료	**expiration**	만료	만료
16	벌주다, 유죄를 선고하다	**penalize**	벌주다, 유죄를 선고하다	벌주다, 유죄를 선고하다
17	보통의, 평상의	**ordinary**	보통의, 평상의	보통의, 평상의
18	사건, 발생	**occurrence**	사건, 발생	사건, 발생
19	분개한	**resentful**	분개한	분개한
20	비행	**aviation**	비행	비행
21	생계	**livelihood**	생계	생계
22	생산성	**productivity**	생산성	생산성
23	설득하여 ~하게 하다	**persuade**	설득하여 ~하게 하다	설득하여 ~하게 하다
24	소용돌이치다; 소용돌이	**swirl**	소용돌이치다; 소용돌이	소용돌이치다; 소용돌이
25	순전한, 순수한; 순전히	**sheer**	순전한, 순수한; 순전히	순전한, 순수한; 순전히
26	애국자	**patriot**	애국자	애국자
27	연속적인	**sequential**	연속적인	연속적인
28	열등, 열세	**inferiority**	열등, 열세	열등, 열세
29	이용도, 이용 가능함	**availability**	이용도, 이용 가능함	이용도, 이용 가능함
30	장비하다, 채비하다	**rig**	장비하다, 채비하다	장비하다, 채비하다
31	진단	**diagnosis**	진단	진단
32	축축한	**moist**	축축한	축축한
33	출판, 출간	**publication**	출판, 출간	출판, 출간
34	타원형의; 타원형	**oval**	타원형의; 타원형	타원형의; 타원형
35	칭찬할 만한	**admirable**	칭찬할 만한	칭찬할 만한
36	파노라마식의	**panoramic**	파노라마식의	파노라마식의
37	하급의, 종속의	**subordinate**	하급의, 종속의	하급의, 종속의
38	하늘의, 천상의	**celestial**	하늘의, 천상의	하늘의, 천상의
39	해협	**strait**	해협	해협
40	화물	**freight**	화물	화물

✦ 다음을 영어는 한국어로 한국어는 영어로 적으시오.

정답 p.72

01	admirable		01	통 ~에 돌리다	
02	amendment		02	통 복구하다	
03	ascribe		03	통 가정하다	
04	availability		04	통 기어오르다, 뒤섞다	
05	aviation		05	통 낄낄 웃다	
06	porch		06	통 내쫓다	
07	celestial		07	통 다스리다	
08	dart		08	통 돌진하다	
09	diagnosis		09	통 벌주다, 유죄를 선고하다	
10	occurrence		10	통 설득하여 ~하게 하다	
11	oval		11	통 소용돌이치다 명 소용돌이	
12	expel		12	통 장비하다, 채비하다	
13	expiration		13	명 개정(안)	
14	ferry		14	명 나룻배, 나루터	
15	freight		15	명 (지붕 딸린) 현관	
16	govern		16	명 만료	
17	immense		17	명 사건, 발생	
18	inferiority		18	명 비행	
19	livelihood		19	명 생계	
20	mandatory		20	명 생산성	
21	moist		21	명 애국자	
22	ordinary		22	명 열등, 열세	
23	panoramic		23	명 이용도, 이용 가능함	
24	patriot		24	명 진단	
25	penalize		25	명 출판, 출간	
26	persuade		26	형 타원형의 명 타원형	
27	presume		27	명 해협	
28	productivity		28	명 화물	
29	publication		29	형 강제의	
30	resentful		30	형 거대한	
31	restore		31	형 경치가 좋은	
32	rig		32	형 보통의, 평상의	
33	scenic		33	형 분개한	
34	scramble		34	형 순전한, 순수한 부 순전히	
35	sequential		35	형 연속적인	
36	sheer		36	형 축축한	
37	snicker		37	형 칭찬할 만한	
38	strait		38	형 파노라마식의	
39	subordinate		39	형 하급의, 종속의	
40	swirl		40	형 하늘의, 천상의	

✦ 해당 영어의 한국어 의미를 생각하면서 2번씩 적으시오.

01	연방 보안관; 정렬시키다	**marshal**	연방 보안관; 정렬시키다	연방 보안관; 정렬시키다
02	소생시키다, 소생하다	**revive**	소생시키다, 소생하다	소생시키다, 소생하다
03	간결한	**concise**	간결한	간결한
04	감옥에 넣다	**imprison**	감옥에 넣다	감옥에 넣다
05	고용하다	**employ**	고용하다	고용하다
06	능숙	**proficiency**	능숙	능숙
07	대초원	**prairie**	대초원	대초원
08	똑똑 떨어지다	**dribble**	똑똑 떨어지다	똑똑 떨어지다
09	비밀을 털어놓다	**confide**	비밀을 털어놓다	비밀을 털어놓다
10	미친	**insane**	미친	미친
11	민첩성	**agility**	민첩성	민첩성
12	버리다, 처분하다	**discard**	버리다, 처분하다	버리다, 처분하다
13	병	**ailment**	병	병
14	불길한, 나쁜 징조의	**ominous**	불길한, 나쁜 징조의	불길한, 나쁜 징조의
15	초안, 설계도	**draft**	초안, 설계도	초안, 설계도
16	상품; 매매하다	**merchandise**	상품; 매매하다	상품; 매매하다
17	수치스러운, 악명 높은	**infamous**	수치스러운, 악명 높은	수치스러운, 악명 높은
18	식민지의	**colonial**	식민지의	식민지의
19	식초	**vinegar**	식초	식초
20	아픔, 고통	**pain**	아픔, 고통	아픔, 고통
21	오물, 오수	**sewage**	오물, 오수	오물, 오수
22	외부의; 외부	**exterior**	외부의; 외부	외부의; 외부
23	위반, 공격	**offense**	위반, 공격	위반, 공격
24	인식의	**cognitive**	인식의	인식의
25	장난, 짓궂음	**mischief**	장난, 짓궂음	장난, 짓궂음
26	재현하다, 복사하다	**reproduce**	재현하다, 복사하다	재현하다, 복사하다
27	능력, 자격	**competence**	능력, 자격	능력, 자격
28	정권	**regime**	정권	정권
29	좌우명	**maxim**	좌우명	좌우명
30	중재, 개입	**intervention**	중재, 개입	중재, 개입
31	지배하다	**dominate**	지배하다	지배하다
32	알레르기성의	**allergic**	알레르기성의	알레르기성의
33	진행 중인	**underway**	진행 중인	진행 중인
34	총명한, 박식한	**knowledgeable**	총명한, 박식한	총명한, 박식한
35	출현, 도래	**advent**	출현, 도래	출현, 도래
36	운문, 시	**verse**	운문, 시	운문, 시
37	평판	**repute**	평판	평판
38	호위, 호송	**escort**	호위, 호송	호위, 호송
39	후방, 뒤; 뒤쪽의	**rear**	후방, 뒤; 뒤쪽의	후방, 뒤; 뒤쪽의
40	재현하다, 되살리다	**recreate**	재현하다, 되살리다	재현하다, 되살리다

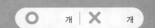
✦ 다음을 영어는 한국어로 한국어는 영어로 적으시오.   정답 p.72

01	**advent**		01	통 소생시키다, 소생하다
02	**agility**		02	통 감옥에 넣다
03	**ailment**		03	통 고용하다
04	**cognitive**		04	통 똑똑 떨어지다
05	**colonial**		05	통 비밀을 털어놓다
06	**competence**		06	통 버리다, 처분하다
07	**concise**		07	통 재현하다, 복사하다
08	**confide**		08	통 지배하다
09	**discard**		09	통 재현하다, 되살리다
10	**dominate**		10	명 연방 보안관 통 정렬시키다
11	**dribble**		11	명 능숙
12	**employ**		12	명 대초원
13	**escort**		13	명 민첩성
14	**exterior**		14	명 병
15	**imprison**		15	명 초안, 설계도
16	**infamous**		16	명 상품 통 매매하다
17	**insane**		17	명 식초
18	**intervention**		18	명 아픔, 고통
19	**knowledgeable**		19	명 오물, 오수
20	**marshal**		20	명 위반, 공격
21	**maxim**		21	명 장난, 짓궂음
22	**merchandise**		22	명 능력, 자격
23	**mischief**		23	명 정권
24	**draft**		24	명 좌우명
25	**offense**		25	명 중재, 개입
26	**ominous**		26	형 알레르기성의
27	**allergic**		27	명 출현, 도래
28	**pain**		28	명 평판
29	**verse**		29	명 호위, 호송
30	**prairie**		30	명 후방, 뒤 형 뒤쪽의
31	**proficiency**		31	형 간결한
32	**rear**		32	형 미친
33	**recreate**		33	형 불길한, 나쁜 징조의
34	**regime**		34	형 수치스러운, 악명 높은
35	**reproduce**		35	형 식민지의
36	**repute**		36	형 외부의 명 외부
37	**revive**		37	형 인식의
38	**sewage**		38	형 진행 중인
39	**underway**		39	형 총명한, 박식한
40	**vinegar**		40	명 운문, 시

✦ 해당 영어의 한국어 의미를 생각하면서 2번씩 적으시오.

01	현대화하다	**modernize**	현대화하다	현대화하다
02	개발하다, 활용하다; 위업	**exploit**	개발하다, 활용하다; 위업	개발하다, 활용하다; 위업
03	거주하다	**reside**	거주하다	거주하다
04	교활한	**sly**	교활한	교활한
05	끈기, 끈덕짐	**persistence**	끈기, 끈덕짐	끈기, 끈덕짐
06	방화	**arson**	방화	방화
07	명성, 위신	**prestige**	명성, 위신	명성, 위신
08	무서운	**dreadful**	무서운	무서운
09	개의치 않는	**regardless**	개의치 않는	개의치 않는
10	불명료한	**obscure**	불명료한	불명료한
11	붙잡다, 이해하다	**grasp**	붙잡다, 이해하다	붙잡다, 이해하다
12	사망(자), 재난	**fatality**	사망(자), 재난	사망(자), 재난
13	선택 가능한, 임의의	**optional**	선택 가능한, 임의의	선택 가능한, 임의의
14	식물학자	**botanist**	식물학자	식물학자
15	얻다	**obtain**	얻다	얻다
16	열심인, 강렬한, 날카로운	**keen**	열심인, 강렬한, 날카로운	열심인, 강렬한, 날카로운
17	예견하다	**foresee**	예견하다	예견하다
18	옳다고 하다, 정당화하다	**justify**	옳다고 하다, 정당화하다	옳다고 하다, 정당화하다
19	논쟁의, 논쟁의 여지가 있는	**controversial**	논쟁의, 논쟁의 여지가 있는	논쟁의, 논쟁의 여지가 있는
20	유독한	**poisonous**	유독한	유독한
21	의무	**obligation**	의무	의무
22	의복	**garment**	의복	의복
23	의인화하다	**personalize**	의인화하다	의인화하다
24	이전시키다	**relocate**	이전시키다	이전시키다
25	일화의, 일화적인	**anecdotal**	일화의, 일화적인	일화의, 일화적인
26	장비, 병기	**armament**	장비, 병기	장비, 병기
27	장애(물)	**obstacle**	장애(물)	장애(물)
28	점검하다, 시찰하다	**inspect**	점검하다, 시찰하다	점검하다, 시찰하다
29	조상	**forefather**	조상	조상
30	창의력이 풍부한	**inventive**	창의력이 풍부한	창의력이 풍부한
31	채용하다	**recruit**	채용하다	채용하다
32	무정부	**anarchy**	무정부	무정부
33	충치	**cavity**	충치	충치
34	치명적인	**fatal**	치명적인	치명적인
35	태만, 부주의	**negligence**	태만, 부주의	태만, 부주의
36	태평양; 태평양의	**Pacific**	태평양; 태평양의	태평양; 태평양의
37	토지, 재산권	**estate**	토지, 재산권	토지, 재산권
38	판매 수익	**margin**	판매 수익	판매 수익
39	폭동, 반항	**revolt**	폭동, 반항	폭동, 반항
40	흉내 내다; 흉내 내는	**mimic**	흉내 내다; 흉내 내는	흉내 내다; 흉내 내는

✦ 다음을 영어는 한국어로 한국어는 영어로 적으시오.   정답 p.73

01	**arson**	01	통 현대화하다
02	**anecdotal**	02	통 개발하다, 활용하다 명 위업
03	**armament**	03	통 거주하다
04	**cavity**	04	통 붙잡다, 이해하다
05	**botanist**	05	통 얻다
06	**dreadful**	06	통 예견하다
07	**estate**	07	통 옳다고 하다, 정당화하다
08	**exploit**	08	통 의인화하다
09	**fatal**	09	통 이전시키다
10	**fatality**	10	통 점검하다, 시찰하다
11	**forefather**	11	통 채용하다
12	**foresee**	12	명 끈기, 끈덕짐
13	**garment**	13	명 방화
14	**grasp**	14	명 명성, 위신
15	**inspect**	15	명 사망(자), 재난
16	**inventive**	16	명 식물학자
17	**justify**	17	명 의무
18	**keen**	18	명 의복
19	**margin**	19	명 장비, 병기
20	**mimic**	20	명 장애(물)
21	**modernize**	21	명 조상
22	**controversial**	22	명 무정부
23	**negligence**	23	명 충치
24	**obligation**	24	명 태만, 부주의
25	**obscure**	25	명 토지, 재산권
26	**obstacle**	26	명 판매 수익
27	**obtain**	27	명 폭동, 반항
28	**optional**	28	형 교활한
29	**Pacific**	29	형 무서운
30	**persistence**	30	형 개의치 않는
31	**personalize**	31	형 불명료한
32	**poisonous**	32	형 선택 가능한, 임의의
33	**prestige**	33	형 논쟁의, 논쟁의 여지가 있는
34	**recruit**	34	형 열심인, 강렬한, 날카로운
35	**regardless**	35	형 유독한
36	**relocate**	36	형 일화의, 일화적인
37	**reside**	37	형 창의력이 풍부한
38	**revolt**	38	형 치명적인
39	**sly**	39	명 태평양 형 태평양의
40	**anarchy**	40	통 흉내 내다 형 흉내 내는

✦ 해당 영어의 한국어 의미를 생각하면서 2번씩 적으시오.

01	~에게 영양분을 주다	**nourish**	~에게 영양분을 주다	~에게 영양분을 주다
02	구성하다, 성립시키다	**constitute**	구성하다, 성립시키다	구성하다, 성립시키다
03	삐다; 뺌, 접질림	**sprain**	삐다; 뺌, 접질림	삐다; 뺌, 접질림
04	간	**liver**	간	간
05	견본	**specimen**	견본	견본
06	결심	**resolution**	결심	결심
07	굴착, 발굴	**excavation**	굴착, 발굴	굴착, 발굴
08	기품 있는	**elegant**	기품 있는	기품 있는
09	끄덕이다	**nod**	끄덕이다	끄덕이다
10	처벌, 벌칙	**penalty**	처벌, 벌칙	처벌, 벌칙
11	달아나다	**flee**	달아나다	달아나다
12	들을 수 없는	**inaudible**	들을 수 없는	들을 수 없는
13	목소리의, 음성의	**vocal**	목소리의, 음성의	목소리의, 음성의
14	몹시 놀라게 하다	**astound**	몹시 놀라게 하다	몹시 놀라게 하다
15	무서운, 소름 끼치는	**frightful**	무서운, 소름 끼치는	무서운, 소름 끼치는
16	분석적인	**analytical**	분석적인	분석적인
17	무지한	**ignorant**	무지한	무지한
18	바꾸어 쓰다	**paraphrase**	바꾸어 쓰다	바꾸어 쓰다
19	(나무의) 그루터기, 남은 부분	**stump**	(나무의) 그루터기, 남은 부분	(나무의) 그루터기, 남은 부분
20	부서지기 쉬운	**fragile**	부서지기 쉬운	부서지기 쉬운
21	생각하다, 생각해내다	**conceive**	생각하다, 생각해내다	생각하다, 생각해내다
22	소화	**digestion**	소화	소화
23	수정, 변경	**modification**	수정, 변경	수정, 변경
24	자서전	**autobiography**	자서전	자서전
25	악명 높은	**notorious**	악명 높은	악명 높은
26	얼룩	**blot**	얼룩	얼룩
27	엿보다; 엿보기	**peek**	엿보다; 엿보기	엿보다; 엿보기
28	위협하다, 협박하다	**intimidate**	위협하다, 협박하다	위협하다, 협박하다
29	이상주의적인, 비현실적인	**idealistic**	이상주의적인, 비현실적인	이상주의적인, 비현실적인
30	맛있는 것, 섬세함	**delicacy**	맛있는 것, 섬세함	맛있는 것, 섬세함
31	줄	**queue**	줄	줄
32	중간의, 중간적인	**in-between**	중간의, 중간적인	중간의, 중간적인
33	지시	**instruction**	지시	지시
34	철수	**evacuation**	철수	철수
35	특파원	**correspondent**	특파원	특파원
36	편집하다, 편찬하다	**compile**	편집하다, 편찬하다	편집하다, 편찬하다
37	혐오	**disgust**	혐오	혐오
38	혼잡, 붐빔	**congestion**	혼잡, 붐빔	혼잡, 붐빔
39	혼합물; 합성의, 혼합의	**compound**	혼합물; 합성의, 혼합의	혼합물; 합성의, 혼합의
40	흩어지게 하다	**disperse**	흩어지게 하다	흩어지게 하다

✦ 다음을 영어는 한국어로 한국어는 영어로 적으시오.   정답 p.73

01	analytical		01	동 ~에게 영양분을 주다
02	autobiography		02	동 구성하다, 성립시키다
03	astound		03	동 삐다 명 삠, 접질림
04	blot		04	동 끄덕이다
05	stump		05	동 달아나다
06	compile		06	동 몹시 놀라게 하다
07	compound		07	동 바꾸어 쓰다
08	conceive		08	동 생각하다, 생각해내다
09	congestion		09	동 엿보다 명 엿보기
10	constitute		10	동 위협하다, 협박하다
11	penalty		11	동 편집하다, 편찬하다
12	correspondent		12	동 흩어지게 하다
13	delicacy		13	명 간
14	digestion		14	명 견본
15	disgust		15	명 결심
16	disperse		16	명 굴착, 발굴
17	elegant		17	명 처벌, 벌칙
18	evacuation		18	명 (나무의) 그루터기, 남은 부분
19	excavation		19	명 소화
20	flee		20	명 수정, 변경
21	fragile		21	명 자서전
22	frightful		22	명 얼룩
23	idealistic		23	명 맛있는 것, 섬세함
24	ignorant		24	명 줄
25	inaudible		25	명 지시
26	in-between		26	명 철수
27	instruction		27	명 특파원
28	intimidate		28	명 혐오
29	liver		29	명 혼잡, 붐빔
30	modification		30	명 혼합물 형 합성의, 혼합의
31	nod		31	형 기품 있는
32	notorious		32	형 분석적인
33	nourish		33	형 들을 수 없는
34	paraphrase		34	형 목소리의, 음성의
35	peek		35	형 무서운, 소름 끼치는
36	queue		36	형 무지한
37	resolution		37	형 부서지기 쉬운
38	specimen		38	형 악명 높은
39	sprain		39	형 이상주의적인
40	vocal		40	형 중간의, 중간적인

DAY 19 STEP 1
한국어 뜻 생각하며 외우기

✦ 해당 영어의 한국어 의미를 생각하면서 2번씩 적으시오.

01	~에 반대하다	**oppose**	~에 반대하다	~에 반대하다
02	넘다, 초과하다	**exceed**	넘다, 초과하다	넘다, 초과하다
03	넣다, 합병하다	**incorporate**	넣다, 합병하다	넣다, 합병하다
04	잘못됨을 증명하다	**disprove**	잘못됨을 증명하다	잘못됨을 증명하다
05	값이 알맞은	**affordable**	값이 알맞은	값이 알맞은
06	관련, 타당성	**relevance**	관련, 타당성	관련, 타당성
07	구충제, 살충제	**pesticide**	구충제, 살충제	구충제, 살충제
08	청렴결백	**incorruptibility**	청렴결백	청렴결백
09	(소리가) 날카로운	**shrill**	(소리가) 날카로운	(소리가) 날카로운
10	내던지다, 급히 하다	**dash**	내던지다, 급히 하다	내던지다, 급히 하다
11	논쟁; 논쟁하다	**dispute**	논쟁; 논쟁하다	논쟁; 논쟁하다
12	매우 기쁘게 하다	**delight**	매우 기쁘게 하다	매우 기쁘게 하다
13	평판, 명성	**reputation**	평판, 명성	평판, 명성
14	모범, 본보기	**paradigm**	모범, 본보기	모범, 본보기
15	발하다	**emit**	발하다	발하다
16	긁어모으다; 갈퀴	**rake**	긁어모으다; 갈퀴	긁어모으다; 갈퀴
17	불안정한, 위험에 처한	**insecure**	불안정한, 위험에 처한	불안정한, 위험에 처한
18	성숙기, 원숙기	**maturity**	성숙기, 원숙기	성숙기, 원숙기
19	소송	**lawsuit**	소송	소송
20	소유권	**ownership**	소유권	소유권
21	소환하다	**summon**	소환하다	소환하다
22	순종하는	**obedient**	순종하는	순종하는
23	영장	**warrant**	영장	영장
24	오염 방지	**antipollution**	오염 방지	오염 방지
25	의회	**parliament**	의회	의회
26	업적, 공적	**achievement**	업적, 공적	업적, 공적
27	장식의	**decorative**	장식의	장식의
28	접미사	**suffix**	접미사	접미사
29	중지하다, 유산시키다	**abort**	중지하다, 유산시키다	중지하다, 유산시키다
30	즉석의, 급조의	**improvised**	즉석의, 급조의	즉석의, 급조의
31	지난	**bygone**	지난	지난
32	지지하다, 찬성하다	**uphold**	지지하다, 찬성하다	지지하다, 찬성하다
33	타협	**compromise**	타협	타협
34	추리, 추론	**inference**	추리, 추론	추리, 추론
35	측정하다	**measure**	측정하다	측정하다
36	퇴보, 좌절	**setback**	퇴보, 좌절	퇴보, 좌절
37	피할 수 없는	**inescapable**	피할 수 없는	피할 수 없는
38	현수막, 배너	**banner**	현수막, 배너	현수막, 배너
39	후보자, 지원자	**candidate**	후보자, 지원자	후보자, 지원자
40	(마음·주의를) 흐트러뜨리다	**distract**	(마음·주의를) 흐트러뜨리다	(마음·주의를) 흐트러뜨리다

✦ 다음을 영어는 한국어로 한국어는 영어로 적으시오.   정답 p.74

01	abort		01	동 ~에 반대하다
02	affordable		02	동 넘다, 초과하다
03	achievement		03	동 넣다, 합병하다
04	antipollution		04	동 잘못됨을 증명하다
05	compromise		05	동 내던지다, 급히 하다
06	banner		06	명 논쟁 동 논쟁하다
07	bygone		07	동 매우 기쁘게 하다
08	candidate		08	동 발하다
09	dash		09	동 소환하다
10	decorative		10	동 중지하다, 유산시키다
11	delight		11	동 지지하다, 찬성하다
12	disprove		12	동 측정하다
13	dispute		13	동 (마음·주의를) 흐트러뜨리다
14	distract		14	명 관련, 타당성
15	emit		15	명 구충제, 살충제
16	exceed		16	명 청렴결백
17	improvised		17	명 평판, 명성
18	incorporate		18	명 모범, 본보기
19	inescapable		19	명 성숙기, 원숙기
20	inference		20	명 소송
21	insecure		21	명 소유권
22	lawsuit		22	명 영장
23	maturity		23	명 오염 방지
24	measure		24	명 의회
25	obedient		25	명 업적, 공적
26	oppose		26	명 접미사
27	ownership		27	명 타협
28	paradigm		28	명 추리, 추론
29	parliament		29	명 퇴보, 좌절
30	rake		30	명 현수막, 배너
31	pesticide		31	명 후보자, 지원자
32	relevance		32	형 값이 알맞은
33	reputation		33	형 (소리가) 날카로운
34	setback		34	동 긁어모으다 명 갈퀴
35	shrill		35	형 불안정한, 위험에 처한
36	incorruptibility		36	형 순종하는
37	suffix		37	형 장식의
38	summon		38	형 즉석의, 급조의
39	uphold		39	형 지난
40	warrant		40	형 피할 수 없는

✦ 해당 영어의 한국어 의미를 생각하면서 2번씩 적으시오.

01	필요로 하다	**necessitate**	필요로 하다	필요로 하다
02	~의 베일을 벗기다	**unveil**	~의 베일을 벗기다	~의 베일을 벗기다
03	~점, 영업실	**parlor**	~점, 영업실	~점, 영업실
04	공산주의	**communism**	공산주의	공산주의
05	관점	**perspective**	관점	관점
06	관찰, 관찰 결과	**observation**	관찰, 관찰 결과	관찰, 관찰 결과
07	괄호	**parenthesis**	괄호	괄호
08	근육	**muscle**	근육	근육
09	생태학	**ecology**	생태학	생태학
10	기부자, 후원자	**benefactor**	기부자, 후원자	기부자, 후원자
11	내부의	**interior**	내부의	내부의
12	논문	**treatise**	논문	논문
13	높게 하다	**heighten**	높게 하다	높게 하다
14	미끄러져 가다, 훑다	**skim**	미끄러져 가다, 훑다	미끄러져 가다, 훑다
15	복용량	**dose**	복용량	복용량
16	분비	**secretion**	분비	분비
17	불을 붙이다, 밝게 하다	**kindle**	불을 붙이다, 밝게 하다	불을 붙이다, 밝게 하다
18	반대, 불승인	**disapproval**	반대, 불승인	반대, 불승인
19	비열한; 의미하다	**mean**	비열한; 의미하다	비열한; 의미하다
20	생각하다, 간주하다	**deem**	생각하다, 간주하다	생각하다, 간주하다
21	순환하다, 교대하다	**rotate**	순환하다, 교대하다	순환하다, 교대하다
22	신중한, 조심성 있는	**prudent**	신중한, 조심성 있는	신중한, 조심성 있는
23	접근하기 어려운	**inaccessible**	접근하기 어려운	접근하기 어려운
24	영양분이 풍부한	**nutritious**	영양분이 풍부한	영양분이 풍부한
25	예방의	**preventive**	예방의	예방의
26	우박, 쏟아지는 것	**hail**	우박, 쏟아지는 것	우박, 쏟아지는 것
27	울퉁불퉁한	**rugged**	울퉁불퉁한	울퉁불퉁한
28	웅얼거리다	**mumble**	웅얼거리다	웅얼거리다
29	원시 시대의	**primeval**	원시 시대의	원시 시대의
30	인력, 중력	**gravitation**	인력, 중력	인력, 중력
31	자유롭게 만들다	**liberate**	자유롭게 만들다	자유롭게 만들다
32	재고품, 목록	**inventory**	재고품, 목록	재고품, 목록
33	주류의; 주류, 대세	**mainstream**	주류의; 주류, 대세	주류의; 주류, 대세
34	지출	**expense**	지출	지출
35	홀짝이며 마시다	**sip**	홀짝이며 마시다	홀짝이며 마시다
36	천식	**asthma**	천식	천식
37	자물쇠를 열다	**unlock**	자물쇠를 열다	자물쇠를 열다
38	친숙하게 하다, 익숙하게 하다	**familiarize**	친숙하게 하다, 익숙하게 하다	친숙하게 하다, 익숙하게 하다
39	딜레마, 진퇴양난	**dilemma**	딜레마, 진퇴양난	딜레마, 진퇴양난
40	표시하다, 나타내다	**signify**	표시하다, 나타내다	표시하다, 나타내다

✦ 다음을 영어는 한국어로 한국어는 영어로 적으시오.   정답 p.74

01	ecology		01	동 필요로 하다
02	asthma		02	동 ~의 베일을 벗기다
03	benefactor		03	명 생태학
04	communism		04	동 높게 하다
05	inaccessible		05	동 미끄러져 가다, 훑다
06	deem		06	동 불을 붙이다, 밝게 하다
07	disapproval		07	동 생각하다, 간주하다
08	dose		08	동 순환하다, 교대하다
09	expense		09	동 웅얼거리다
10	familiarize		10	동 자유롭게 만들다
11	gravitation		11	동 홀짝이며 마시다
12	hail		12	동 친숙하게 하다, 익숙하게 하다
13	heighten		13	동 표시하다, 나타내다
14	unlock		14	명 ~점, 영업실
15	interior		15	명 공산주의
16	inventory		16	명 관점
17	kindle		17	명 관찰, 관찰 결과
18	liberate		18	명 괄호
19	mainstream		19	명 근육
20	mean		20	명 기부자, 후원자
21	mumble		21	명 논문
22	muscle		22	명 복용량
23	necessitate		23	명 분비
24	nutritious		24	명 반대, 불승인
25	observation		25	형 접근하기 어려운
26	parenthesis		26	명 우박, 쏟아지는 것
27	parlor		27	명 인력, 중력
28	perspective		28	명 재고품, 목록
29	preventive		29	형 주류의 명 주류, 대세
30	primeval		30	명 지출
31	prudent		31	명 천식
32	dilemma		32	동 자물쇠를 열다
33	rotate		33	명 딜레마, 진퇴양난
34	rugged		34	형 내부의
35	secretion		35	형 비열한 동 의미하다
36	signify		36	형 신중한, 조심성 있는
37	sip		37	형 영양분이 풍부한
38	skim		38	형 예방의
39	treatise		39	형 울퉁불퉁한
40	unveil		40	형 원시 시대의

DAY 21 🙂 STEP 1

한국어 뜻 생각하며 외우기

✦ 해당 영어의 한국어 의미를 생각하면서 2번씩 적으시오.

01	다른 곳에	**elsewhere**	다른 곳에	다른 곳에
02	융통성 있게	**flexibly**	융통성 있게	융통성 있게
03	놀라다; 놀랄 만한 일	**marvel**	놀라다; 놀랄 만한 일	놀라다; 놀랄 만한 일
04	마지막 곡, 피날레	**finale**	마지막 곡, 피날레	마지막 곡, 피날레
05	가정교사, 과외교사	**tutor**	가정교사, 과외교사	가정교사, 과외교사
06	거꾸로 하다	**invert**	거꾸로 하다	거꾸로 하다
07	고삐	**rein**	고삐	고삐
08	괴롭히다	**afflict**	괴롭히다	괴롭히다
09	극장의, 극적인	**theatrical**	극장의, 극적인	극장의, 극적인
10	깨우다, 자극하다	**arouse**	깨우다, 자극하다	깨우다, 자극하다
11	눈에 띄는	**outstanding**	눈에 띄는	눈에 띄는
12	동기	**motive**	동기	동기
13	전통, 관습	**convention**	전통, 관습	전통, 관습
14	어리둥절하게 하다; 당황	**fluster**	어리둥절하게 하다; 당황	어리둥절하게 하다; 당황
15	명성 있는	**prestigious**	명성 있는	명성 있는
16	무통의	**painless**	무통의	무통의
17	무한한	**infinite**	무한한	무한한
18	배수하다	**drain**	배수하다	배수하다
19	본질	**essentiality**	본질	본질
20	비관론자	**pessimist**	비관론자	비관론자
21	색조	**hue**	색조	색조
22	백과사전	**encyclopedia**	백과사전	백과사전
23	셀 수 없이 많은	**innumerable**	셀 수 없이 많은	셀 수 없이 많은
24	숨을 내쉬다	**exhale**	숨을 내쉬다	숨을 내쉬다
25	시간을 잘 지키는	**punctual**	시간을 잘 지키는	시간을 잘 지키는
26	공급, 제공, 식량	**provision**	공급, 제공, 식량	공급, 제공, 식량
27	식용의	**edible**	식용의	식용의
28	야만적인; 야만인	**savage**	야만적인; 야만인	야만적인; 야만인
29	청소년의; 청소년	**juvenile**	청소년의; 청소년	청소년의; 청소년
30	외교의	**diplomatic**	외교의	외교의
31	위험한, 모험적인	**risky**	위험한, 모험적인	위험한, 모험적인
32	유혹	**temptation**	유혹	유혹
33	생태학자	**ecologist**	생태학자	생태학자
34	작동하다	**operate**	작동하다	작동하다
35	지중해의; 지중해	**Mediterranean**	지중해의; 지중해	지중해의; 지중해
36	추천	**recommendation**	추천	추천
37	출산율, 비옥	**fertility**	출산율, 비옥	출산율, 비옥
38	침울한, 변덕스러운	**moody**	침울한, 변덕스러운	침울한, 변덕스러운
39	파편	**fragment**	파편	파편
40	혁신적인, 쇄신적인	**innovative**	혁신적인, 쇄신적인	혁신적인, 쇄신적인

✦ 다음을 영어는 한국어로 한국어를 영어로 적으시오.   정답 p.75

01	afflict		01	통 놀라다 명 놀랄 만한 일	
02	arouse		02	통 거꾸로 하다	
03	finale		03	통 괴롭히다	
04	diplomatic		04	통 깨우다, 자극하다	
05	drain		05	통 어리둥절하게 하다 명 당황	
06	convention		06	통 배수하다	
07	edible		07	통 숨을 내쉬다	
08	elsewhere		08	명 마지막 곡, 피날레	
09	essentiality		09	통 작동하다	
10	exhale		10	명 가정교사, 과외교사	
11	fertility		11	명 고삐	
12	flexibly		12	명 동기	
13	fluster		13	명 전통, 관습	
14	fragment		14	명 본질	
15	hue		15	명 비관론자	
16	encyclopedia		16	명 색조	
17	infinite		17	명 백과사전	
18	innovative		18	명 공급, 제공, 식량	
19	innumerable		19	명 유혹	
20	invert		20	명 추천	
21	juvenile		21	명 출산율, 비옥	
22	marvel		22	명 파편	
23	Mediterranean		23	부 다른 곳에	
24	moody		24	부 융통성 있게	
25	motive		25	명 생태학자	
26	operate		26	형 극장의, 극적인	
27	outstanding		27	형 눈에 띄는	
28	painless		28	형 명성 있는	
29	pessimist		29	형 무통의	
30	prestigious		30	형 무한한	
31	provision		31	형 셀 수 없이 많은	
32	punctual		32	형 시간을 잘 지키는	
33	recommendation		33	형 식용의	
34	rein		34	형 야만적인 명 야만인	
35	risky		35	형 청소년의 명 청소년	
36	savage		36	형 외교의	
37	temptation		37	형 위험한, 모험적인	
38	theatrical		38	형 지중해의 명 지중해	
39	tutor		39	형 침울한, 변덕스러운	
40	ecologist		40	형 혁신적인, 쇄신적인	

DAY 22 🙂 STEP 1
한국어 뜻 생각하며 외우기

✦ 해당 영어의 한국어 의미를 생각하면서 2번씩 적으시오.

01	보증하다, 확신시키다	**assure**	보증하다, 확신시키다	보증하다, 확신시키다
02	취임시키다	**inaugurate**	취임시키다	취임시키다
03	근거 없는	**groundless**	근거 없는	근거 없는
04	낙천적인	**optimistic**	낙천적인	낙천적인
05	능력, 재능	**faculty**	능력, 재능	능력, 재능
06	단언하다, 주장하다	**assert**	단언하다, 주장하다	단언하다, 주장하다
07	궁둥이, 꽁초	**butt**	궁둥이, 꽁초	궁둥이, 꽁초
08	모호한	**ambiguous**	모호한	모호한
09	받아들임, 흡입	**intake**	받아들임, 흡입	받아들임, 흡입
10	배반하다	**betray**	배반하다	배반하다
11	섬광, 노려봄; 빛나다	**glare**	섬광, 노려봄; 빛나다	섬광, 노려봄; 빛나다
12	~보다 오래 머무르다	**outstay**	~보다 오래 머무르다	~보다 오래 머무르다
13	부정하다, 반박하다	**contradict**	부정하다, 반박하다	부정하다, 반박하다
14	불운, 불행	**misfortune**	불운, 불행	불운, 불행
15	비효율성	**inefficiency**	비효율성	비효율성
16	비탄하다, 애도하다	**deplore**	비탄하다, 애도하다	비탄하다, 애도하다
17	빼앗다	**deprive**	빼앗다	빼앗다
18	사상자	**casualty**	사상자	사상자
19	상록의	**evergreen**	상록의	상록의
20	비난하다, 매도하다	**denounce**	비난하다, 매도하다	비난하다, 매도하다
21	선취하다, 선점하다	**preoccupy**	선취하다, 선점하다	선취하다, 선점하다
22	섭리, 신	**providence**	섭리, 신	섭리, 신
23	성미가 급함	**irritability**	성미가 급함	성미가 급함
24	노련한, 능숙한	**masterful**	노련한, 능숙한	노련한, 능숙한
25	양립할 수 있는, 호환되는	**compatible**	양립할 수 있는, 호환되는	양립할 수 있는, 호환되는
26	방해하다, 침입하다	**intrude**	방해하다, 침입하다	방해하다, 침입하다
27	우아한, 고상한	**elegant**	우아한, 고상한	우아한, 고상한
28	위반, 위배	**violation**	위반, 위배	위반, 위배
29	익명	**anonymity**	익명	익명
30	인구 조사	**census**	인구 조사	인구 조사
31	입법의; 입법권	**legislative**	입법의; 입법권	입법의; 입법권
32	자기를 돌보지 않는, 이타적인	**selfless**	자기를 돌보지 않는, 이타적인	자기를 돌보지 않는, 이타적인
33	제국의	**imperial**	제국의	제국의
34	정교한	**exquisite**	정교한	정교한
35	들러붙다, 매달리다	**cling**	들러붙다, 매달리다	들러붙다, 매달리다
36	추구	**pursuit**	추구	추구
37	추상적 개념	**abstraction**	추상적 개념	추상적 개념
38	퇴각하다, 철수하다	**retreat**	퇴각하다, 철수하다	퇴각하다, 철수하다
39	근대주의자, 현대주의자	**modernist**	근대주의자, 현대주의자	근대주의자, 현대주의자
40	호의적인, 환대하는	**hospitable**	호의적인, 환대하는	호의적인, 환대하는

✦ 다음을 영어는 한국어로 한국어는 영어로 적으시오.   정답 p.75

01	abstraction		01	동 보증하다, 확신시키다
02	ambiguous		02	동 취임시키다
03	anonymity		03	동 단언하다, 주장하다
04	assert		04	동 배반하다
05	assure		05	동 ~보다 오래 머무르다
06	betray		06	동 부정하다, 반박하다
07	casualty		07	동 비탄하다, 애도하다
08	census		08	동 빼앗다
09	cling		09	동 선취하다, 선점하다
10	compatible		10	동 방해하다, 침입하다
11	contradict		11	동 들러붙다, 매달리다
12	butt		12	동 퇴각하다, 철수하다
13	deplore		13	명 능력, 재능
14	deprive		14	명 궁둥이, 꽁초
15	glare		15	명 받아들임, 흡입
16	elegant		16	명 섬광, 노려봄 동 빛나다
17	denounce		17	명 불운, 불행
18	evergreen		18	명 비효율성
19	exquisite		19	명 사상자
20	faculty		20	동 비난하다, 매도하다
21	imperial		21	명 섭리, 신
22	groundless		22	명 성미가 급함
23	hospitable		23	명 위반, 위배
24	inaugurate		24	명 익명
25	inefficiency		25	명 인구 조사
26	intake		26	형 제국의
27	intrude		27	명 추구
28	irritability		28	명 추상적 개념
29	legislative		29	명 근대주의자, 현대주의자
30	masterful		30	형 근거 없는
31	misfortune		31	형 낙천적인
32	modernist		32	형 모호한
33	optimistic		33	형 상록의
34	outstay		34	형 노련한, 능숙한
35	preoccupy		35	형 양립할 수 있는, 호환되는
36	providence		36	형 우아한, 고상한
37	pursuit		37	형 입법의 명 입법권
38	retreat		38	형 자기를 돌보지 않는, 이타적인
39	selfless		39	형 정교한
40	violation		40	형 호의적인, 환대하는

✦ 해당 영어의 한국어 의미를 생각하면서 2번씩 적으시오.

01	구속, 압박	**constraint**	구속, 압박	구속, 압박
02	배당(금)	**dividend**	배당(금)	배당(금)
03	경멸하다	**despise**	경멸하다	경멸하다
04	계획, 고안물, 계략	**contrivance**	계획, 고안물, 계략	계획, 고안물, 계략
05	고향을 그리는	**nostalgic**	고향을 그리는	고향을 그리는
06	공상적인	**visionary**	공상적인	공상적인
07	하강	**descent**	하강	하강
08	권위주의의; 권위주의자	**authoritarian**	권위주의의; 권위주의자	권위주의의; 권위주의자
09	근원적인	**underlying**	근원적인	근원적인
10	기초의, 초보의	**elementary**	기초의, 초보의	기초의, 초보의
11	남다른, 단수형의; 단수형	**singular**	남다른, 단수형의; 단수형	남다른, 단수형의; 단수형
12	단순화	**simplification**	단순화	단순화
13	마비시키다	**paralyze**	마비시키다	마비시키다
14	모방, 모조품	**imitation**	모방, 모조품	모방, 모조품
15	무기물의	**inorganic**	무기물의	무기물의
16	반구	**hemisphere**	반구	반구
17	보호하다, 숨기다	**shield**	보호하다, 숨기다	보호하다, 숨기다
18	부도덕한	**immoral**	부도덕한	부도덕한
19	실행하다, 사형을 집행하다	**execute**	실행하다, 사형을 집행하다	실행하다, 사형을 집행하다
20	비만	**obesity**	비만	비만
21	빛을 발하다, 발산하다	**radiate**	빛을 발하다, 발산하다	빛을 발하다, 발산하다
22	산도, 신맛	**acidity**	산도, 신맛	산도, 신맛
23	삼가다	**abstain**	삼가다	삼가다
24	물이 새는, 비밀을 잘 누설하는	**leaky**	물이 새는, 비밀을 잘 누설하는	물이 새는, 비밀을 잘 누설하는
25	생략하다	**omit**	생략하다	생략하다
26	일회성, 처분 가능성	**disposability**	일회성, 처분 가능성	일회성, 처분 가능성
27	손대지 않은, 그대로인	**intact**	손대지 않은, 그대로인	손대지 않은, 그대로인
28	습기, 습도	**humidity**	습기, 습도	습기, 습도
29	썩다, 썩이다; 부패	**rot**	썩다, 썩이다; 부패	썩다, 썩이다; 부패
30	옳은	**righteous**	옳은	옳은
31	이해하기 어려운	**unintelligible**	이해하기 어려운	이해하기 어려운
32	일관성	**consistency**	일관성	일관성
33	장시간 텔레비전 쇼	**telethon**	장시간 텔레비전 쇼	장시간 텔레비전 쇼
34	겸손, 비하	**humility**	겸손, 비하	겸손, 비하
35	진정한	**authentic**	진정한	진정한
36	특이한	**distinctive**	특이한	특이한
37	튼튼한	**sturdy**	튼튼한	튼튼한
38	항체	**antibody**	항체	항체
39	홍역	**measles**	홍역	홍역
40	활발하지 않은	**inactive**	활발하지 않은	활발하지 않은

✦ 다음을 영어는 한국어로 한국어는 영어로 적으시오.   정답 p.76

01	abstain		01	통 경멸하다
02	acidity		02	통 마비시키다
03	antibody		03	통 보호하다, 숨기다
04	authentic		04	명 하강
05	authoritarian		05	통 빛을 발하다, 발산하다
06	descent		06	통 삼가다
07	consistency		07	통 생략하다
08	constraint		08	통 썩다, 썩이다 명 부패
09	contrivance		09	명 구속, 압박
10	execute		10	명 배당(금)
11	despise		11	명 계획, 고안물, 계략
12	dividend		12	통 실행하다, 사형을 집행하다
13	distinctive		13	명 단순화
14	elementary		14	명 모방, 모조품
15	disposability		15	명 반구
16	hemisphere		16	명 비만
17	humidity		17	명 산도, 신맛
18	imitation		18	명 일회성, 처분 가능성
19	immoral		19	명 습기, 습도
20	humility		20	명 일관성
21	inactive		21	명 장시간 텔레비전 쇼
22	inorganic		22	명 항체
23	intact		23	명 홍역
24	leaky		24	형 고향을 그리는
25	measles		25	형 공상적인
26	nostalgic		26	형 권위주의의 명 권위주의자
27	obesity		27	형 근원적인
28	omit		28	형 기초의, 초보의
29	paralyze		29	형 남다른, 단수형의 명 단수형
30	radiate		30	형 무기물의
31	righteous		31	형 부도덕한
32	rot		32	형 물이 새는, 비밀을 잘 누설하는
33	shield		33	형 손대지 않은, 그대로인
34	simplification		34	형 옳은
35	singular		35	형 이해하기 어려운
36	sturdy		36	명 겸손, 비하
37	telethon		37	형 진정한
38	underlying		38	형 특이한
39	unintelligible		39	형 튼튼한
40	visionary		40	형 활발하지 않은

◆ 해당 영어의 한국어 의미를 생각하면서 2번씩 적으시오.

01	슬픔에 잠겨	**mournfully**	슬픔에 잠겨	슬픔에 잠겨
02	~이 되게 하다	**render**	~이 되게 하다	~이 되게 하다
03	객관성	**objectivity**	객관성	객관성
04	동시에, 일제히	**simultaneously**	동시에, 일제히	동시에, 일제히
05	공식화하다	**formalize**	공식화하다	공식화하다
06	관행, 관례	**practice**	관행, 관례	관행, 관례
07	녹슨, 무뎌진	**rusty**	녹슨, 무뎌진	녹슨, 무뎌진
08	마음에 호소하는, 호소력 있는	**appealing**	마음에 호소하는, 호소력 있는	마음에 호소하는, 호소력 있는
09	명성	**renown**	명성	명성
10	반대	**opposition**	반대	반대
11	받침나무, 쐐기	**chock**	받침나무, 쐐기	받침나무, 쐐기
12	방법, 수단	**means**	방법, 수단	방법, 수단
13	복수하다	**avenge**	복수하다	복수하다
14	비웃다	**ridicule**	비웃다	비웃다
15	사임하다, 그만두다	**resign**	사임하다, 그만두다	사임하다, 그만두다
16	서로의, 공동의	**mutual**	서로의, 공동의	서로의, 공동의
17	강요하다, 시행하다	**enforce**	강요하다, 시행하다	강요하다, 시행하다
18	옹호하다	**advocate**	옹호하다	옹호하다
19	왕위, 왕족	**royalty**	왕위, 왕족	왕위, 왕족
20	욕심 많은, 열렬한	**avid**	욕심 많은, 열렬한	욕심 많은, 열렬한
21	유령	**phantom**	유령	유령
22	은유	**metaphor**	은유	은유
23	익다	**ripen**	익다	익다
24	거주, 거주지	**habitation**	거주, 거주지	거주, 거주지
25	재건하다, 부흥하다	**reestablish**	재건하다, 부흥하다	재건하다, 부흥하다
26	전염시키다	**infect**	전염시키다	전염시키다
27	조각	**shred**	조각	조각
28	조화된, 화목한	**harmonious**	조화된, 화목한	조화된, 화목한
29	존중, 존경	**esteem**	존중, 존경	존중, 존경
30	지배적인	**dominant**	지배적인	지배적인
31	소매 없는 외투, 망토	**cloak**	소매 없는 외투, 망토	소매 없는 외투, 망토
32	탐험, 답사	**exploration**	탐험, 답사	탐험, 답사
33	표준	**standard**	표준	표준
34	수상자, 수령인	**recipient**	수상자, 수령인	수상자, 수령인
35	해석하다, 통역하다	**interpret**	해석하다, 통역하다	해석하다, 통역하다
36	혁신	**innovation**	혁신	혁신
37	현상	**phenomenon**	현상	현상
38	혈족의, 유사한	**akin**	혈족의, 유사한	혈족의, 유사한
39	활동이 지나친	**overactive**	활동이 지나친	활동이 지나친
40	황야, 황무지	**wilderness**	황야, 황무지	황야, 황무지

✦ 다음을 영어는 한국어로 한국어는 영어로 적으시오.   정답 p.76

01	advocate		01	图 ~이 되게 하다
02	akin		02	图 공식화하다
03	appealing		03	图 복수하다
04	avenge		04	图 비웃다
05	avid		05	图 사임하다, 그만두다
06	chock		06	图 강요하다, 시행하다
07	simultaneously		07	图 옹호하다
08	habitation		08	图 익다
09	dominant		09	图 재건하다, 부흥하다
10	enforce		10	图 전염시키다
11	esteem		11	图 동시에, 일제히
12	cloak		12	图 해석하다, 통역하다
13	exploration		13	图 객관성
14	formalize		14	图 거주, 거주지
15	harmonious		15	图 관행, 관례
16	recipient		16	图 명성
17	infect		17	图 반대
18	innovation		18	图 받침나무, 쐐기
19	interpret		19	图 방법, 수단
20	means		20	图 왕위, 왕족
21	metaphor		21	图 유령
22	mournfully		22	图 은유
23	mutual		23	图 소매 없는 외투, 망토
24	objectivity		24	图 조각
25	opposition		25	图 존중, 존경
26	overactive		26	图 탐험, 답사
27	phantom		27	图 표준
28	phenomenon		28	图 수상자, 수령인
29	practice		29	图 혁신
30	reestablish		30	图 현상
31	render		31	图 황야, 황무지
32	renown		32	图 슬픔에 잠겨
33	resign		33	图 녹슨, 무뎌진
34	ridicule		34	图 마음에 호소하는, 호소력 있는
35	ripen		35	图 서로의, 공동의
36	royalty		36	图 욕심 많은, 열렬한
37	rusty		37	图 조화된, 화목한
38	shred		38	图 지배적인
39	standard		39	图 혈족의, 유사한
40	wilderness		40	图 활동이 지나친

DAY 25 😊 STEP 1
한국어 뜻 생각하며 외우기

✦ 해당 영어의 한국어 의미를 생각하면서 2번씩 적으시오.

01	기회	**opportunity**	기회	기회
02	비유하다	**liken**	비유하다	비유하다
03	손상시키다, 위태롭게 하다	**undermine**	손상시키다, 위태롭게 하다	손상시키다, 위태롭게 하다
04	갈망하다	**crave**	갈망하다	갈망하다
05	강조하다, 중단시키다	**punctuate**	강조하다, 중단시키다	강조하다, 중단시키다
06	개구쟁이의	**naughty**	개구쟁이의	개구쟁이의
07	개념	**conception**	개념	개념
08	멍한 상태	**daze**	멍한 상태	멍한 상태
09	구별짓다	**differentiate**	구별짓다	구별짓다
10	권유하다, 야기하다	**induce**	권유하다, 야기하다	권유하다, 야기하다
11	능숙한; 숙련자	**proficient**	능숙한; 숙련자	능숙한; 숙련자
12	대수롭지 않은	**insignificant**	대수롭지 않은	대수롭지 않은
13	동등한 사람, 또래	**peer**	동등한 사람, 또래	동등한 사람, 또래
14	들리는	**audible**	들리는	들리는
15	많은	**plentiful**	많은	많은
16	무조건의, 절대적인	**unconditional**	무조건의, 절대적인	무조건의, 절대적인
17	반항하다, 반역하다	**rebel**	반항하다, 반역하다	반항하다, 반역하다
18	불결한	**impure**	불결한	불결한
19	불멸	**immortality**	불멸	불멸
20	불쾌하게 하다	**displease**	불쾌하게 하다	불쾌하게 하다
21	생리학자	**physiologist**	생리학자	생리학자
22	서양의	**Occidental**	서양의	서양의
23	강연, 담화; 강연하다	**discourse**	강연, 담화; 강연하다	강연; 강연하다
24	속이 빈	**hollow**	속이 빈	속이 빈
25	기풍, 정신	**ethos**	기풍, 정신	기풍, 정신
26	엄격한	**rigid**	엄격한	엄격한
27	완고한	**obstinate**	완고한	완고한
28	의지; 의지하다	**resort**	의지; 의지하다	의지; 의지하다
29	임차하다	**lease**	임차하다	임차하다
30	재배열	**rearrangement**	재배열	재배열
31	전차	**chariot**	전차	전차
32	조절하는, 규정하는	**regulatory**	조절하는, 규정하는	조절하는, 규정하는
33	즉각의	**immediate**	즉각의	즉각의
34	촉진하다	**facilitate**	촉진하다	촉진하다
35	최소의	**minimal**	최소의	최소의
36	충동적인, 감정에 끌린	**impulsive**	충동적인, 감정에 끌린	충동적인, 감정에 끌린
37	위치를 정확히 나타내다	**pinpoint**	위치를 정확히 나타내다	위치를 정확히 나타내다
38	학자의, 학교의	**scholastic**	학자의, 학교의	학자의, 학교의
39	행복	**bliss**	행복	행복
40	횃불	**torch**	횃불	횃불

✦ 다음을 영어는 한국어로 한국어는 영어로 적으시오.

정답 p.77

01	audible		01	동 비유하다	
02	bliss		02	동 손상시키다, 위태롭게 하다	
03	chariot		03	동 갈망하다	
04	opportunity		04	동 강조하다, 중단시키다	
05	conception		05	동 구별짓다	
06	crave		06	동 권유하다,야기하다	
07	differentiate		07	동 반항하다, 반역하다	
08	displease		08	동 불쾌하게 하다	
09	facilitate		09	명 의지 동 의지하다	
10	daze		10	동 촉진하다	
11	hollow		11	명 개념	
12	immediate		12	명 기회	
13	immortality		13	명 동등한 사람, 또래	
14	impulsive		14	명 불멸	
15	impure		15	명 생리학자	
16	induce		16	명 멍한 상태	
17	insignificant		17	명 강연, 담화 동 강연하다	
18	lease		18	동 임차하다	
19	liken		19	명 재배열	
20	minimal		20	명 전차	
21	naughty		21	동 위치를 정확히 나타내다	
22	obstinate		22	명 행복	
23	Occidental		23	명 횃불	
24	peer		24	명 기풍, 정신	
25	physiologist		25	형 개구쟁이의	
26	pinpoint		26	형 능숙한 명 숙련자	
27	plentiful		27	형 대수롭지 않은	
28	proficient		28	형 들리는	
29	punctuate		29	형 많은	
30	rearrangement		30	형 무조건의, 절대적인	
31	rebel		31	형 불결한	
32	discourse		32	형 서양의	
33	regulatory		33	형 속이 빈	
34	resort		34	형 엄격한	
35	rigid		35	형 완고한	
36	scholastic		36	형 조절하는, 규정하는	
37	ethos		37	형 즉각의	
38	torch		38	형 최소의	
39	unconditional		39	형 충동적인, 감정에 끌린	
40	undermine		40	형 학자의, 학교의	

✦ 해당 영어의 한국어 의미를 생각하면서 2번씩 적으시오.

01	보상하다	**compensate**	보상하다	보상하다
02	각막	**cornea**	각막	각막
03	찬미하다, 찬송하다	**glorify**	찬미하다, 찬송하다	찬미하다, 찬송하다
04	같게 하다	**equate**	같게 하다	같게 하다
05	격려, 자극; 장려하는	**incentive**	격려, 자극; 장려하는	격려, 자극; 장려하는
06	격렬한	**drastic**	격렬한	격렬한
07	장인, 공예가	**artisan**	장인, 공예가	장인, 공예가
08	교묘하게 다루다	**manipulate**	교묘하게 다루다	교묘하게 다루다
09	급류, 억수	**torrent**	급류, 억수	급류, 억수
10	기관차	**locomotive**	기관차	기관차
11	처벌	**punishment**	처벌	처벌
12	환멸을 느끼게 하다; 환멸	**disillusion**	환멸을 느끼게 하다; 환멸	환멸을 느끼게 하다; 환멸
13	도출하다	**elicit**	도출하다	도출하다
14	회계 감사원	**auditor**	회계 감사원	회계 감사원
15	무서운	**horrible**	무서운	무서운
16	무자비한	**inhumane**	무자비한	무자비한
17	변경, 개조	**alteration**	변경, 개조	변경, 개조
18	벗기다	**peel**	벗기다	벗기다
19	보내다	**transmit**	보내다	보내다
20	모범적인	**exemplary**	모범적인	모범적인
21	분배하다	**allot**	분배하다	분배하다
22	서문	**preface**	서문	서문
23	손수레	**barrow**	손수레	손수레
24	수정하다	**revise**	수정하다	수정하다
25	약자를 괴롭히는 사람; 겁주다	**bully**	약자를 괴롭히는 사람; 겁주다	약자를 괴롭히는 사람; 겁주다
26	외향성의	**outgoing**	외향성의	외향성의
27	우스운, 재미있는	**laughable**	우스운, 재미있는	우스운, 재미있는
28	유사한	**comparable**	유사한	유사한
29	의도, 목적	**intent**	의도, 목적	의도, 목적
30	군사의, 전쟁의, 호전적인	**martial**	군사의, 전쟁의, 호전적인	군사의, 전정의, 호전적인
31	제자	**disciple**	제자	제자
32	좋아하는	**fond**	좋아하는	좋아하는
33	중추	**backbone**	중추	중추
34	지역의	**regional**	지역의	지역의
35	직원의, 인사의; 전직원	**personnel**	직원의, 인사의; 전직원	직원의, 인사의; 전직원
36	진심의	**cordial**	진심의	진심의
37	책임이 있는, 설명할 수 있는	**accountable**	책임이 있는, 설명할 수 있는	책임이 있는, 설명할 수 있는
38	최선의, 최적의	**optimal**	최선의, 최적의	최선의, 최적의
39	합병하다	**merge**	합병하다	합병하다
40	화관	**wreath**	화관	화관

✦ 다음을 영어는 한국어로 한국어는 영어로 적으시오.   정답 p.77

01	accountable		01	동 보상하다
02	allot		02	동 같게 하다
03	alteration		03	동 교묘하게 다루다
04	artisan		04	동 도출하다
05	backbone		05	명 변경, 개조
06	barrow		06	동 벗기다
07	bully		07	동 보내다
08	comparable		08	동 분배하다
09	compensate		09	동 수정하다
10	cordial		10	동 합병하다
11	cornea		11	명 각막
12	glorify		12	명 처벌
13	disciple		13	명 격려, 자극 형 장려하는
14	punishment		14	명 장인, 공예가
15	drastic		15	명 급류, 억수
16	elicit		16	명 기관차
17	equate		17	동 환멸을 느끼게 하다 명 환멸
18	disillusion		18	명 회계 감사원
19	exemplary		19	동 찬미하다, 찬송하다
20	fond		20	명 서문
21	horrible		21	명 손수레
22	incentive		22	명 약자를 괴롭히는 사람 동 겁주다
23	inhumane		23	명 의도, 목적
24	intent		24	명 제자
25	laughable		25	명 중추
26	locomotive		26	형 직원의, 인사의 명 전직원
27	manipulate		27	명 화관
28	martial		28	형 격렬한
29	merge		29	형 무서운
30	auditor		30	형 무자비한
31	optimal		31	형 모범적인
32	outgoing		32	형 외향성의
33	peel		33	형 우스운, 재미있는
34	personnel		34	형 유사한
35	preface		35	형 군사의, 전쟁의, 호전적인
36	regional		36	형 좋아하는
37	revise		37	형 지역의
38	torrent		38	형 진심의
39	transmit		39	형 책임이 있는, 설명할 수 있는
40	wreath		40	형 최선의, 최적의

✦ 해당 영어의 한국어 의미를 생각하면서 2번씩 적으시오.

01	(대통령의) 지위, 통솔	**presidency**	(대통령의) 지위, 통솔	(대통령의) 지위, 통솔
02	둘로 나누다	**halve**	둘로 나누다	둘로 나누다
03	고결함	**nobility**	고결함	고결함
04	관련된	**relevant**	관련된	관련된
05	관례적인	**customary**	관례적인	관례적인
06	괴로워하다; 괴로움	**anguish**	괴로워하다; 괴로움	괴로워하다; 괴로움
07	군단, 단체	**corps**	군단, 단체	군단, 단체
08	기를 꺾다	**dampen**	기를 꺾다	기를 꺾다
09	기분 좋은, 아늑한	**cozy**	기분 좋은, 아늑한	기분 좋은, 아늑한
10	눈의, 시력의, 광학의	**optical**	눈의, 시력의, 광학의	눈의, 시력의, 광학의
11	닳다	**wear**	닳다	닳다
12	교신하다, 대응하다	**correspond**	교신하다, 대응하다	교신하다, 대응하다
13	덩어리	**clump**	덩어리	덩어리
14	동정	**compassion**	동정	동정
15	마구, 장치	**harness**	마구, 장치	마구, 장치
16	마음이 내키지 않는	**reluctant**	마음이 내키지 않는	마음이 내키지 않는
17	풀을 뜯고 있는; 방목	**grazing**	풀을 뜯고 있는; 방목	풀을 뜯고 있는; 방목
18	몹시 탐내다	**covet**	몹시 탐내다	몹시 탐내다
19	바꾸다, 전환하다	**switch**	바꾸다, 전환하다	바꾸다, 전환하다
20	바삭바삭한, 빳빳한	**crisp**	바삭바삭한, 빳빳한	바삭바삭한, 빳빳한
21	반역자	**traitor**	반역자	반역자
22	방해, 장애(물)	**hindrance**	방해, 장애(물)	방해, 장애(물)
23	상품권, 우대권, 쿠폰	**voucher**	상품권, 우대권, 쿠폰	상품권, 우대권, 쿠폰
24	쇄도하다	**surge**	쇄도하다	쇄도하다
25	액체	**fluid**	액체	액체
26	양탄자	**rug**	양탄자	양탄자
27	연기하다, 휴회하다	**adjourn**	연기하다, 휴회하다	연기하다, 휴회하다
28	윤리학	**ethics**	윤리학	윤리학
29	치아의, 치과의	**dental**	치아의, 치과의	치아의, 치과의
30	이행, 성취	**fulfillment**	이행, 성취	이행, 성취
31	끌다, 견인하다	**tow**	끌다, 견인하다	끌다, 견인하다
32	살랑살랑 소리내다	**rustle**	살랑살랑 소리내다	살랑살랑 소리내다
33	독점, 독점 사업	**monopoly**	독점, 독점 사업	독점, 독점 사업
34	결점	**shortcoming**	결점	결점
35	충돌하다	**collide**	충돌하다	충돌하다
36	타고난	**inborn**	타고난	타고난
37	최고의, 군주의	**sovereign**	최고의, 군주의	최고의, 군주의
38	혁신	**renovation**	혁신	혁신
39	시체	**corpse**	시체	시체
40	높은, 저명한	**eminent**	높은, 저명한	높은, 저명한

✦ 다음을 영어는 한국어로 한국어는 영어로 적으시오.

정답 p.78

01	adjourn	01	통 둘로 나누다
02	anguish	02	통 괴로워하다 명 괴로움
03	rustle	03	통 기를 꺾다
04	clump	04	통 닮다
05	collide	05	통 교신하다, 대응하다
06	compassion	06	통 몹시 탐내다
07	corps	07	통 바꾸다, 전환하다
08	correspond	08	통 쇄도하다
09	covet	09	통 연기하다, 휴회하다
10	cozy	10	통 끌다, 견인하다
11	crisp	11	통 살랑살랑 소리내다
12	customary	12	명 독점, 독점 사업
13	dampen	13	통 충돌하다
14	dental	14	명 결점
15	monopoly	15	명 (대통령의) 지위, 통솔
16	ethics	16	명 고결함
17	fluid	17	명 군단, 단체
18	fulfillment	18	명 덩어리
19	shortcoming	19	명 동정
20	grazing	20	명 마구, 장치
21	halve	21	형 풀을 뜯고 있는 명 방목
22	harness	22	명 반역자
23	hindrance	23	명 방해, 장애(물)
24	inborn	24	명 상품권, 우대권, 쿠폰
25	nobility	25	명 액체
26	optical	26	명 양탄자
27	corpse	27	명 윤리학
28	presidency	28	명 이행, 성취
29	eminent	29	명 시체
30	relevant	30	명 혁신
31	reluctant	31	형 높은, 저명한
32	renovation	32	형 관련된
33	rug	33	형 관례적인
34	sovereign	34	형 기분 좋은, 아늑한
35	surge	35	형 눈의, 시력의, 광학의
36	switch	36	형 마음이 내키지 않는
37	tow	37	형 바삭바삭한, 빳빳한
38	traitor	38	형 치아의, 치과의
39	voucher	39	형 타고난
40	wear	40	형 최고의, 군주의

✦ 해당 영어의 한국어 의미를 생각하면서 2번씩 적으시오.

01	감상적인	**sentimental**	감상적인	감상적인
02	풍부하게 함, 비옥화, 농축	**enrichment**	풍부하게 함, 비옥화, 농축	풍부하게 함, 비옥화, 농축
03	곧 닥쳐올, 준비된	**forthcoming**	곧 닥쳐올, 준비된	곧 닥쳐올, 준비된
04	경영, 관리, 행정, 통치	**administration**	경영, 관리, 행정, 통치	경영, 관리, 행정, 통치
05	기뻐하다	**rejoice**	기뻐하다	기뻐하다
06	기생적인	**parasitic**	기생적인	기생적인
07	끌어내다, 도출하다	**derive**	끌어내다, 도출하다	끌어내다, 도출하다
08	바람직하지 않은	**undesirable**	바람직하지 않은	바람직하지 않은
09	다시 생각하다	**reconsider**	다시 생각하다	다시 생각하다
10	단조로운	**monotonous**	단조로운	단조로운
11	이주	**migration**	이주	이주
12	되풀이되는, 지루한	**repetitious**	되풀이되는, 지루한	되풀이되는, 지루한
13	마른, 건조한	**arid**	마른, 건조한	마른, 건조한
14	매우 슬퍼하다	**grieve**	매우 슬퍼하다	매우 슬퍼하다
15	먼 옛날의	**immemorial**	먼 옛날의	먼 옛날의
16	무	**radish**	무	무
17	박수	**applause**	박수	박수
18	법률	**legislation**	법률	법률
19	변장	**disguise**	변장	변장
20	보금자리	**roost**	보금자리	보금지리
21	부적절한	**improper**	부적절한	부적절한
22	크게 울리는 소리	**rumble**	크게 울리는 소리	크게 울리는 소리
23	상연, 공연	**performance**	상연, 공연	상연, 공연
24	수성	**Mercury**	수성	수성
25	습관성의, 중독성의	**addictive**	습관성의, 중독성의	습관성의, 중독성의
26	기분을 북돋우다	**exhilarate**	기분을 북돋우다	기분을 북돋우다
27	안개; 안개가 끼다	**haze**	안개; 안개가 끼다	안개; 안개가 끼다
28	엄청나게 큰	**tremendous**	엄청나게 큰	엄청나게 큰
29	열심인	**zealous**	열심인	열심인
30	원리, 원칙	**principle**	원리, 원칙	원리, 원칙
31	이성이 있는	**rational**	이성이 있는	이성이 있는
32	(임금) 격차	**differential**	(임금) 격차	(임금) 격차
33	입주자, 점유자	**occupant**	입주자, 점유자	입주자, 점유자
34	잡종의	**hybrid**	잡종의	잡종의
35	최고의	**paramount**	최고의	최고의
36	통지하다	**notify**	통지하다	통지하다
37	파멸, 멸망	**downfall**	파멸, 멸망	파멸, 멸망
38	팽창, 신장	**expansion**	팽창, 신장	팽창, 신장
39	항아리, 단지	**urn**	항아리, 단지	항아리, 단지
40	회복할 수 있는	**renewable**	회복할 수 있는	회복할 수 있는

✦ 다음을 영어는 한국어로 한국어는 영어로 적으시오.   정답 p.78

01	**addictive**		01	몡 경영, 관리, 행정, 통치
02	**administration**		02	통 기뻐하다
03	**applause**		03	통 끌어내다, 도출하다
04	**arid**		04	통 다시 생각하다
05	**enrichment**		05	통 매우 슬퍼하다
06	**derive**		06	몡 풍부하게 함, 비옥화, 농축
07	**differential**		07	통 통지하다
08	**disguise**		08	혱 바람직하지 않은
09	**downfall**		09	몡 이주
10	**undesirable**		10	몡 무
11	**expansion**		11	몡 박수
12	**forthcoming**		12	몡 법률
13	**grieve**		13	몡 변장
14	**haze**		14	몡 보금자리
15	**hybrid**		15	몡 상연, 공연
16	**immemorial**		16	몡 수성
17	**improper**		17	몡 크게 울리는 소리
18	**legislation**		18	몡 안개 통 안개가 끼다
19	**Mercury**		19	몡 원리, 원칙
20	**rumble**		20	몡 (임금) 격차
21	**monotonous**		21	몡 입주자, 점유자
22	**notify**		22	몡 파멸, 멸망
23	**occupant**		23	몡 팽창, 신장
24	**paramount**		24	몡 항아리, 단지
25	**parasitic**		25	혱 감상적인
26	**performance**		26	혱 곧 닥쳐올, 준비된
27	**principle**		27	혱 기생적인
28	**radish**		28	통 기분을 북돋우다
29	**rational**		29	혱 단조로운
30	**reconsider**		30	혱 되풀이되는, 지루한
31	**rejoice**		31	혱 마른, 건조한
32	**renewable**		32	혱 먼 옛날의
33	**repetitious**		33	혱 부적절한
34	**roost**		34	혱 습관성의, 중독성의
35	**migration**		35	혱 엄청나게 큰
36	**sentimental**		36	혱 열심인
37	**exhilarate**		37	혱 이성이 있는
38	**tremendous**		38	혱 잡종의
39	**urn**		39	혱 최고의
40	**zealous**		40	혱 회복할 수 있는

✦ 해당 영어의 한국어 의미를 생각하면서 2번씩 적으시오.

01	부과하다	**impose**	부과하다	부과하다
02	경작하다, 양성하다	**cultivate**	경작하다, 양성하다	경작하다, 양성하다
03	협상하다	**negotiate**	협상하다	협상하다
04	기숙사	**dormitory**	기숙사	기숙사
05	만료되다, 끝나다	**expire**	만료되다, 끝나다	만료되다, 끝나다
06	놀랄 만한, 현상의	**phenomenal**	놀랄 만한, 현상의	놀랄 만한, 현상의
07	대야, 세면기, 웅덩이	**basin**	대야, 세면기, 웅덩이	대야, 세면기, 웅덩이
08	독립적인	**independent**	독립적인	독립적인
09	면허장, 특허장	**charter**	면허장, 특허장	면허장, 특허장
10	무수함	**myriad**	무수함	무수함
11	반어적인, 아이러니한	**ironic**	반어적인, 아이러니한	반어적인, 아이러니한
12	불안, 긴장	**suspense**	불안, 긴장	불안, 긴장
13	브라유식 점자(법)	**braille**	브라유식 점자(법)	브라유식 점자(법)
14	산문	**prose**	산문	산문
15	상세, 내역서	**specification**	상세, 내역서	상세, 내역서
16	상황에 따른	**situational**	상황에 따른	상황에 따른
17	소화의	**digestive**	소화의	소화의
18	수동적인, 간접적인	**passive**	수동적인, 간접적인	수동적인, 간접적인
19	수많음, 다수	**multitude**	수많음, 다수	수많음, 다수
20	새 시대, 획기적인 사건	**epoch**	새 시대, 획기적인 사건	새 시대, 획기적인 사건
21	실패, 실책	**miscarriage**	실패, 실책	실패, 실책
22	실행 가능한, 실용적인	**practicable**	실행 가능한, 실용적인	실행 가능한, 실용적인
23	악덕의, 잔인한	**vicious**	악덕의, 잔인한	악덕의, 잔인한
24	약한, 허약한	**infirm**	약한, 허약한	약한, 허약한
25	억제하다	**restrain**	억제하다	억제하다
26	열렬한, 갈망하는	**passionate**	열렬한, 갈망하는	열렬한, 갈망하는
27	맡기다	**entrust**	맡기다	맡기다
28	일식	**eclipse**	일식	일식
29	저버리다	**forsake**	저버리다	저버리다
30	저항하는, 내성 있는	**resistant**	저항하는, 내성 있는	저항하는, 내성 있는
31	전설상의, 믿기 어려운	**legendary**	전설상의, 믿기 어려운	전설상의, 믿기 어려운
32	조직하다	**organize**	조직하다	조직하다
33	향수	**perfume**	향수	향수
34	야만인의, 야만적인	**barbaric**	야만인의, 야만적인	야만인의, 야만적인
35	파산한	**bankrupt**	파산한	파산한
36	평가하다	**evaluate**	평가하다	평가하다
37	표시법	**notation**	표시법	표시법
38	사기, 속임	**deception**	사기, 속임	사기, 속임
39	화나게 하다, 유발시키다	**provoke**	화나게 하다, 유발시키다	화나게 하다, 유발시키다
40	꽃장수, 화초 재배자	**florist**	꽃장수, 화초 재배자	꽃장수, 화초 재배자

✦ 다음을 영어는 한국어로 한국어는 영어로 적으시오.   정답 p.79

01	bankrupt		01	동 부과하다
02	basin		02	동 경작하다, 양성하다
03	braille		03	동 만료되다, 끝나다
04	charter		04	동 억제하다
05	cultivate		05	동 저버리다
06	digestive		06	동 조직하다
07	dormitory		07	동 평가하다
08	eclipse		08	동 화나게 하다, 유발시키다
09	impose		09	명 기숙사
10	epoch		10	명 대야, 세면기, 웅덩이
11	evaluate		11	명 면허장, 특허장
12	negotiate		12	명 무수함
13	expire		13	명 불안, 긴장
14	florist		14	명 브라유식 점자(법)
15	forsake		15	명 산문
16	independent		16	명 상세, 내역서
17	infirm		17	명 수많음, 다수
18	ironic		18	명 새 시대, 획기적인 사건
19	legendary		19	명 실패, 실책
20	entrust		20	동 협상하다
21	miscarriage		21	명 일식
22	multitude		22	동 맡기다
23	myriad		23	명 표시법
24	notation		24	명 향수
25	organize		25	명 꽃장수, 화초 재배자
26	passionate		26	형 놀랄 만한, 현상의
27	passive		27	형 독립적인
28	phenomenal		28	형 반어적인, 아이러니한
29	practicable		29	형 상황에 따른
30	prose		30	형 소화의
31	provoke		31	형 수동적인, 간접적인
32	resistant		32	형 실행 가능한, 실용적인
33	restrain		33	형 악덕의, 잔인한
34	perfume		34	형 약한, 허약한
35	situational		35	형 열렬한, 갈망하는
36	specification		36	형 저항하는, 내성 있는
37	suspense		37	형 전설상의, 믿기 어려운
38	barbaric		38	형 야만인의, 야만적인
39	deception		39	형 파산한
40	vicious		40	명 사기, 속임

✦ 해당 영어의 한국어 의미를 생각하면서 2번씩 적으시오.

01	이민, 이주자	**emigrant**	이민, 이주자	이민, 이주자
02	부작용	**side effect**	부작용	부작용
03	펼치다	**unfold**	펼치다	펼치다
04	감사	**gratitude**	감사	감사
05	계급제도	**hierarchy**	계급제도	계급제도
06	돌이킬 수 없는	**irreparable**	돌이킬 수 없는	돌이킬 수 없는
07	높이 치솟다	**soar**	높이 치솟다	높이 치솟다
08	(군대의) 대위	**lieutenant**	(군대의) 대위	(군대의) 대위
09	동맥	**artery**	동맥	동맥
10	망신거리, 불명예	**disgrace**	망신거리, 불명예	망신거리, 불명예
11	숙박 시설	**accommodations**	숙박 시설	숙박 시설
12	면역성의	**immune**	면역성의	면역성의
13	명백한	**evident**	명백한	명백한
14	무시하다, 반항하다	**defy**	무시하다, 반항하다	무시하다, 반항하다
15	미라	**mummy**	미라	미라
16	방해자	**disturber**	방해자	방해자
17	번영하다, 번창하다	**prosper**	번영하다, 번창하다	번영하다, 번창하다
18	변덕, 일시적 유행	**fad**	변덕, 일시적 유행	변덕, 일시적 유행
19	분개, 분노	**resentment**	분개, 분노	분개, 분노
20	포기	**abandonment**	포기	포기
21	설교하다, 전도하다	**preach**	설교하다, 전도하다	설교하다, 전도하다
22	알; 알을 낳다	**spawn**	알; 알을 낳다	알; 알을 낳다
23	독백	**monologue**	독백	독백
24	역설	**paradox**	역설	역설
25	연기하다	**postpone**	연기하다	연기하다
26	영원한	**eternal**	영원한	영원한
27	위생의	**sanitary**	위생의	위생의
28	인플레이션	**inflation**	인플레이션	인플레이션
29	자비로운	**merciful**	자비로운	자비로운
30	자존심, 자부심	**self-esteem**	자존심, 자부심	자존심, 자부심
31	장기	**organ**	장기	장기
32	전술적인	**tactic**	전술적인	전술적인
33	죄다, 수축하다	**constrict**	죄다, 수축하다	죄다, 수축하다
34	줄이다	**diminish**	줄이다	줄이다
35	직면하다	**confront**	직면하다	직면하다
36	직사각형의	**rectangular**	직사각형의	직사각형의
37	텔레파시	**telepathy**	텔레파시	텔레파시
38	해충	**pest**	해충	해충
39	잡아뜯다	**pluck**	잡아뜯다	잡아뜯다
40	휘두르다, 휙 소리내다	**swish**	휘두르다, 휙 소리내다	휘두르다, 휙 소리내다

✦ 다음을 영어는 한국어로 한국어는 영어로 적으시오.   정답 p.79

01	artery		01	몡 부작용
02	side effect		02	통 펼치다
03	confront		03	통 높이 치솟다
04	constrict		04	몡 숙박 시설
05	accommodations		05	통 무시하다, 반항하다
06	defy		06	통 번영하다, 번창하다
07	diminish		07	통 설교하다, 전도하다
08	disgrace		08	통 연기하다
09	disturber		09	통 죄다, 수축하다
10	emigrant		10	통 줄이다
11	abandonment		11	통 직면하다
12	eternal		12	몡 포기
13	evident		13	몡 이민, 이주자
14	fad		14	몡 감사
15	gratitude		15	몡 계급제도
16	hierarchy		16	몡 (군대의) 대위
17	immune		17	몡 동맥
18	monologue		18	몡 망신거리, 불명예
19	inflation		19	몡 미라
20	irreparable		20	몡 방해자
21	lieutenant		21	몡 변덕, 일시적 유행
22	merciful		22	몡 분개, 분노
23	mummy		23	몡 독백
24	pluck		24	몡 알 통 알을 낳다
25	organ		25	몡 역설
26	paradox		26	몡 인플레이션
27	swish		27	몡 자존심, 자부심
28	pest		28	몡 장기
29	postpone		29	몡 텔레파시
30	preach		30	몡 해충
31	prosper		31	통 잡아뜯다
32	rectangular		32	혱 돌이킬 수 없는
33	resentment		33	혱 면역성의
34	sanitary		34	혱 명백한
35	self-esteem		35	통 휘두르다, 휙 소리내다
36	soar		36	혱 영원한
37	spawn		37	혱 위생의
38	tactical		38	혱 자비로운
39	telepathy		39	혱 전술적인
40	unfold		40	혱 직사각형의

3rd Edition

절대어휘
5100

④ 수능 필수 1200

* **WORKBOOK**
ANSWER KEY

WORKBOOK
ANSWER KEY

DAY 01   P. 4

01 통 혐오하다	01 disconcert
02 통 강력히 주장하다	02 allege
03 명 동맹	03 roam
04 통 매혹하다	04 embody
05 통 칭찬하다	05 prosecute
06 통 응하다, 따르다	06 trail
07 통 불구가 되게 하다, 손상시키다	07 pervade
08 형 비판적인	08 savor
09 통 당황케 하다	09 captivate
10 명 식별, 차별성, 개성	10 reckon
11 통 구체화하다	11 comply
12 명 실재, 실체	12 stretch
13 명 연대, 시대	13 subscribe
14 명 떼,무리 통 떼 짓다	14 commend
15 형 더러운 통 더럽히다	15 abhor
16 형 임박한	16 flock
17 형 불일치하는	17 scheme
18 형 비효율적인	18 workmanship
19 형 절름발이의	19 alliance
20 형 유연한	20 variety
21 명 보행자	21 pedestrian
22 명 추, 진자	22 shorthand
23 통 널리 퍼지다	23 distinction
24 통 기소하다, 수행하다	24 cripple
25 통 생각하다	25 entity
26 통 돌아다니다	26 era
27 통 맛보다	27 tenant
28 명 계획, 책략 통 책략을 꾸미다	28 pendulum
29 명 속기 형 속기의	29 volume
30 형 숙련된, 솜씨 좋은	30 inconsistent
31 통 잡아당기다	31 foul
32 형 지배를 받는, 복종하는	32 undue
33 통 정기 구독하다	33 critical
34 명 임차인, 차용자	34 ineffective
35 통 끌다, 끌리다 명 지나간 자국	35 skillful
36 형 부적절한	36 limber
37 형 이성적이 아닌	37 unreasonable
38 명 변화, 다양성	38 imminent
39 명 책, 부피, 음량	39 lame
40 명 기량, 솜씨	40 subject

DAY 02   P. 6

01 형 우연한	01 endure
02 명 면식, 아는 사람	02 adorn
03 통 꾸미다	03 surpass
04 통 구색을 맞추다, 분류하다	04 fast
05 형 주의를 기울이는	05 soothe
06 명 구성요소	06 sneer
07 통 일치하다	07 assort
08 명 표정, 안색	08 rehearse
09 명 훈련, 규율 통 훈련하다	09 concur
10 통 견디다	10 vibrate
11 통 단식하다 명 단식	11 component
12 형 영웅의	12 surplus
13 명 적의, 적개심	13 acquaintance
14 형 변덕스러운	14 subsidy
15 형 유연하지 않은	15 sensibility
16 형 타고난	16 scribe
17 형 합법의	17 revenue
18 형 미세한	18 trick
19 명 준수, 따르기	19 peril
20 명 위험	20 property
21 명 탄원	21 hostility
22 명 자산, 재산	22 observance
23 형 번영하는	23 plea
24 통 연습하다	24 countenance
25 형 복수심에 불타는	25 vigor
26 명 세입, 수익	26 discipline
27 명 서기	27 sluggish
28 형 선풍적 인기의	28 minute
29 명 감수성	29 prosperous
30 형 굼뜬, 불경기의	30 inconstant
31 통 비웃다 명 비웃음	31 revengeful
32 통 달래다, 진정시키다	32 sensational
33 명 보조금	33 heroic
34 통 능가하다	34 accidental
35 명 나머지, 흑자 형 과잉의	35 inflexible
36 명 속임수 통 속이다	36 unsettled
37 형 필적할 것이 없는	37 attentive
38 형 정착 주민이 없는	38 innate
39 통 진동하다	39 unequaled
40 명 활력	40 lawful

DAY 03 P. 8

01 명 상대편, 적수	01 donate
02 명 대안 형 대신의	02 startle
03 동 알리다	03 cleanse
04 형 활발한, 번창하는	04 perplex
05 동 깨끗이 하다	05 thrive
06 동 압축하다	06 refrain
07 명 상대, 상응하는 것	07 lodge
08 명 속임, 사기	08 announce
09 동 재빨리 피하다	09 condense
10 동 기부하다	10 tempt
11 명 위업	11 review
12 명 선견지명	12 dodge
13 형 향기로운	13 surrender
14 명 위선	14 hypothesis
15 명 가설	15 refute
16 명 질문	16 irrigation
17 명 관개, 물을 끌어들임	17 vogue
18 동 숙박하다	18 tyrant
19 형 귀족의, 고귀한	19 adversary
20 동 당황하게 하다	20 foresight
21 명 천재	21 uproar
22 동 삼가다	22 deceit
23 동 재검토하다 명 재검토	23 scandal
24 명 스캔들, 추문	24 counterpart
25 동 반박하다	25 hypocrisy
26 형 회의적인	26 feat
27 형 화려한	27 inquiry
28 동 깜짝 놀라게 하다	28 virgin
29 형 움직임이 없는	29 prodigy
30 명 투쟁, 다툼	30 strife
31 동 항복하다	31 noble
32 동 유혹하다	32 wholesale
33 동 번영하다	33 alternative
34 명 독재자	34 unlawful
35 형 불법의	35 static
36 명 소란	36 skeptical
37 명 처녀, 아가씨	37 wakeful
38 명 유행	38 fragrant
39 형 잠을 못 자는, 불면의	39 splendid
40 형 대규모의	40 brisk

DAY 04 P. 10

01 동 격하하다	01 uproot
02 동 수용하다, 숙박시키다	02 abase
03 형 고풍의	03 enlighten
04 동 물물교환하다 명 물물교환	04 devise
05 동 주다	05 penetrate
06 동 입찰하다 명 입찰	06 commemorate
07 명 포로	07 upset
08 형 거대한	08 barter
09 동 기념하다	09 shrug
10 명 결점, 약점	10 revert
11 동 고안하다	11 negate
12 동 식별하다	12 accommodate
13 형 불충한, 불충실한	13 discern
14 동 계몽하다	14 strive
15 동 활기를 띠게 하다	15 bid
16 형 엄숙한	16 scan
17 형 습관적인	17 bestow
18 형 자비로운, 인도적인	18 enliven
19 형 부정확한	19 defect
20 형 무생물의	20 tolerance
21 명 짜증	21 supplement
22 형 무언의, 침묵하는	22 status
23 동 부정하다	23 umpire
24 동 관통하다, 스며들다	24 ware
25 명 참조	25 vista
26 동 으쓱하다	26 irritation
27 동 되돌아가다	27 reference
28 동 자세히 조사하다	28 captivity
29 형 가느다란	29 token
30 명 상태, 지위	30 slender
31 동 싸우다	31 colossal
32 명 보충물 동 보충하다	32 archaic
33 명 표, 증거	33 inanimate
34 명 관용	34 mute
35 명 심판원	35 variable
36 동 근절하다	36 inaccurate
37 동 뒤엎다 명 전복	37 disloyal
38 형 변덕스러운 명 변수	38 habitual
39 명 조망, 경치	39 grave
40 명 도자기, 제품	40 humane

DAY 05 P. 12

01	형 천문학적인	01	pierce
02	명 풍자 만화, 캐리커처	02	stereotype
03	동 강요하다	03	entitle
04	동 복잡하게 하다	04	compel
05	동 한정하다	05	confine
06	동 분배하다	06	displace
07	동 바꾸어 놓다	07	complicate
08	형 자기 본위의, 이기적인	08	dispense
09	동 권리를 부여하다	09	stroke
10	형 과도한	10	revoke
11	동 평평하게 하다	11	flatten
12	동 빛나다 명 어렴풋한 빛	12	gleam
13	명 삽화	13	stream
14	형 명확하지 않은	14	transaction
15	명 무관심	15	indifference
16	명 질투	16	radiation
17	명 풍경	17	illustration
18	형 (추위로) 감각을 잃은	18	raid
19	형 작동하는	19	wardrobe
20	명 칸막이, 구획	20	treaty
21	형 그림 같은	21	syndrome
22	동 꿰뚫다	22	jealousy
23	형 있음직한	23	partition
24	명 (빛, 열 등의) 방사	24	landscape
25	명 습격, 급습	25	caricature
26	형 생각나게 하는	26	sergeant
27	동 취소하다, 폐지하다	27	numb
28	형 엄격한	28	excessive
29	명 하사관	29	picturesque
30	형 부끄러운	30	indefinite
31	명 고정관념	31	shameful
32	형 자발적인	32	unmindful
33	명 시내, 개울, 흐름	33	reminiscent
34	동 쓰다듬다	34	unaccountable
35	명 증후군	35	rigorous
36	명 거래	36	probable
37	명 조약	37	egoistic
38	형 설명할 수 없는	38	spontaneous
39	형 부주의한	39	operative
40	명 옷장	40	astronomical

DAY 06 P. 14

01	동 유발하다 명 방아쇠	01	fortify
02	형 행동의	02	strengthen
03	명 선입관, 편견	03	subside
04	명 유명인	04	confound
05	형 모을 수 있는	05	sneak
06	명 칭찬, 찬사	06	detect
07	동 숨기다	07	conceal
08	형 구체적인	08	flatter
09	동 당황케 하다	09	repel
10	동 발견하다, 간파하다	10	infer
11	동 ~에게 아첨하다	11	liability
12	형 솜털로 덮인	12	trigger
13	명 형성	13	phobia
14	동 요새화하다	14	monument
15	형 솜털이 보송보송한	15	wreck
16	형 총계의	16	peasant
17	동 추론하다	17	rod
18	형 참을 수 없는	18	perspiration
19	명 책임	19	ration
20	명 악행	20	portfolio
21	명 기념비	21	bias
22	명 작은 조각	22	remindful
23	명 농부, 소작농	23	misdeed
24	명 발한, 땀	24	celebrity
25	명 공포증	25	removal
26	명 서류첩, 포트폴리오	26	patch
27	명 탐사, 탐사기 동 캐묻다	27	compliment
28	동 배급제로 하다 명 배급, 할당량	28	probe
29	명 이동, 제거	29	formation
30	동 쫓아내다, ~에게 혐오감을 주다	30	skeptic
31	명 막대, 매, 회초리	31	ultimately
32	형 제2의, 부차적인	32	concrete
33	명 회의론자	33	collectible
34	동 몰래 움직이다	34	fluffy
35	형 기억하고 있는	35	secondary
36	동 강화하다	36	fuzzy
37	동 내려앉다, 가라앉다	37	intolerable
38	형 최후의, 궁극적인	38	gross
39	부 최후로, 결국	39	ultimate
40	명 난파 동 난파시키다	40	behavioral

DAY 07 P. 16

01	형 감정적인, 정서적인	01	intensify
02	명 방향 요법	02	overstate
03	형 탄도의, 탄도학의	03	dramatize
04	명 연회, 축하연	04	obligate
05	명 기사도	05	hamper
06	형 신중한, 고의적인	06	swell
07	통 극화하다, 각색하다	07	inflict
08	통 줄다, 쇠하다	08	quote
09	명 취직 능력	09	dwindle
10	형 부러워하는	10	hasten
11	명 실험	11	isolation
12	통 방해하다	12	employability
13	통 재촉하다	13	ulcer
14	명 상속인	14	mechanism
15	통 강화하다, 심해지다	15	chivalry
16	형 관계없는	16	temperament
17	명 고립, 격리	17	plume
18	형 글자 그대로의	18	longing
19	명 동경, 갈망	19	aromatherapy
20	명 기계, 구조	20	heir
21	명 이동성	21	myth
22	명 신화	22	experimentation
23	형 신기한, 새로운 명 소설	23	saddle
24	형 영양상의	24	banquet
25	통 강요하다	25	mobility
26	통 과장해서 말하다	26	reconstruction
27	명 깃털, (연기·구름의) 기둥	27	postscript
28	명 추신, 후기	28	prone
29	형 ~하기 쉬운	29	affective
30	형 보호하는	30	irrelevant
31	통 인용하다	31	literal
32	형 임의의, 무작위의	32	protective
33	명 재건	33	envious
34	통 (벌을) 주다, 가하다	34	novel
35	형 유명한	35	deliberate
36	명 안장 통 안장을 얹다	36	nutritional
37	통 부풀다 명 팽창	37	renowned
38	명 성질, 성미	38	random
39	명 이정표, 중대 사건	39	milestone
40	명 궤양	40	ballistic

DAY 08 P. 18

01	형 농사의, 농업의	01	seemingly
02	형 물의	02	overtake
03	명 기록, 보관소	03	magnify
04	통 놀라게 하다	04	inhibit
05	형 기괴한	05	discharge
06	통 얼굴을 붉히다	06	astonish
07	명 순회 통 순회하다	07	coincide
08	통 동시에 일어나다	08	conform
09	통 따르다	09	soften
10	명 확산	10	resent
11	명 사라짐	11	segregate
12	통 내리다, 방출하다	12	squeal
13	통 없애다	13	hurl
14	통 침식하다	14	expend
15	통 소비하다	15	blush
16	형 잊기 잘하는	16	dispel
17	형 사기의	17	erode
18	형 무익한, 쓸데없는	18	orphanage
19	통 세게 내던지다	19	peninsula
20	명 성급함, 조급함	20	transformation
21	부 겉으로는	21	archive
22	통 금하다, 억제하다	22	disappearance
23	명 지능	23	impatience
24	통 확대하다	24	circuit
25	명 위엄, 존엄성	25	nutrition
26	명 복수	26	majesty
27	명 군중, 폭도	27	revenge
28	명 영양	28	orientation
29	명 예비지도, 오리엔테이션	29	intelligence
30	명 고아원	30	mob
31	통 따라잡다	31	diffusion
32	명 반도	32	skepticism
33	전 ~에 관하여	33	regarding
34	통 분개하다	34	bizarre
35	형 반응하는 명 응답자	35	agricultural
36	통 분리하다, 차별하다	36	futile
37	명 회의론	37	aquatic
38	통 부드럽게 하다	38	respondent
39	통 비명을 지르다 명 비명	39	fraudulent
40	명 변형	40	forgetful

#		#	
01	명 조상	01	degrade
02	동 동의하다	02	hibernate
03	형 짐이 되는	03	assent
04	명 화물	04	overturn
05	동 위로하다	05	stagger
06	명 경멸	06	recollect
07	명 목발	07	precipitate
08	형 부족한	08	eject
09	동 품위를 떨어뜨리다	09	harsh
10	동 축출하다, 뿜어내다	10	contempt
11	명 대사관	11	mood
12	명 넓이, 범위	12	extent
13	명 아가미	13	embassy
14	형 혹독한, 엄격한	14	prominence
15	명 주저, 망설임	15	crutch
16	동 동면하다	16	versus
17	형 명예로운	17	reliance
18	형 동일한	18	gill
19	형 부적절한	19	outfit
20	명 지식인, 지력	20	opponent
21	형 친밀한	21	ancestry
22	형 이성을 잃은	22	hesitation
23	형 오보를 전해 들은	23	intellect
24	명 기분	24	occupation
25	형 존재하지 않는	25	questionnaire
26	명 직업	26	smallpox
27	형 반대하는 명 적대자	27	console
28	명 의상 한 벌	28	quest
29	동 뒤집다	29	cargo
30	동 촉진시키다	30	ample
31	명 두드러짐	31	identical
32	형 확고한, 명백한	32	pronounced
33	명 탐색, 탐구 동 탐구하다	33	honorable
34	명 질문지	34	inadequate
35	동 생각해내다	35	deficient
36	명 신뢰, 의지	36	misinformed
37	전 ~대	37	irrational
38	형 충분한, 넓은	38	nonexistent
39	명 천연두	39	burdensome
40	동 비틀거리다	40	intimate

#		#	
01	형 이룩한	01	jot
02	형 어버이의	02	empathize
03	동 예상하다	03	persist
04	명 감사	04	outnumber
05	명 갑옷	05	outdate
06	명 예산	06	nurture
07	명 보완하는 것	07	anticipate
08	명 복잡성	08	persevere
09	동 망가뜨리다	09	corrupt
10	명 외교관	10	revolve
11	형 성실한, 진지한	11	appreciation
12	동 감정이입하다	12	armor
13	명 초과, 과잉	13	intercourse
14	명 사형 집행	14	palate
15	명 화석	15	complement
16	형 부정확한	16	complexity
17	형 비효율적인	17	execution
18	명 교제, 왕래	18	vegetation
19	명 참을 수 없음	19	budget
20	형 매우 귀중한	20	diplomat
21	동 간단히 적다	21	intolerance
22	형 중세의	22	excess
23	동 양육하다 명 양육	23	remembrance
24	동 시대에 뒤지게 하다	24	troupe
25	동 수적으로 우세하다	25	sibling
26	명 미각, 입맛, 입천장	26	fossil
27	형 관여하는 명 참가자	27	parental
28	동 지속하다, 참다	28	supple
29	동 고집하다	29	simultaneous
30	형 별난, 기묘한	30	invaluable
31	명 추억	31	queer
32	동 회전하다	32	imprecise
33	형 염분기가 있는	33	inefficient
34	명 형제	34	earnest
35	형 동시에 일어나는	35	saline
36	형 유연한, 나긋나긋한	36	airborne
37	명 공연단, 극단	37	wary
38	명 식물, 초목	38	medieval
39	형 육체의, 신체의	39	participant
40	형 조심성 있는	40	physical

DAY 11
P. 24

01	명 고고학	01	spank
02	명 기압계	02	inhale
03	명 큰 가지	03	rally
04	명 연속성	04	propagate
05	명 외교	05	divert
06	동 찬성하지 않다	06	disapprove
07	동 전환하다	07	reed
08	명 노력 동 노력하다	08	prototype
09	명 요새	09	penetration
10	명 파편, 분수	10	monarchy
11	형 유익한, 수확이 많은	11	barometer
12	형 경솔한	12	endeavor
13	명 인도주의	13	presentation
14	동 숨을 들이마시다	14	ram
15	형 침략적인	15	continuity
16	명 자유주의자 형 자유주의의	16	diplomacy
17	명 점심, 오찬모임	17	fort
18	형 결혼의	18	sulfur
19	명 군주제	19	humanism
20	형 뚜렷한, 명백한	20	luncheon
21	형 이따금씩의	21	phonograph
22	형 불쾌한, 모욕적인	22	bough
23	명 억양	23	ravage
24	명 관통, 투과	24	fraction
25	명 축음기	25	archaeology
26	동 채우다	26	satire
27	명 발표	27	marital
28	동 보급시키다	28	headlong
29	명 견본	29	sole
30	동 규합하다	30	obvious
31	동 심하게 부딪치다	31	offensive
32	명 파괴, 황폐 동 파괴하다	32	unjust
33	명 갈대	33	substantial
34	명 풍자	34	fruitful
35	형 단 하나의 명 발바닥	35	intonation
36	동 찰싹 때리다	36	replenish
37	형 상당한	37	undisputed
38	명 유황	38	occasional
39	형 의심할 바 없는	39	liberal
40	형 불공평한	40	invasive

DAY 12
P. 26

01	명 감탄, 칭찬	01	federal
02	명 역경	02	engage
03	동 동맹시키다 명 동맹국	03	empower
04	명 높이, 고도	04	extract
05	형 연방의	05	impoverish
06	명 관절염	06	stray
07	동 열망하다	07	converse
08	동 담화하다	08	ally
09	형 입방의, 세제곱의	09	encumber
10	형 기만적인	10	sensationalize
11	명 부족, 결핍	11	groan
12	형 흙으로 만든	12	overwhelm
13	동 권한을 주다	13	aspire
14	동 방해하다	14	inject
15	동 종사시키다	15	admiration
16	동 추출하다	16	overpass
17	명 향기로움	17	scorn
18	동 신음하다	18	arthritis
19	동 가난하게 만들다	19	monarch
20	명 발생률, 발병률	20	publicity
21	동 주사하다	21	altitude
22	동 경멸하다	22	marsh
23	명 있음직함, 가능성	23	rebellion
24	명 늪, 습지	24	incidence
25	명 군주	25	realtor
26	형 도덕의	26	deficiency
27	명 필요, 필요성	27	personality
28	명 고가도로, 육교	28	barren
29	동 압도시키다	29	adversity
30	명 성격, 개성	30	résumé
31	명 널리 알려짐	31	likelihood
32	명 부동산업자	32	telegraph
33	명 반항, 반역	33	necessity
34	형 불모의	34	fragrance
35	명 이력서	35	deceitful
36	형 제정신의	36	moral
37	동 선정적으로 다루다	37	supportive
38	동 길을 잃다 형 길 잃은	38	cubic
39	형 용기를 돋우는	39	sane
40	명 전신, 전보 동 전보를 치다	40	earthen

DAY 13
P. 28

01 동 가속하다	01 mow
02 동 고발하다	02 ignite
03 동 할당하다	03 inhabit
04 동 ~의 탓으로 하다	04 accelerate
05 동 보다, 바라보다	05 attribute
06 명 연소	06 accuse
07 명 부탁, 임무	07 furnish
08 명 부정직	08 foster
09 명 기업	09 behold
10 형 무관심한	10 howl
11 명 태아	11 misplace
12 동 기르다, 양육하다	12 restrict
13 동 공급하다, 가구를 비치하다	13 grumble
14 명 격노	14 allocate
15 동 투덜거리다 명 투덜댐	15 fury
16 명 중심지	16 enterprise
17 동 울부짖다	17 labor
18 동 불붙다	18 registration
19 동 살다, 거주하다	19 outbreak
20 명 노동 동 노동하다	20 dishonesty
21 명 원고	21 scarcity
22 동 잘못 놓다	22 commission
23 명 안개	23 mist
24 동 (풀 등을) 베다	24 pressure
25 형 순진한	25 combustion
26 형 구식의	26 manuscript
27 형 동양의	27 patience
28 명 발발, 창궐	28 hive
29 명 인내심	29 fetus
30 형 영구적인	30 old-fashioned
31 형 선사 시대의	31 radical
32 형 조숙한	32 Oriental
33 명 압력	33 indifferent
34 형 예상되는, 기대되는	34 prehistoric
35 형 급진적인	35 naive
36 명 등록	36 contagion
37 동 제한하다	37 permanent
38 명 부족, 결핍	38 prospective
39 명 전염	39 premature
40 형 지각의	40 sensory

DAY 14
P. 30

01 형 절대적인	01 polish
02 명 복장 동 치장시키다	02 lash
03 명 출현, 발생	03 emergence
04 명 짐승	04 intervene
05 명 컨설턴트, 상담가	05 reinforce
06 명 능력	06 hearten
07 동 매달리다	07 dangle
08 명 의존	08 opt
09 동 예정해 두다	09 destine
10 동 진단하다	10 diagnose
11 형 쉬운	11 exclude
12 명 제거	12 grant
13 동 피하다	13 flap
14 동 제외시키다	14 evade
15 동 펄럭이다 명 펄럭임	15 onset
16 형 펄럭이는, 늘어진	16 scope
17 동 주다, 수여하다, 승인하다	17 transition
18 명 증오	18 attire
19 동 격려하다	19 instability
20 명 부조화	20 theology
21 명 불안	21 oppression
22 형 부족한	22 dependence
23 동 간섭하다	23 capability
24 동 때리다	24 elimination
25 명 제한, 한정	25 limitation
26 형 기상학적인	26 hatred
27 명 개시, 시작	27 brute
28 형 정반대의	28 consultant
29 명 압박	29 meteorological
30 형 압박하는, 엄한	30 sizable
31 동 선택하다	31 disharmony
32 형 밤을 새는 부 밤사이에	32 overnight
33 동 닦다 명 윤내기	33 insufficient
34 형 임신한	34 effortless
35 동 강화하다, 북돋우다	35 oppressive
36 명 범위	36 pregnant
37 형 꽤 큰	37 absolute
38 형 직물의	38 opposite
39 명 신학	39 textile
40 명 변천, 이행	40 floppy

DAY 15 P. 32

01	형 칭찬할 만한	01	ascribe
02	명 개정(안)	02	restore
03	동 ~에 돌리다	03	presume
04	형 이용도, 이용 가능함	04	scramble
05	명 비행	05	snicker
06	명 (지붕 딸린) 현관	06	expel
07	형 하늘의, 천상의	07	govern
08	동 돌진하다	08	dart
09	명 진단	09	penalize
10	명 사건, 발생	10	persuade
11	형 타원형의 명 타원형	11	swirl
12	동 내쫓다	12	rig
13	명 만료	13	amendment
14	명 나룻배, 나루터	14	ferry
15	명 화물	15	porch
16	동 다스리다	16	expiration
17	형 거대한	17	occurrence
18	명 열등, 열세	18	aviation
19	명 생계	19	livelihood
20	형 강제의	20	productivity
21	형 축축한	21	patriot
22	형 보통의, 평상의	22	inferiority
23	형 파노라마식의	23	availability
24	명 애국자	24	diagnosis
25	동 벌주다, 유죄를 선고하다	25	publication
26	동 설득하여 ~하게 하다	26	oval
27	동 가정하다	27	strait
28	명 생산성	28	freight
29	명 출판, 출간	29	mandatory
30	형 분개한	30	immense
31	동 복구하다	31	scenic
32	동 장비하다, 채비하다	32	ordinary
33	형 경치가 좋은	33	resentful
34	동 기어오르다, 뒤섞다	34	sheer
35	형 연속적인	35	sequential
36	형 순전한, 순수한 부 순전히	36	moist
37	동 낄낄 웃다	37	admirable
38	명 해협	38	panoramic
39	형 하급의, 종속의	39	subordinate
40	동 소용돌이치다 명 소용돌이	40	celestial

DAY 16 P. 34

01	명 출현, 도래	01	revive
02	명 민첩성	02	imprison
03	명 병	03	employ
04	형 인식의	04	dribble
05	형 식민지의	05	confide
06	명 능력, 자격	06	discard
07	형 간결한	07	reproduce
08	동 비밀을 털어놓다	08	dominate
09	동 버리다, 처분하다	09	recreate
10	동 지배하다	10	marshal
11	동 똑똑 떨어지다	11	proficiency
12	동 고용하다	12	prairie
13	명 호위, 호송	13	agility
14	형 외부의 명 외부	14	ailment
15	동 감옥에 넣다	15	draft
16	형 수치스러운, 악명 높은	16	merchandise
17	형 미친	17	vinegar
18	명 중재, 개입	18	pain
19	형 총명한, 박식한	19	sewage
20	명 연방 보안관 동 정렬시키다	20	offense
21	명 좌우명	21	mischief
22	명 상품 동 매매하다	22	competence
23	명 장난, 짓궂음	23	regime
24	명 초안, 설계도	24	maxim
25	명 위반, 공격	25	intervention
26	형 불길한, 나쁜 징조의	26	allergic
27	형 알레르기성의	27	advent
28	명 아픔, 고통	28	repute
29	명 운문, 시	29	escort
30	명 대초원	30	rear
31	명 능숙	31	concise
32	명 후방, 뒤 형 뒤쪽의	32	insane
33	동 재현하다, 되살리다	33	ominous
34	명 정권	34	infamous
35	동 재현하다, 복사하다	35	colonial
36	명 평판	36	exterior
37	동 소생시키다, 소생하다	37	cognitive
38	명 오물, 오수	38	underway
39	형 진행 중인	39	knowledgeable
40	명 식초	40	verse

DAY 17 P. 36

01	명 방화	01	modernize
02	형 일화의, 일화적인	02	exploit
03	명 장비, 병기	03	reside
04	명 충치	04	grasp
05	명 식물학자	05	obtain
06	형 무서운	06	foresee
07	명 토지, 재산권	07	justify
08	동 개발하다, 활용하다 명 위업	08	personalize
09	형 치명적인	09	relocate
10	명 사망(자), 재난	10	inspect
11	명 조상	11	recruit
12	동 예견하다	12	persistence
13	명 의복	13	arson
14	동 붙잡다, 이해하다	14	prestige
15	동 점검하다, 시찰하다	15	fatality
16	형 창의력이 풍부한	16	botanist
17	동 옳다고 하다, 정당화하다	17	obligation
18	형 열심인, 강렬한, 날카로운	18	garment
19	명 판매 수익	19	armament
20	동 흉내 내다 형 흉내 내는	20	obstacle
21	동 현대화하다	21	forefather
22	형 논쟁의, 논쟁의 여지가 있는	22	anarchy
23	명 태만, 부주의	23	cavity
24	명 의무	24	negligence
25	형 불명료한	25	estate
26	명 장애(물)	26	margin
27	동 얻다	27	revolt
28	형 선택가능한, 임의의	28	sly
29	명 태평양 형 태평양의	29	dreadful
30	명 끈기, 끈덕짐	30	regardless
31	동 의인화하다	31	obscure
32	형 유독한	32	optional
33	명 명성, 위신	33	controversial
34	동 채용하다	34	keen
35	형 개의치 않는	35	poisonous
36	동 이전시키다	36	anecdotal
37	동 거주하다	37	inventive
38	명 폭동, 반항	38	fatal
39	형 교활한	39	Pacific
40	명 무정부	40	mimic

DAY 18 P. 38

01	형 분석적인	01	nourish
02	명 자서전	02	constitute
03	동 몹시 놀라게 하다	03	sprain
04	명 얼룩	04	nod
05	명 (나무의) 그루터기, 남은 부분	05	flee
06	동 편집하다, 편찬하다	06	astound
07	명 혼합물 형 합성의, 혼합의	07	paraphrase
08	동 생각하다, 생각해내다	08	conceive
09	명 혼잡, 붐빔	09	peek
10	동 구성하다, 성립시키다	10	intimidate
11	명 처벌, 벌칙	11	compile
12	형 특파원	12	disperse
13	명 맛있는 것, 섬세함	13	liver
14	명 소화	14	specimen
15	명 혐오	15	resolution
16	동 흩어지게 하다	16	excavation
17	형 기품 있는	17	penalty
18	명 철수	18	stump
19	명 굴착, 발굴	19	digestion
20	동 달아나다	20	modification
21	형 부서지기 쉬운	21	autobiography
22	형 무서운, 소름 끼치는	22	blot
23	형 이상주의적인, 비현실적인	23	delicacy
24	형 무지한	24	queue
25	형 들을 수 없는	25	instruction
26	형 중간의, 중간적인	26	evacuation
27	명 지시	27	correspondent
28	동 위협하다, 협박하다	28	disgust
29	명 간	29	congestion
30	명 수정, 변경	30	compound
31	동 끄덕이다	31	elegant
32	형 악명 높은	32	analytical
33	동 ~에게 영양분을 주다	33	inaudible
34	동 바꾸어 쓰다	34	vocal
35	동 엿보다 명 엿보기	35	frightful
36	명 줄	36	ignorant
37	명 결심	37	fragile
38	명 견본	38	notorious
39	동 삐다 명 삠, 겹질림	39	idealistic
40	형 목소리의, 음성의	40	in-between

DAY 19 P. 40

01 동 중지하다, 유산시키다	01 oppose
02 형 값이 알맞은	02 exceed
03 명 업적, 공적	03 incorporate
04 명 오염 방지	04 disprove
05 명 타협	05 dash
06 명 현수막, 배너	06 dispute
07 형 지난	07 delight
08 명 후보자, 지원자	08 emit
09 동 내던지다, 급히 하다	09 summon
10 형 장식의	10 abort
11 동 매우 기쁘게 하다	11 uphold
12 동 잘못됨을 증명하다	12 measure
13 명 논쟁 동 논쟁하다	13 distract
14 동 (마음·주의를) 흐트러뜨리다	14 relevance
15 동 발하다	15 pesticide
16 동 넘다, 초과하다	16 incorruptibility
17 형 즉석의, 급조의	17 reputation
18 동 넣다, 합병하다	18 paradigm
19 형 피할 수 없는	19 maturity
20 명 추리, 추론	20 lawsuit
21 형 불안정한, 위험에 처한	21 ownership
22 명 소송	22 warrant
23 명 성숙기, 원숙기	23 antipollution
24 동 측정하다	24 parliament
25 형 순종하는	25 achievement
26 동 ~에 반대하다	26 suffix
27 명 소유권	27 compromise
28 명 모범, 본보기	28 inference
29 명 의회	29 setback
30 동 긁어모으다 명 갈퀴	30 banner
31 명 구충제, 살충제	31 candidate
32 명 관련, 타당성	32 affordable
33 명 평판, 명성	33 shrill
34 명 퇴보, 좌절	34 rake
35 형 (소리가) 날카로운	35 insecure
36 명 청렴결백	36 obedient
37 명 접미사	37 decorative
38 동 소환하다	38 improvised
39 동 지지하다, 찬성하다	39 bygone
40 명 영장	40 inescapable

DAY 20 P. 42

01 명 생태학	01 necessitate
02 명 천식	02 unveil
03 명 기부자, 후원자	03 ecology
04 명 공산주의	04 heighten
05 형 접근하기 어려운	05 skim
06 동 생각하다, 간주하다	06 kindle
07 명 반대, 불승인	07 deem
08 명 복용량	08 rotate
09 명 지출	09 mumble
10 동 친숙하게 하다, 익숙하게 하다	10 liberate
11 명 인력, 중력	11 sip
12 명 우박, 쏟아지는 것	12 familiarize
13 동 높이다	13 signify
14 동 자물쇠를 열다	14 parlor
15 형 내부의	15 communism
16 명 재고품, 목록	16 perspective
17 동 불을 붙이다, 밝게 하다	17 observation
18 동 자유롭게 만들다	18 parenthesis
19 형 주류의 명 주류, 대세	19 muscle
20 형 비열한 동 의미하다	20 benefactor
21 동 웅얼거리다	21 treatise
22 명 근육	22 dose
23 동 필요로 하다	23 secretion
24 형 영양분이 풍부한	24 disapproval
25 명 관찰, 관찰 결과	25 inaccessible
26 명 괄호	26 hail
27 명 ~점, 영업실	27 gravitation
28 명 관점	28 inventory
29 형 예방의	29 mainstream
30 형 원시 시대의	30 expense
31 형 신중한, 조심성 있는	31 asthma
32 명 딜레마, 진퇴양난	32 unlock
33 동 순환하다, 교대하다	33 dilemma
34 형 울퉁불퉁한	34 interior
35 명 분비	35 mean
36 동 표시하다, 나타내다	36 prudent
37 동 홀짝이며 마시다	37 nutritious
38 동 미끄러져 가다, 훑다	38 preventive
39 명 논문	39 rugged
40 동 ~의 베일을 벗기다	40 primeval

DAY 21 P. 44

01 동 괴롭히다	01 marvel
02 동 깨우다, 자극하다	02 invert
03 명 마지막 곡, 피날레	03 afflict
04 형 외교의	04 arouse
05 동 배수하다	05 fluster
06 명 전통, 관습	06 drain
07 형 식용의	07 exhale
08 부 다른 곳에	08 finale
09 명 본질	09 operate
10 동 숨을 내쉬다	10 tutor
11 명 출산율, 비옥	11 rein
12 부 융통성 있게	12 motive
13 동 어리둥절하게 하다 명 당황	13 convention
14 명 파편	14 essentiality
15 명 색조	15 pessimist
16 명 백과사전	16 hue
17 형 무한한	17 encyclopedia
18 형 혁신적인, 쇄신적인	18 provision
19 형 셀 수 없이 많은	19 temptation
20 동 거꾸로 하다	20 recommendation
21 형 청소년의 명 청소년	21 fertility
22 동 놀라다 명 놀랄 만한 일	22 fragment
23 형 지중해의 명 지중해	23 elsewhere
24 형 침울한, 변덕스러운	24 flexibly
25 명 동기	25 ecologist
26 동 작동하다	26 theatrical
27 형 눈에 띄는	27 outstanding
28 형 무통의	28 prestigious
29 명 비관론자	29 painless
30 형 명성 있는	30 infinite
31 명 공급, 제공, 식량	31 innumerable
32 형 시간을 잘 지키는	32 punctual
33 명 추천	33 edible
34 명 고삐	34 savage
35 형 위험한, 모험적인	35 juvenile
36 형 야만적인 명 야만인	36 diplomatic
37 명 유혹	37 risky
38 형 극장의, 극적인	38 Mediterranean
39 명 가정교사, 과외교사	39 moody
40 명 생태학자	40 innovative

DAY 22 P. 46

01 명 추상적 개념	01 assure
02 형 모호한	02 inaugurate
03 명 익명	03 assert
04 동 단언하다, 주장하다	04 betray
05 동 보증하다, 확신시키다	05 outstay
06 동 배반하다	06 contradict
07 명 사상자	07 deplore
08 명 인구 조사	08 deprive
09 동 들러붙다, 매달리다	09 preoccupy
10 형 양립할 수 있는, 호환되는	10 intrude
11 동 부정하다, 반박하다	11 cling
12 명 궁둥이, 꽁초	12 retreat
13 동 비탄하다, 애도하다	13 faculty
14 동 빼앗다	14 butt
15 명 섬광, 노려봄 동 빛나다	15 intake
16 형 우아한, 고상한	16 glare
17 동 비난하다, 매도하다	17 misfortune
18 형 상록의	18 inefficiency
19 형 정교한	19 casualty
20 명 능력, 재능	20 denounce
21 형 제국의	21 providence
22 형 근거 없는	22 irritability
23 형 호의적인, 환대하는	23 violation
24 동 취임시키다	24 anonymity
25 명 비효율성	25 census
26 명 받아들임, 흡입	26 imperial
27 동 방해하다, 침입하다	27 pursuit
28 명 성미가 급함	28 abstraction
29 형 입법의 명 입법권	29 modernist
30 형 노련한, 능숙한	30 groundless
31 명 불운, 불행	31 optimistic
32 명 근대주의자, 현대주의자	32 ambiguous
33 형 낙천적인	33 evergreen
34 동 ~보다 오래 머무르다	34 masterful
35 동 선취하다, 선점하다	35 compatible
36 명 섭리, 신	36 elegant
37 명 추구	37 legislative
38 동 퇴각하다, 철수하다	38 selfless
39 형 자기를 돌보지 않는, 이타적인	39 exquisite
40 명 위반, 위배	40 hospitable

DAY 23 P. 48

01 통 삼가다	01 despise
02 명 산도, 신맛	02 paralyze
03 명 항체	03 shield
04 형 진정한	04 descent
05 형 권위주의의 명 권위주의자	05 radiate
06 명 하강	06 abstain
07 명 일관성	07 omit
08 형 구속, 압박	08 rot
09 명 계획, 고안물, 계략	09 constraint
10 통 실행하다, 사형을 집행하다	10 dividend
11 통 경멸하다	11 contrivance
12 명 배당(금)	12 execute
13 형 특이한	13 simplification
14 형 기초의, 초보의	14 imitation
15 명 일회성, 처분 가능성	15 hemisphere
16 명 반구	16 obesity
17 명 습기, 습도	17 acidity
18 명 모방, 모조품	18 disposability
19 형 부도덕한	19 humidity
20 명 겸손, 비하	20 consistency
21 형 활발하지 않은	21 telethon
22 형 무기물의	22 antibody
23 형 손대지 않은, 그대로인	23 measles
24 형 물이 새는, 비밀을 잘 누설하는	24 nostalgic
25 명 홍역	25 visionary
26 형 고향을 그리는	26 authoritarian
27 명 비만	27 underlying
28 통 생략하다	28 elementary
29 통 마비시키다	29 singular
30 통 빛을 발하다, 발산하다	30 inorganic
31 형 옳은	31 immoral
32 통 썩다, 썩이다 명 부패	32 leaky
33 통 보호하다, 숨기다	33 intact
34 명 단순화	34 righteous
35 형 남다른, 단수형의 명 단수형	35 unintelligible
36 형 튼튼한	36 humility
37 명 장시간 텔레비전 쇼	37 authentic
38 형 근원적인	38 distinctive
39 형 이해하기 어려운	39 sturdy
40 형 공상적인	40 inactive

DAY 24 P. 50

01 통 옹호하다	01 render
02 형 혈족의, 유사한	02 formalize
03 형 마음에 호소하는, 호소력 있는	03 avenge
04 통 복수하다	04 ridicule
05 형 욕심 많은, 열렬한	05 resign
06 명 받침나무, 쐐기	06 enforce
07 부 동시에, 일제히	07 advocate
08 명 거주, 거주지	08 ripen
09 형 지배적인	09 reestablish
10 통 강요하다, 시행하다	10 infect
11 명 존중, 존경	11 simultaneously
12 명 소매 없는 외투, 망토	12 interpret
13 명 탐험, 답사	13 objectivity
14 통 공식화하다	14 habitation
15 형 조화된, 화목한	15 practice
16 명 수상자, 수령인	16 renown
17 통 전염시키다	17 opposition
18 명 혁신	18 chock
19 통 해석하다, 통역하다	19 means
20 명 방법, 수단	20 royalty
21 명 은유	21 phantom
22 부 슬픔에 잠겨	22 metaphor
23 형 서로의, 공동의	23 cloak
24 명 객관성	24 shred
25 명 반대	25 esteem
26 형 활동이 지나친	26 exploration
27 명 유령	27 standard
28 명 현상	28 recipient
29 명 관행, 관례	29 innovation
30 통 재건하다, 부흥하다	30 phenomenon
31 통 ~이 되게 하다	31 wilderness
32 명 명성	32 mournfully
33 통 사임하다, 그만두다	33 rusty
34 통 비웃다	34 appealing
35 통 익다	35 mutual
36 명 왕위, 왕족	36 avid
37 형 녹슨, 무뎌진	37 harmonious
38 명 조각	38 dominant
39 명 표준	39 akin
40 명 황야, 황무지	40 overactive

DAY 25

01	형 들리는	01	liken
02	명 행복	02	undermine
03	명 전차	03	crave
04	명 기회	04	punctuate
05	명 개념	05	differentiate
06	동 갈망하다	06	induce
07	동 구별짓다	07	rebel
08	동 불쾌하게 하다	08	displease
09	동 촉진하다	09	resort
10	명 멍한 상태	10	facilitate
11	형 속이 빈	11	conception
12	형 즉각의	12	opportunity
13	명 불멸	13	peer
14	형 충동적인, 감정에 끌린	14	immortality
15	형 불결한	15	physiologist
16	동 권유하다, 야기하다	16	daze
17	형 대수롭지 않은	17	discourse
18	동 임차하다	18	lease
19	동 비유하다	19	rearrangement
20	형 최소의	20	chariot
21	형 개구쟁이의	21	pinpoint
22	형 완고한	22	bliss
23	형 서양의	23	torch
24	명 동등한 사람, 또래	24	ethos
25	명 생리학자	25	naughty
26	동 위치를 정확히 나타내다	26	proficient
27	형 많은	27	insignificant
28	형 능숙한 명 숙련자	28	audible
29	동 강조하다, 중단시키다	29	plentiful
30	명 재배열	30	unconditional
31	동 반항하다, 반역하다	31	impure
32	명 강연; 담화 동 강연하다	32	Occidental
33	형 조절하는, 규정하는	33	hollow
34	명 의지 동 의지하다	34	rigid
35	형 엄격한	35	obstinate
36	형 학자의, 학교의	36	regulatory
37	명 기풍, 정신	37	immediate
38	명 횃불	38	minimal
39	형 무조건의, 절대적인	39	impulsive
40	동 손상시키다, 위태롭게 하다	40	scholastic

DAY 26

01	형 책임이 있는, 설명할 수 있는	01	compensate
02	동 분배하다	02	equate
03	명 변경, 개조	03	manipulate
04	명 장인, 공예가	04	elicit
05	명 중추	05	alteration
06	명 손수레	06	peel
07	명 약자를 괴롭히는 사람 동 겁주다	07	transmit
08	형 유사한	08	allot
09	동 보상하다	09	revise
10	형 진심의	10	merge
11	명 각막	11	cornea
12	동 찬미하다, 찬송하다	12	punishment
13	명 제자	13	incentive
14	명 처벌	14	artisan
15	형 격렬한	15	torrent
16	동 도출하다	16	locomotive
17	동 같게 하다	17	disillusion
18	동 환멸을 느끼게 하다 명 환멸	18	auditor
19	형 모범적인	19	glorify
20	형 좋아하는	20	preface
21	형 무서운	21	barrow
22	명 격려, 자극 형 장려하는	22	bully
23	형 무자비한	23	intent
24	명 의도, 목적	24	disciple
25	형 우스운, 재미있는	25	backbone
26	명 기관차	26	personnel
27	동 교묘하게 다루다	27	wreath
28	형 군사의, 전쟁의, 호전적인	28	drastic
29	동 합병하다	29	horrible
30	명 회계 감사원	30	inhumane
31	형 최선의, 최적의	31	exemplary
32	형 외향성의	32	outgoing
33	동 벗기다	33	laughable
34	형 직원의, 인사의 명 전 직원	34	comparable
35	명 서문	35	martial
36	형 지역의	36	fond
37	동 수정하다	37	regional
38	명 급류, 억수	38	cordial
39	동 보내다	39	accountable
40	명 화관	40	optimal

DAY 27

P. 56

01 통 연기하다, 휴회하다
02 통 괴로워하다 명 괴로움
03 통 살랑살랑 소리내다
04 명 덩어리
05 통 충돌하다
06 명 동정
07 명 군단, 단체
08 통 교신하다, 대응하다
09 통 몹시 탐내다
10 형 기분 좋은, 아늑한
11 형 바삭바삭한, 빳빳한
12 형 관례적인
13 통 기를 꺾다
14 형 치아의, 치과의
15 명 독점, 독점 사업
16 명 윤리학
17 명 액체
18 명 이행, 성취
19 명 결점
20 형 풀을 뜯고 있는 명 방목
21 통 둘로 나누다
22 명 마구, 장치
23 명 방해, 장애(물)
24 형 타고난
25 명 고결함
26 형 눈의, 시력의, 광학의
27 명 시체
28 명 (대통령의) 지위, 통솔
29 형 높은, 저명한
30 형 관련된
31 형 마음이 내키지 않는
32 명 혁신
33 명 양탄자
34 형 최고의, 군주의
35 통 쇄도하다
36 통 바꾸다, 전환하다
37 통 끌다, 견인하다
38 명 반역자
39 명 상품권, 우대권, 쿠폰
40 통 닮다

01 halve
02 anguish
03 dampen
04 wear
05 correspond
06 covet
07 switch
08 surge
09 adjourn
10 tow
11 rustle
12 monopoly
13 collide
14 shortcoming
15 presidency
16 nobility
17 corps
18 clump
19 compassion
20 harness
21 grazing
22 traitor
23 hindrance
24 voucher
25 fluid
26 rug
27 ethics
28 fulfillment
29 corpse
30 renovation
31 eminent
32 relevant
33 customary
34 cozy
35 optical
36 reluctant
37 crisp
38 dental
39 inborn
40 sovereign

DAY 28

P. 58

01 형 습관성의, 중독성의
02 명 경영, 관리, 행정, 통치
03 명 박수
04 형 마른, 건조한
05 명 풍부하게 함, 비옥화, 농축
06 통 끌어내다, 도출하다
07 명 (임금) 격차
08 명 변장
09 명 파멸, 멸망
10 형 바람직하지 않은
11 명 팽창, 신장
12 형 곧 닥쳐올, 준비된
13 통 매우 슬퍼하다
14 명 안개 통 안개가 끼다
15 형 잡종의
16 형 먼 옛날의
17 형 부적절한
18 명 법률
19 명 수성
20 명 크게 울리는 소리
21 형 단조로운
22 통 통지하다
23 명 입주자, 점유자
24 형 최고의
25 형 기생적인
26 명 상연, 공연
27 명 원리, 원칙
28 명 무
29 형 이성이 있는
30 통 다시 생각하다
31 통 기뻐하다
32 형 회복할 수 있는
33 형 되풀이되는, 지루한
34 명 보금자리
35 명 이주
36 형 감상적인
37 통 기분을 북돋우다
38 형 엄청나게 큰
39 명 항아리, 단지
40 형 열심인

01 administration
02 rejoice
03 derive
04 reconsider
05 grieve
06 enrichment
07 notify
08 undesirable
09 migration
10 radish
11 applause
12 legislation
13 disguise
14 roost
15 performance
16 Mercury
17 rumble
18 haze
19 principle
20 differential
21 occupant
22 downfall
23 expansion
24 urn
25 sentimental
26 forthcoming
27 parasitic
28 exhilarate
29 monotonous
30 repetitious
31 arid
32 immemorial
33 improper
34 addictive
35 tremendous
36 zealous
37 rational
38 hybrid
39 paramount
40 renewable

DAY 29
P. 60

01 형 파산한	01 impose
02 명 대야, 세면기, 웅덩이	02 cultivate
03 명 브라유식 점자(법)	03 expire
04 명 면허장, 특허장	04 restrain
05 동 경작하다, 양성하다	05 forsake
06 형 소화의	06 organize
07 명 기숙사	07 evaluate
08 명 일식	08 provoke
09 동 부과하다	09 dormitory
10 명 새 시대, 획기적인 사건	10 basin
11 동 평가하다	11 charter
12 동 협상하다	12 myriad
13 동 만료되다, 끝나다	13 suspense
14 명 꽃장수, 화초 재배자	14 braille
15 동 저버리다	15 prose
16 형 독립적인	16 specification
17 형 약한, 허약한	17 multitude
18 형 반어적인, 아이러니한	18 epoch
19 형 전설상의, 믿기 어려운	19 miscarriage
20 동 맡기다	20 negotiate
21 명 실패, 실책	21 eclipse
22 명 수많음, 다수	22 entrust
23 명 무수함	23 notation
24 명 표시법	24 perfume
25 동 조직하다	25 florist
26 형 열렬한, 갈망하는	26 phenomenal
27 형 수동적인, 간접적인	27 independent
28 형 놀랄 만한, 현상의	28 ironic
29 형 실행 가능한, 실용적인	29 situational
30 명 산문	30 digestive
31 동 화나게 하다, 유발시키다	31 passive
32 형 저항하는, 내성 있는	32 practicable
33 동 억제하다	33 vicious
34 명 향수	34 infirm
35 형 상황에 따른	35 passionate
36 명 상세, 내역서	36 resistant
37 명 불안, 긴장	37 legendary
38 형 야만인의, 야만적인	38 barbaric
39 명 사기, 속임	39 bankrupt
40 형 악덕의, 잔인한	40 deception

DAY 30
P. 62

01 명 동맥	01 side effect
02 명 부작용	02 unfold
03 동 직면하다	03 soar
04 동 죄다, 수축하다	04 accommodations
05 명 숙박 시설	05 defy
06 동 무시하다, 반항하다	06 prosper
07 동 줄이다	07 preach
08 명 망신거리, 불명예	08 postpone
09 명 방해자	09 constrict
10 명 이민, 이주자	10 diminish
11 명 포기	11 confront
12 형 영원한	12 abandonment
13 형 명백한	13 emigrant
14 명 변덕, 일시적 유행	14 gratitude
15 명 감사	15 hierarchy
16 명 계급제도	16 lieutenant
17 형 면역성의	17 artery
18 명 독백	18 disgrace
19 명 인플레이션	19 mummy
20 형 돌이킬 수 없는	20 disturber
21 명 (군대의) 대위	21 fad
22 형 자비로운	22 resentment
23 명 미라	23 monologue
24 동 잡아뜯다	24 spawn
25 명 장기	25 paradox
26 명 역설	26 inflation
27 동 휘두르다, 휙 소리내다	27 self-esteem
28 명 해충	28 organ
29 동 연기하다	29 telepathy
30 동 설교하다, 전도하다	30 pest
31 동 번영하다, 번창하다	31 pluck
32 형 직사각형의	32 irreparable
33 명 분개, 분노	33 immune
34 형 위생의	34 evident
35 명 자존심, 자부심	35 swish
36 동 높이 치솟다	36 eternal
37 명 알 동 알을 낳다	37 sanitary
38 형 전술적인	38 merciful
39 명 텔레파시	39 tactical
40 동 펼치다	40 rectangular